A NOVA ESQUERDA AMERICANA

A NOVA ESQUERDA AMERICANA

De Port Huron aos Weathermen (1960-1969)

Rodrigo Farias de Sousa

ISBN — 978-85-225-0750-4

Copyright © 2009 Rodrigo Farias de Sousa

Direitos desta edição reservados à EDITORA FGV
Rua Jornalista Orlando Dantas, 37
22231-010 | Rio de Janeiro, RJ | Brasil
Tels.: 08000-21-7777 | 21-3799-4427
Fax: 21-3799-4430
E-mail: editora@fgv.br | pedidoseditora@fgv.br
www.fgv.br/editora

Impresso no Brasil | *Printed in Brazil*

Todos os direitos reservados. A reprodução não autorizada desta publicação, no todo ou em parte, constitui violação do copyright (Lei nº 9.610/98).

Este livro foi editado segundo as normas do Acordo Ortográfico da Língua Portuguesa, aprovado pelo Decreto Legislativo nº 54, de 18 de abril de 1995, e promulgado pelo Decreto nº 6.583, de 29 de setembro de 2008.

Os conceitos emitidos neste livro são de inteira responsabilidade do autor.

1ª edição — 2009

PREPARAÇÃO DE ORIGINAIS: Maria Lúcia Velloso Leão de Magalhães

DIAGRAMAÇÃO: Cristiana Ribas

REVISÃO: Fatima Caroni e Aleidis de Beltran

CAPA: André Castro

Ficha catalográfica elaborada pela
Biblioteca Mario Henrique Simonsen / FGV

Sousa, Rodrigo Farias de
A Nova Esquerda americana : de Port Huron aos Weathermen (1960-1969) / Rodrigo Farias de Sousa — Rio de Janeiro : Editora FGV, 2009.
307 p.

Originalmente apresentado como dissertação do autor (mestrado — Universidade Federal Fluminense, 2007, com o título: De Port Huron aos Weathermen : Students for a Democratic Society e a Nova Esquerda americana (1960-1969)).
Vencedor do Prêmio Pronex/UFF Culturas Políticas.
Inclui bibliografia.
ISBN: 978-85-225-0750-4

1. Students for a Democratic Society (Estados Unidos). 2. Nova Esquerda (Ciência política). 3. Estudantes universitários — Estados Unidos — Atividades políticas. I. Fundação Getulio Vargas. II. Título.

CDD – 320.530973

A todos os que procuraram tornar este um mundo melhor.

*À minha família, a primeira e eterna "comunidade amada",
sem a qual nem esta nem qualquer outra realização teria sido
possível.
Aos muitos mestres que tive o prazer de conhecer ao longo
da vida e que tanto a enriqueceram, nos mais variados sentidos.
Entre eles, agradeço especialmente ao meu orientador, professor
Daniel Aarão Reis Filho, pela infinita paciência e pelo
encorajamento.
Aos amigos, ao lado de quem pude partilhar as incontáveis
lições da existência.
Aos meus colegas da UFF, companheiros de tantas labutas e de
uma das mais instigantes jornadas intelectuais de minha vida.
Ao CNPq, que possibilitou os recursos para a pesquisa que deu
origem a este livro.
Finalmente, a Deus. Ele sabe por quê.*

A paixão pela liberdade gera a fúria pela ordem.
Jacques Barzun

Sumário

O Prêmio Pronex/UFF Culturas Políticas	13
Introdução	15

1. Os EUA de 1960: panorama e críticas · 31

Uma era "dourada": a prosperidade e o *American way of life* — 32
Velhas soluções, novos problemas — 48

2. Da "Velha" à Nova Esquerda: o nascimento da SDS · 73

Precedentes: da ISS à SLID — 73
Students for a Democratic Society — 81
A primeira grande causa: os direitos civis — 84
Em busca de novas referências — 92
A declaração de Port Huron — 100

3. As decepções com o liberalismo: 1962-66 · 109

O "fogo amigo": choques com a Velha Esquerda — 110
Depois de Port Huron — 123
Os pobres como agentes de mudança: o Erap — 135
O SNCC: do verão da liberdade ao poder negro — 158
O levante no *campus* — 178

4. A virada revolucionária · 187

As muitas guerras de Lyndon Johnson — 187
A nova SDS — 202

A "descoberta" da SDS: março-abril de 1965   206

A resistência   234

Revolução   247

5. Réquiem para uma nova esquerda   **277**

À guisa de posfácio   **291**

Fontes e bibliografia   **293**

O Prêmio Pronex/UFF Culturas Políticas

O projeto Culturas Políticas e Usos do Passado — Memória, Historiografia e Ensino da História, formado por núcleos de pesquisadores da Universidade Federal Fluminense (UFF), da Universidade do Estado do Rio de Janeiro (Uerj), da Universidade Federal do Rio de Janeiro (UFRJ), da Universidade Federal Rural do Rio de Janeiro (UFRRJ) e da Universidade Candido Mendes (Ucam), apoiado pela Faperj e o CNPq por meio do Programa Nacional de Núcleos de Excelência (Pronex), instituiu em 2007 um concurso entre os doutores e mestres formados pelos professores que fazem parte do Projeto. Os três primeiros colocados recebem recursos do Pronex para a publicação do seu trabalho.

Os candidatos, com trabalhos na área de história contemporânea, foram avaliados por uma banca formada pelos professores doutores Marieta de Moraes Ferreira (UFRJ e Cpdoc/FGV), Tânia Maria Tavares Bessone da Cruz Ferreira (Uerj) e Francisco Carlos Palomanes Martinho (Uerj). Os candidatos com trabalhos em história moderna foram avaliados pelos professores doutores Manolo Garcia Florentino (UFRJ) e Ronaldo Vainfas (UFF) e pelo embaixador Alberto da Costa e Silva.

Em história contemporânea foram premiados, em 2008, os trabalhos de dois mestres, formados pelo Programa de Pós-Graduação em História da UFF, Rodrigo Farias de Sousa (*A Nova Esquerda americana: de Port Huron aos Weathermen 1960-1969*) e Janaina Martins Cordeiro (*Direitas em movimento: a Campanha da Mulher pela Democracia e a ditadura no Brasil*). Em história moderna, foi premiada a dissertação de mestrado de Gabriel Aladrén, também do PPGH (UFF), *Liberdades negras nas paragens do sul: alforria e inserção social de libertos em Porto Alegre (1800-1835)*.

Temos a grata satisfação e a honra de apresentar aos leitores estes premiados trabalhos de historiadores que, ainda tão jovens, já se apresentam como pesquisadores de alto nível.

Daniel Aarão Reis
Coordenador do Projeto Culturas Políticas e Usos do Passado —
Memória, Historiografia e Ensino da História

Julho de 2009

Introdução

"Somos pessoas desta geração, nascidas com no mínimo um conforto modesto, abrigadas agora nas universidades, olhando com desconforto para o mundo que herdamos." Com essas palavras, em uma conferência realizada em meados de 1962 em Port Huron, no estado norte-americano de Michigan, uma minúscula organização estudantil iniciava seu primeiro manifesto. A *Declaração de Port Huron*, como o documento ficaria conhecido, fazia uma análise ampla e integrada do estado da sociedade dos Estados Unidos e dos problemas que ela enfrentava: a corrida armamentista, a ameaça nuclear e a segregação racial nos estados sulistas, enfatizando a necessidade de tornar a democracia norte-americana mais autêntica, abrangente e inclusiva através de reformas sociais, do resgate de valores comunitários em desuso na nova sociedade de massa, do compromisso com a paz na política externa e do protesto não violento no âmbito doméstico. Apresentando uma visão que rejeitava a polarização liberalismo-comunismo, que dava o tom a grande parte dos debates políticos da época, esses jovens procuraram nas próprias tradições americanas as referências para a transformação da sociedade em que viviam. Esses ideais logo ganharam repercussão e, em poucos anos, *Port Huron* seria um dos manifestos mais conhecidos dos anos 1960, e o grupo que o compôs, a maior organização estudantil do país.

A Students for a Democratic Society, ou mais simplesmente SDS, encarnou de muitas formas as tendências de seu tempo. Profundamente influenciados por alguns críticos sociais dos anos 1950, como o sociólogo C. Wright Mills, seus iniciadores procuravam evitar o que identificavam como vícios da "velha" esquerda tradicional, como o sectarismo, o dogmatismo marxista e a orientação pró-soviética. Entretanto, muito mais próximos e identificáveis para eles eram os vícios do anticomunismo ideológico que estigmatizou e perseguiu os pais de muitos membros e era a base teórica doméstica da Guerra Fria e do intervencionismo norte-americano em outros países. Para esses estudantes do início dos anos 1960, os "valores americanos" — "liberdade e igualdade para cada indivíduo; governo do povo, para o povo e pelo povo", nas palavras da *Declaração de Port Huron* — eram princípios nobres pelos quais se podia viver, resumidos na ideia de "democracia participativa". Porém, esta ainda não era uma realidade nos Estados Unidos, como atestavam os violentos conflitos raciais e a constante ameaça de um conflito nuclear (que chegou ao ápice da tensão com a crise dos mísseis de 1962). Com o objetivo de mudar essa realidade e de fato transformar os Estados Unidos na democracia que idealizavam, absorvendo os até então excluídos das benesses da afluência, os membros da SDS espelharam-se nos movimentos negros que militavam nos estados do sul do país e adotaram o protesto não violento como sua principal tática. Marchas, palestras, distribuição de panfletos e manifestos e todo o aparato tradicional de movimentos políticos não partidários, bem como a formação de núcleos voltados para a mobilização comunitária em áreas pobres, tornaram-se métodos comuns de manifestação. Em poucos anos, o que começou como uma ala estudantil de uma organização social-democrata decadente tornar-se-ia uma das principais vozes do que se chamaria de "Nova Esquerda".

O que era a "Nova Esquerda"? Em sua avaliação da historiografia sobre o tema nos EUA, Andrew Hunt (2003) reconhece que essa mesma denominação, embora muito utilizada, carece de uma definição consensual, mesmo quando se trata apenas da sua versão norte-americana. A expressão tem origem numa dissidência do Partido Comunista da Grã-Bretanha, em 1956, quando o líder soviético Nikita Kruschev fez um famoso relatório denunciando alguns dos atos de seu antecessor, o falecido grande líder do movimento comunista internacional, Josef Stálin. Decepcionados com o regime soviético, até então a principal liderança e referência do comunismo mundial, e que no mesmo ano de 1956 promoveria uma brutal intervenção na Hungria, esses "novos" esquerdistas procuraram desenvolver uma abordagem mais humanista e revisada do marxismo, como uma alternativa à ortodoxia defendida pelos soviéticos e imposta aos países sob a influência de Moscou. No ano seguinte, já havia uma autodenominada "Nova Esquerda" na França e, em 1960, o sociólogo americano C. Wright Mills ajudaria a popularizar a expressão nos Estados Unidos em sua *Letter to the New Left* (Carta à Nova Esquerda), texto em que afirmava ser necessário um novo tipo de movimento de esquerda, que não mais se prendesse tão somente, como era tradicional, ao operariado e às questões econômicas, e abordasse os novos problemas que ganharam expressão entre os intelectuais dos anos 1950, como a alienação dos indivíduos na sociedade de massas.[1] Ao longo da década, especialmente a partir de 1968 e até os primeiros anos da década de 1970, a expressão ganharia circulação mundial, passando a designar uma vasta gama internacional de movimentos os mais variados, independentes entre si e não raro simultâneos, que, no entanto, possuíam algumas características comuns. Na análise de George Katsiaficas (1987:23-27), um dos autores que estudam a Nova Esquerda como um fenômeno global, elas seriam as descritas a seguir.

Oposição à dominação racial, política e patriarcal, bem como à exploração econômica: os movimentos da Nova Esquerda, tal como Mills propusera, iam além do combate à desigualdade e à exploração no âmbito econômico, de classe; eles se caracterizavam por um antiautoritarismo que se manifestava também na cultura e na crítica à burocratização dos mais diversos setores sociais. Isso incluía, por exemplo, desde a defesa dos direitos das minorias étnicas, como os negros nos Estados Unidos, até a crítica ao sexismo da sociedade patriarcal, que embasaria a ascensão das feministas, já nos últimos anos da década.

A santidade da liberdade individual e a primazia da justiça social, valores que eram um fundamento moral da Nova Esquerda, representam uma afirmação filosófica da subjetividade que se opõe ao materialismo objetivista do marxismo soviético. As tentativas de transformar a vida cotidiana e politizar padrões de interação tidos como óbvios [...] baseiam-se na crença de que as estruturas políticas e econômicas são reproduzidas pela aceitação diária de padrões de vida predeterminados, uma crença que apresenta um forte contraste em relação ao determinismo econômico. A reelaboração interior da psique e das necessidades humanas — a revolução cultural — dá a base para um novo tipo de revolução, uma que não culmina na esfera política, mas que move o reino do político do Estado para a vida cotidiana, ao transformar a noção de política como administração de cima para [a de política] como autogerenciamento. [...]

A nacionalização da economia e da tomada de decisões não define a forma de uma sociedade livre tal como concebida pela Nova Esquerda. As formas novoesquerdistas de liberdade eram a descentralização das decisões, a socialização

---

[1] Não por acaso, a carta de Mills foi publicada em *New Left Review*, um dos mais importantes periódicos da Nova Esquerda britânica. Cf. Mills, 1960.

internacional da indústria, o autogerenciamento por parte de trabalhadores e comunidades e a extensão da democracia a [todos os aspectos da vida].[2]

Conceito de liberdade não apenas como liberdade da privação material, mas também como liberdade para criar novos seres humanos: a Nova Esquerda não nasceu como uma resposta a condições de adversidade econômica, mas a formas de opressão em outros âmbitos, como o político e o cultural e/ou psicológico (embora questões econômicas possam ter sido posteriormente incorporadas). Em resposta a essa espécie de problemas, nasceram movimentos que pretendiam prioritariamente construir uma cultura mais justa, não discriminatória, capaz de atender às demandas de grupos até então mantidos sob alguma forma de subjugação, como os negros (um grupo fundamental no caso norte-americano), os jovens e os estudantes, as mulheres, os imigrantes, os homossexuais. Cada um desses grupos procurou oferecer um novo conjunto de normas e valores, desenvolvidos a partir de uma "crítica de padrões de interação geralmente aceitos", fundindo sempre que possível o cultural e o político e enfatizando valores como a espontaneidade, a autonomia individual e o senso de comunidade.[3]

A extensão do processo democrático e a expansão dos direitos do indivíduo: "Dentro dos movimentos, princípios estritos de democracia eram a regra, e a democracia participativa de baixo para cima definia o processo de interação desde as maiores assembleias até os menores comitês."[4] Em geral, os movimentos da Nova Esquerda procuravam evitar a formação de lideranças no sentido tradicional, hierárquico (o que não significava que líderes *de fato* não pudessem surgir). Em vez disso, o que era proposto era a decisão por consenso em assembleias gerais usualmente inclusivas a ponto de acomodar as mais diferentes tendências, de maoístas a anarquistas, de socialistas democráticos a feministas, que tinham de lidar uns com os outros, ao menos idealmente, pela persuasão, evitando-se os métodos coercitivos tipicamente stalinistas apresentados em vários grupos da esquerda mais tradicional.

Uma base "revolucionária" ampla: a Nova Esquerda, preocupada com a ideia de liberdade e libertação dos mais diversos grupos, fugia à análise tradicional do proletariado como o agente da transformação da sociedade. Em vez disso, enfocava os já citados grupos postos à margem da sociedade, ao mesmo tempo

---

[2] Katsiaficas, 1987:23.

[3] Ibid., p. 24.

[4] Ibid.

em que parte significativa de seus militantes provinha da classe média, sobretudo dos estudantes universitários, muitos vindos de instituições de elite, como o caso da SDS ilustrará fartamente.

A ênfase na ação direta: um aspecto importante nos movimentos da Nova Esquerda, e, provavelmente, o que mais chamou a atenção de seus contemporâneos foi a importância que eles davam à confrontação com o que identificavam como o elemento de opressão. Fossem as universidades, os restaurantes racialmente segregados, os concursos de beleza ou os postos de alistamento militar, entre outros, os militantes tinham como objetivo dramatizar a sua oposição da forma mais visível que pudessem, esperando assim atrair mais pessoas para a sua causa, o que por sua vez levaria a novos e maiores confrontos até a eventual vitória. "Por meio das experiências da ação direta, acreditava-se que o movimento se tornaria quantitativamente maior e qualitativamente mais forte. O acionismo [*sic*] da Nova Esquerda [era] um novo método de integração entre teoria e prática."[5] Essas ações valorizadas pela Nova Esquerda não eram mais as antigas greves trabalhistas (embora, em alguns casos, como na França em 1968, elas pudessem ter um papel), mas atos geralmente caracterizados pela ocupação de espaços públicos, por meio de piquetes, *sit-ins*, a tomada de prédios, cuja amplitude se tornou maior sobretudo a partir dos anos finais da década de 1960. Em alguns casos, como se verá ao longo deste livro, esse "acionismo" iria mais longe, ganhando contornos nem sempre pacíficos.

Essas características levaram a Nova Esquerda, de uma forma geral, a determinadas tensões e conflitos em relação à agora chamada "Velha" Esquerda, expressão que será desenvolvida mais adiante, mas que, aqui, se refere principalmente à esquerda marxista em geral, com sua ênfase na organização dos trabalhadores industriais como método de transformação da sociedade. Não raro, os novos esquerdistas tinham de lutar não só contra uma fonte de opressão especificamente relacionada à sua causa (como o racismo institucionalizado), mas também contra os grupos da esquerda mais tradicional, comunistas ou não, que podiam ver os mais jovens como mais do que um incômodo, até como uma ameaça.[6]

No caso específico da SDS, que viria a se tornar o grupo mais importante da Nova Esquerda estudantil branca nos Estados Unidos dos anos 1960, os choques com os mais velhos levariam a um processo de afastamento. Resultado mais de

---

[5]   Katsiaficas, 1987:27.

[6]   Cf. o capítulo 3, "O 'fogo amigo': choques com a Velha Esquerda".

uma escolha de ênfases políticas — sobretudo o anticomunismo — do que de uma incontornável incompatibilidade de ideias, tal processo acabaria por isolar a SDS dos militantes mais experientes da esquerda radical norte-americana, e por acentuar o seu senso, comum a muitos movimentos da Nova Esquerda mundial, de que a chamada "esquerda" não o era de fato, consistindo antes em pessoas demasiado acomodadas em relação ao *status quo* para realmente quererem mudá-lo. Essa perspectiva de que estava "só" em sua jornada para mudar a sociedade americana, pelo menos no que dizia respeito à Velha Esquerda, acabou se estendendo também ao setor mais progressista da corrente principal da política norte-americana: os *liberais*. Assim, desiludida com aqueles que deveriam ser seus principais interlocutores no esforço de construção de uma sociedade mais igualitária e humana, a SDS estava em busca de uma forma de concretizar suas ideias de democracia participativa quando se viu às voltas com um fato externo que afetaria profundamente sua trajetória.

Foi com a escalada militar no Vietnã, iniciada em 1965, que o governo americano, que tomara medidas em favor de minorias com a Lei dos Direitos Civis e abraçara a luta contra a pobreza no projeto da "Grande Sociedade" do presidente Lyndon Johnson — duas grandes bandeiras da Nova Esquerda —, deixou de ser um aliado relutante na luta por reformas para se tornar cada vez mais, aos olhos dos ativistas, primeiro um adversário, depois um inimigo. A intervenção em apoio ao regime ditatorial e impopular do Vietnã do Sul punha o governo dos Estados Unidos em oposição aos ideais democráticos e humanitários da SDS, quando não o tornava uma ameaça direta, representada pelo alistamento militar obrigatório dos jovens que constituíam a própria base da organização. A partir daí, a guerra, originariamente uma questão secundária para esses ativistas, ganharia ênfase crescente, apesar de eventuais esforços da SDS para não fazer dela o tema principal de suas preocupações. O engajamento na campanha pela retirada do Vietnã e a insistência do governo democrata de Johnson numa escalada militar acabariam levando a SDS a uma radicalização ainda maior de seu discurso e de suas ações. A oposição firme, mas dentro dos limites institucionais, foi ganhando outras cores à medida que as discussões sobre a guerra se tornaram mais apaixonadas e criaram uma polarização na sociedade americana como um todo. Diante de um governo que insistia numa guerra que custava um grande número de vidas norte-americanas e vietnamitas, os membros da SDS foram deixando de encarar a não violência como uma cláusula pétrea e passaram a buscar formas mais eficazes de deter não só o conflito em si como também as forças que o tornavam possível. Esse foco no problema da guerra e as mudanças estratégicas e táticas que ele desencadeou acabariam por transformar a SDS, tornando-a muito diferente do grupo que subscrevera a *Declaração de Port Huron* em 1962. Assim, ao fim de poucos anos, a mesma organização que no início da década extraía seus argumentos dos críticos sociais dos anos 1950, repudiava a Cortina de Ferro, os jargões marxistas e o uso da violência, procurando estabelecer uma ponte entre a justiça social e os valores americanos, começou a repetir os maneirismos da "Velha" Esquerda. Projetos de mobilização comunitária foram abandonados, facções maoístas cresceram dentro da organização e os métodos tradicionais de protesto passaram a não ser mais considerados satisfatórios. A carnificina no Vietnã parecia tornar as ideias, diretrizes e práticas até então utilizadas obsoletas. A mudança de caráter da SDS é bem ilustrada pela frase de Carl Davidson, um de seus altos representantes, em 1967: "Os tempos me dizem que o que devemos fazer desta vez é destruir".[7] E destruir eles foram: já em fins de 1967, a SDS advogava o uso da força contra a presença de recrutadores militares nos *campi* universitários; em seguida, vieram as turbulências de 1968, em algumas das quais membros da SDS teriam papel fundamental, como a tomada da Universidade de Colúmbia, levando um dos principais autores da *Declaração de Port Huron*, Tom Hayden, a declarar que os militantes eram agora "guerrilheiros no terreno da cultura" e que seria preciso fazer os EUA mudarem por meio de "duas, três, várias Colúmbias".[8] As referências a pensadores nativos, como C. Wright Mills e Arnold Kaufman, deram lugar a citações do revolucionário "Che" Guevara e de Mao Tsé-tung, entre outras figuras do movimento comunista internacional; as análises sofisticadas e abertas a discussão foram trocadas por uma leitura que reduzia a complexidade do mundo a uma luta maniqueísta entre "imperialistas" e "revolucionários". A fragmentação final se daria em 1969, quando a organização dividiu-se em facções, uma das quais, os *Weathermen* (ex-Revolutionary Youth Movement I), defenderia explicitamente a derrubada violenta do Estado norte-americano, recorrendo a ações armadas e atentados a bomba para atingir esse fim.

Como essa transformação foi possível? De que forma um grupo reformista estritamente pacífico e otimista quanto às possibilidades dos valores americanos como diretrizes para uma política mais humanista e participativa pôde chegar à condição de grupo revolucionário armado, empenhado na destruição de um

---

[7] Debenedetti e Chatfield, 1990:199.

[8] Schlesinger Jr., 1970:203.

sistema antes visto como legítimo? Esta pesquisa procura mapear essa transformação da SDS de um movimento fundamentalmente democrático e compatível com a esquerda reformista norte-americana em um grupo revolucionário disposto ao emprego da violência como meio legítimo de combate às autoridades estabelecidas, já alheio ou mesmo em oposição aos princípios estabelecidos em Port Huron. Vamos examinar de que forma a ênfase na mobilização popular pacífica, na pluralidade temática e na não violência como diretriz de protesto, presentes na primeira fase da SDS, foi perdendo terreno para a lógica da confrontação e da derrubada do "sistema", ao mesmo tempo que alienava antigos aliados de perfil moderado. Também será investigado como essas mudanças internas da SDS se relacionam com a radicalização que atravessou outros grupos ligados ao movimento, em especial os de defesa dos direitos dos negros, aos quais a SDS estava mais ligada.

Estabelecido o problema principal, há que se definir alguns parâmetros conceituais e metodológicos. O primeiro deles diz respeito a um conceito presente em boa parte das páginas seguintes e essencial para a compreensão dos anos 1960 nos Estados Unidos: o *liberalismo*.[9] No poder desde a ascensão de John Kennedy (1961) até o fim do mandato de Lyndon Johnson (1969), o liberalismo foi o conjunto de ideias políticas predominantes no governo federal norte-americano durante quase toda a existência da SDS, sendo a principal esperança de reforma nos primeiros anos da organização. Formulado durante o *New Deal* do presidente Franklin Roosevelt, o liberalismo procurava mesclar as ideias liberais clássicas ao que Roosevelt chamava de "liberdade em relação à privação", ou seja, a adoção de intervenções governamentais na economia que minorassem os desequilíbrios provocados pelo capitalismo. Diretamente relacionado à Grande Depressão que acometeu os Estados Unidos em 1929 e daí se espalhou pelo mundo, o liberalismo norte-americano pregava um tipo de intervencionismo estatal limitado na economia, mais moderado que o das social-democracias europeias, mas já prevendo uma rede de proteção social mantida com recursos públicos. Durante décadas, essa corrente gozaria de grande prestígio no cenário intelectual americano. "A fé no valor e na durabilidade do liberalismo moldou não só a política, mas também muito da produção intelectual [após a II Guerra Mundial]", nas palavras de Alan Brinkley (1998:ix).

---

[9] Atente-se que a definição aqui apresentada é característica da linguagem política dos EUA, não correspondendo ao sentido dado à palavra em outros países.

As realizações do liberalismo eram visíveis por toda parte: o crescimento robusto da economia americana, estabilizada (ao menos de vez em quando) pelo uso ativo de políticas keynesianas; a expansão gradual do sistema de bem-estar e seguridade social do *New Deal*, que tinha tirado milhões de idosos (e muitos outros) da pobreza; e, no começo dos anos 1960, a aliança entre o governo federal e o movimento pelos direitos civis, uma aliança que a maioria dos liberais brancos acreditava dar ao liberalismo uma poderosa autoridade moral com que acompanhar suas realizações práticas. [...]

Quando eu comecei a estudar história na escola secundária e na faculdade nos anos 1960, muito do que eu li era produto dos acadêmicos do "consenso", que [...] tinham poucas dúvidas sobre a centralidade do liberalismo tanto para a época deles próprios quanto para o conjunto da experiência americana. O liberalismo era, muitos deles argumentavam, a única tradição política importante na nossa história nacional.[10]

Cônscios de que eram uma minoria numa era de hegemonia liberal, os jovens radicais desempenhariam em relação ao liberalismo o papel de "críticos fraternais",[11] mesmo quando deliberadamente forçavam um impasse que fazia com que os liberais agissem. Uma espécie de autonomeado "braço militante" do liberalismo, disposto a ações que davam aos liberais o pretexto imediato para tomar medidas mais audaciosas (especialmente na área dos direitos civis), a Nova Esquerda desenvolveria uma relação simbiótica com os liberais cuja degradação, como se verá, teria um papel crucial na guinada para a confrontação que atingiria seus ativistas, com destaque para a SDS.

Essa cooperação mostra que a Nova Esquerda via os liberais como um grupo afim, com o qual compartilhava algumas metas e ideais, e que, em caso de divergência, estaria aberto ao diálogo (ou a pressões não violentas). Diferentemente da direita conservadora, liberais e novos esquerdistas, se eventualmente divergiam sobre métodos e alguns objetivos, pelo menos concordavam em reconhecer que havia reformas importantes a serem empreendidas na sociedade norte-americana, em prol das quais eles podiam se dar as mãos. Essa não era uma perspectiva gratuita, e sim uma consequência do fato de que, por mais que os radicais dos anos 1960 apreciassem a ideia de novidade presente na expressão "Nova Esquerda", tanto eles quanto os liberais pertenceriam a uma mesma *cultura política de esquerda* atuante nos Estados Unidos.

---

[10] Brinkley, 1998:ix-x.
[11] Gitlin, 1987:166.

O conceito de cultura política tem sido frequentemente empregado no âmbito da chamada *Nova História Política*, que é como ficou conhecida uma corrente de historiadores, sobretudo franceses, que resolveram retomar temas tipicamente políticos que vinham sendo deixados à margem por conta da predominância de uma visão da história que enfatizava os temas econômicos e sociais, em contraposição à história tradicional, factualista, centrada nos feitos do Estado (reis, guerras, tratados). Ao procurar esmiuçar a questão do poder e das instituições políticas na sociedade, essa corrente deixou de se prender às "cúpulas", tratando também e principalmente da "história das formações políticas e das ideologias", tirando-as de uma posição subalterna em relação às estruturas socioeconômicas nas quais haviam sido lançadas com o advento da chamada Escola de *Annales*. Revisitando temas tradicionais, explorando outros novos, a Nova História Política passou a encarar o político como algo que vai muito além do aparelho do Estado e da curta duração, podendo ser encontrado nas áreas mais variadas da atividade humana. Segundo René Rémond (2003b:442), não há um limite determinado para o campo da política, ele "não tem fronteiras naturais". Embora, no uso cotidiano, a palavra diga respeito a instituições e procedimentos específicos, seu uso pelas ciências humanas e sociais lhe confere um significado muito mais amplo. O pertencimento ou não de determinada questão ao âmbito do estudo da política dependeria, assim, de circunstâncias externas, do seu contexto, mais do que de uma delimitação específica dos temas políticos. Nos tempos atuais, em especial, a política parece abranger um número cada vez maior de assuntos, que, em épocas anteriores, jamais seriam pensados como fazendo parte de seu escopo.

Outros setores, durante muito tempo mantidos longe da política, passam às vezes para a esfera do político; assim, há duas ou três décadas, viu-se na França aquilo que dizia respeito à cultura, à ciência ou à vida tornar-se objeto de decisão política, suscitar uma legislação, nutrir controvérsias políticas: a legalização da interrupção voluntária da gravidez ou os debates sobre a programação das Casas de Cultura alimentaram a crônica propriamente política.

O movimento não é de mão única: não apenas o Estado se desvencilha de algumas de suas atribuições, como questões que há muito tempo se achavam no centro da vida política deixam essa posição.[12]

Nesse território de limites flutuantes, porém, ainda existe um traço que o caracteriza e demarca: a referência ao *poder*. "[A] política é a atividade que se

---

[12] Rémond, 2003b:443.

relaciona com a conquista, o exercício, a prática do poder", entendido aqui como o poder "na sociedade global: aquela que constitui a totalidade dos indivíduos que habitam um espaço delimitado por fronteiras que chamamos precisamente de políticas", ou seja, aquilo que se relaciona de alguma forma com o Estado e a nação. Em torno desse eixo é que gravitam os diferentes temas que eventualmente podem ser incorporados ao terreno da política. Por isso, Rémond (2003b:447) conclui que "o político é o ponto para onde conflui a maioria das atividades e que recapitula os outros componentes do conjunto social".

Graças a essa abordagem multifacetada é que conceitos como o de cultura política, tomado emprestado do campo da ciência política, podem ser empregados sem remorsos pelo historiador. Definida como "um sistema de referências em que se reconhecem todos os membros de uma mesma família política, lembranças comuns, heróis consagrados, documentos fundamentais (que nem sempre foram lidos), símbolos, bandeiras, festas, vocabulário" etc., a cultura política difere da ideologia por não apresentar uma "base doutrinária evidente", sendo, por outro lado, um sistema de ideias difusas, presentes mas nem sempre articuladas. Ela pode se manifestar das formas mais diversas, inclusive ritos e comemorações, mas sempre constitui "a linguagem comum simplificada [...] dos membros de uma formação, que desse modo fazem profissão de ideologia sem precisar necessariamente exprimi-la explicitamente, mas com a certeza de serem facilmente compreendidos" pelos outros membros do grupo. Isso não significa que uma pessoa tenha tido que ler determinados autores, ou subscrever um determinado manifesto, para compartilhar uma cultura política — basta identificar-se com os elementos da tradição que ela representa, suas ideias fundamentais.[13]

Assim, o conceito tem a utilidade de "permitir explicações/interpretações sobre o comportamento político de atores individuais e coletivos, privilegiando suas percepções, suas lógicas cognitivas, suas vivências, suas sensibilidades". Em outras palavras, compreender os atores em seus próprios termos, evitando anacronismos e a tentação de julgá-los segundo os padrões de uma época posterior.[14]

No caso da esquerda americana, dois autores são especialmente úteis para mostrar as continuidades entre as diferentes gerações que a constituíram e acabariam por influenciar a Nova Esquerda nos anos 1960. O primeiro é Richard Rorty (1999:77), que sugere que "deveríamos abandonar a distinção esquerdista

---

[13] Berstein, 2003:88-89.
[14] Gomes, 2005:30.

versus liberal", para ele fruto de uma monopolização indevida, por parte de grupos marxistas, da ideia de que o capitalismo deve ser superado. Segundo o autor, há uma linha de continuidade entre determinados movimentos da esquerda que comporiam, apesar de suas diferenças, um movimento maior, uma cultura política de esquerda, por assim dizer, que ele chama de "Esquerda Reformista". Esta incluiria "todos aqueles americanos que, entre 1900 e 1964, lutaram dentro do quadro da democracia constitucional para proteger os fracos dos fortes. Isso inclui muitas pessoas que chamaram a si próprias de 'comunistas' e 'socialistas'", assim como outros que jamais pensaram em se chamar assim. Desse modo, figuras tão díspares quanto o presidente Franklin Roosevelt, a anarquista Emma Goldman, o trotskista Irving Howe, o socialista Eugene Debs e o líder sindical negro A. Philip Randolph pertenceriam todos a um mesmo tronco político, caracterizado fundamentalmente pela defesa de reformas que fizessem dos Estados Unidos um país socialmente mais justo e igualitário (ainda que divergissem sobre o *quão* igualitário ele devesse ser). "Precisamos nos libertar da ideia marxista de que apenas as iniciativas de baixo para cima, conduzidas pelos trabalhadores e camponeses [...], podem construir o país", pois "a história da política de esquerda na América é uma história de como as iniciativas de cima para baixo e as de baixo para cima estão interligadas".[15] A denominação "Nova Esquerda", por sua vez, ficaria para aqueles, especialmente os estudantes, que "decidiram, por volta de 1964,[16] que não era mais possível trabalhar pela justiça social dentro do sistema".[17]

Rorty vê a esquerda como o "partido da esperança", da busca por justiça social, afirmando que essa característica comum aos diversos movimentos que a compõem é historicamente mais relevante que suas diferenças, por maiores que pudessem parecer aos olhos de seus protagonistas. Sua proposta tem mais de prescrição político-filosófica que de análise histórica propriamente dita — Rorty critica uma visão sectária, que atribui aos marxistas, segundo a qual só eles teriam o crédito da luta por uma sociedade realmente mais justa —, mas tem a vantagem, no caso da Nova Esquerda, de despi-la de um senso de excepcionalidade muito comum entre seus militantes na época e que viria a se refletir em boa parte da historiografia a seu respeito. Nesse ponto, o pesquisador interessado

---

[15] Rorty, 1999:89.

[16] Para saber por que Rorty escolheu esse ano específico, quando a Nova Esquerda americana já existia desde algum tempo, ver o capítulo 3.

[17] Rorty, 1999:78.

em levantar mais detalhadamente a evolução da esquerda norte-americana no século XX e como ela chegou à Nova Esquerda dos anos 1960 tem uma referência importante no trabalho de John Patrick Diggins, *The rise and fall of the American left* (1992).

Tal como Rorty, Diggins debruçou-se sobre a história da esquerda nos Estados Unidos do século XX, mas distinguindo quatro grandes "gerações": a *Esquerda Lírica*, que teve seu apogeu na década de 1910, sobretudo a partir de 1913, e que era composta por um amálgama de socialistas, anarquistas, sindicalistas, sufragistas, artistas, *wobblies*, entre outros grupos contestadores; a *Velha Esquerda*, já mencionada, marcada pelo socialismo e pela experiência da Grande Depressão, e que teve seu ápice nos anos 1930; a *Nova Esquerda* dos anos 1960 e, finalmente, a *Esquerda Acadêmica*, que a teria sucedido, ligada à produção intelectual universitária, questionadora dos valores tradicionais e dedicada às causas das minorias.

Na análise de Diggins, existem algumas semelhanças notórias entre os esquerdistas "novos" dos anos 1960 e os "líricos" do início do século: "Em espírito, a Nova Esquerda era originariamente mais próxima dos rebeldes de 1913 que dos marxistas dos anos 1930", uma vez que ambos os grupos viam-se como movimentos de jovens (até mesmo a célebre frase "Não confie em ninguém com mais de 30", muito popular na década de 1960, foi antecipada em essência[18]), defendiam os direitos de mulheres e negros, recorriam eventualmente a táticas deliberadamente calculadas para chocar (uma vertente de militância adotada por grupos contraculturais como os *yippies*,[19] e precedida em meio século por John Reed e Floyd Dell) e combinavam o radicalismo político com valores individuais, procurando "humanizar" a política, animados pelo que o "lírico" Floyd Dell, editor do periódico *Masses* (que viria a ser censurado na época da I Guerra) chamaria de "oito paixões": "diversão, verdade, beleza, realismo, liberdade, paz, feminismo, revolução".[20]

Outra observação sobre os precedentes é feita também por Andrew Hunt (2003), em um ensaio que complementa o estudo de Diggins. Ele observa que alguns dos princípios e causas presentes na Nova Esquerda americana — como a busca de um novo senso de comunidade e mesmo a grande proposta de Port

---

[18] Diggins, 1992:234.

[19] Cf. o capítulo 4, "Revolução".

[20] Diggins, 1992:99-100.

Huron, a democracia participativa — já estavam presentes na cultura norte-americana desde o século XIX, dispersos em variadas correntes de pensamento: "gerações prévias de transcendentalistas, populistas, socialistas, comunistas, *wobblies*, anarquistas e outros" já haviam se empenhado na luta para dar aos cidadãos comuns um senso do próprio valor por meio da participação, ao passo que comunas owenistas e fourieristas anteriores à Guerra Civil americana "representaram algumas das mais antigas formas de democracia participativa neste país", para não citar exemplos mais recentes, como "as comunas pacifistas radicais da II Guerra Mundial", conselhos de desempregados e movimentos grevistas diversos, que foram "experimentos decisórios igualitários, humanistas e 'centrados no grupo'".[21]

Em suma, a Nova Esquerda não era, ao contrário de como muitos de seus ativistas e alguns dos seus primeiros historiadores a apresentavam, uma ruptura tão grande na cultura política norte-americana ligada ao dissenso. Conscientemente ou não, ela retomou questões e perspectivas que já existiam, ainda que, como se verá, estivessem à espera de uma revitalização, fossem as "líricas" ou as "velhas". Entretanto, em respeito a uma terminologia já consagrada e que corresponde à percepção dos protagonistas, mantive as denominações "Velha" e "Nova" Esquerda.[22]

Para apresentar a história da SDS em sua trajetória dos princípios de Port Huron até a revolução armada dos Weathermen, esta pesquisa recorreu largamente a obras escritas por ex-membros tanto da própria organização quanto de outros grupos radicais, sempre contrabalançados pela considerável historiografia a respeito da Nova Esquerda. Tanto quanto possível, procurei dar voz aos próprios protagonistas, através de depoimentos em obras próprias ou nas obras secundárias sobre o tema, bem como aos documentos da própria SDS. Fontes de imprensa, sempre tão úteis em trabalhos da história contemporânea, também são exploradas.

A natureza das fontes utilizadas exige que sejam feitas duas advertências ao leitor. Primeira: a SDS, em seu auge, chegou a ter estimados 100 mil membros,

---

[21] Hunt, 2003:145. O autor tira essas referências de dois outros autores: Carl Guarneri (1991) e Donald E. Pitzer (1997). Uma boa fonte de época, escrita pelo fundador de uma comunidade alternativa religiosa no século XIX, é Noyes, 1966.

[22] A despeito da sugestão de Richard Rorty, entendo que ambos os movimentos, tal como se apresentavam no período estudado, mantinham algumas especificidades que justificam o uso dessa distinção e que serão apresentadas ao longo deste livro.

espalhados em centenas de núcleos locais, cada um com níveis variados de adesão à organização nacional, especialmente nos anos finais da década. Assim, as fontes aqui usadas dizem respeito à SDS do ponto de vista de uma organização *nacional*, que é também a perspectiva da grande maioria das fontes publicadas. Somente há poucos anos, mais especificamente desde a segunda metade da década de 1990, é que estudos mais substanciais sobre a SDS no nível local têm aparecido, ilustrando a grande variedade de tendências que ela comportava em seu seio.[23] A segunda advertência diz também respeito a uma tendência na historiografia sobre a SDS. Algumas das obras mais influentes sobre ela, e também sobre a Nova Esquerda de maneira geral, são largamente informadas por pessoas identificadas com a sua primeira fase, ou seja, que iniciaram suas atividades na organização em seus primeiros anos — apelidadas posteriormente de "Velha Guarda". Foi essa geração de membros da SDS, altamente intelectualizada, que escreveu ou contribuiu substancialmente com seus depoimentos para as obras clássicas sobre a SDS e os anos 1960, escritas nos anos 1970 e 80. Essas obras estão entre as mais ricas e informativas sobre o tema, mas não oferecem a única perspectiva possível. Para contrabalançar as inevitáveis tendenciosidades, procurei usar as poucas obras disponíveis com o ponto de vista dos membros mais tardios, além da historiografia mais recente.

Feitos esses esclarecimentos, restam as apresentações. Este livro se estrutura em cinco capítulos: o primeiro apresenta um panorama dos Estados Unidos na transição dos anos 1950 para os 60. Nele, são descritas algumas das principais transformações que o país sofreu ao fim da II Guerra Mundial, bem como as primeiras ideias e problemas que levariam a um novo despertar do movimento estudantil. O segundo aborda as origens da SDS, os ideais e grupos que a inspiraram mais diretamente e sua evolução até meados de 1962, quando ela lançou a *Declaração de Port Huron*. O terceiro capítulo trata especificamente das colisões entre a SDS, a Velha Esquerda e o liberalismo vigente, bem como da busca de um novo papel para a organização, à medida que sua abordagem mais intelectual passou a ser considerada insuficiente. Paralelamente, são descritas as mudanças que ocorriam no movimento negro, o modelo de militância mais importante para os estudantes brancos radicais, e no qual o nacionalismo negro começou a tomar o espaço da retórica liberal e pacifista que até então havia caracterizado a campanha dos direitos civis. Uma seção é dedicada também ao primeiro grande

---

[23] Cf. Rossinow, 1998. Outra obra importante, mas não focada na SDS, é Buhle, 1990.

protesto estudantil dos anos 1960, o Movimento pela Liberdade de Expressão, em 1964. O quarto capítulo aborda a transição revolucionária da SDS, ligada à Guerra do Vietnã e ao movimento antibelicista que o conflito inspirou. É apresentada a mudança no perfil dos membros da organização e também no de suas orientações ideológicas. O capítulo culmina com a análise da ideologia da revolução armada anti-imperialista adotada em fins de 1968 e ao longo do primeiro semestre de 1969 pela facção que originou os Weathermen, até a fragmentação definitiva da SDS. No quinto e último, recapitulam-se as ideias principais deste trabalho, são feitas considerações sobre o legado da SDS e os rumos da Nova Esquerda americana após sua desintegração em 1969. No curto posfácio que o segue, faço sugestões para pesquisas futuras.

Dito isso, meu caro leitor ou leitora, só posso lhe desejar uma boa leitura.

1

Os EUA de 1960: panorama e críticas

Ao alvorecer da década de 1960, os cerca de 180 milhões de norte-americanos viviam uma situação singular. Pouco mais de 30 anos depois da depressão que traumatizou a nação e arrastou boa parte do mundo a uma década de dificuldades econômicas, e apenas 15 anos depois de terem desempenhado um papel crucial no mais sangrento conflito da história da humanidade, os Estados Unidos da América eram agora a nação mais próspera da Terra e, como bem lembravam seus entusiastas, provavelmente de todos os tempos. Já não bastasse essa condição — ainda mais invejável se comparada à das tradicionais potências europeias, que precisaram de dinheiro americano para se recuperar da destruição trazida pelo último conflito mundial —, esse mesmo país era agora uma das duas super-potências mundiais, poderoso o bastante para, mais do que vencer uma guerra convencional, desencadear uma catástrofe de proporções bíblicas não apenas sobre seus inimigos, como também sobre o restante do planeta. Sob qualquer aspecto relevante que se analisasse, nunca uma nação concentrara tanto poder.

Não obstante, os EUA eram um apanhado de contradições. O salto que deram de potência regional a superpotência global, e de economia em depressão a paradigma do capitalismo bem-sucedido, não os deixara imunes a problemas que agora, na década que se iniciava, cobrariam seu preço sob a forma de uma onda de movimentos de protesto que tornariam os anos 1960 um marco na história americana e, por extensão, do mundo. Para entender como isso foi possível num momento em que a autoimagem do país ia tão bem, é preciso examinar alguns aspectos da sociedade da época.

Uma era "dourada": a prosperidade e o American way of life

Para a maioria dos adultos nos anos 1950 e início dos 60, a depressão que se abateu sobre o país em 1929 e se estendeu pela década de 1930 era ainda uma lembrança vívida: grandes massas humanas vagando pelas estradas do interior em busca de trabalho; firmas e indústrias fechadas; filas por emprego; alimentos baratos, mas pouco dinheiro para comprá-los. Depois veio a guerra e, com ela, o esforço da economia para mantê-la, a consequente escassez de produtos de consumo e a poupança forçada. Tempos difíceis.

Passado o conflito mundial, porém, o cenário era outro. Os concorrentes da economia norte-americana no mundo industrializado estavam em frangalhos e o mundo parecia, pelo menos por algum tempo, um enorme mercado esperando os produtos e investimentos de um país gigantesco, de grande parque industrial, que não sofrera com bombardeios e invasões de território. Recursos não faltavam: já em 1944, os EUA detinham 80% do ouro mundial e estavam em condições de ditar os rumos da futura reconstrução econômica dos países vitimados pela guerra, como na conferência de Bretton Woods. Quando, após a derrocada definitiva do Eixo, os americanos aprovaram financiar a recuperação dessas nações com o Plano Marshall, dolarizando a economia internacional, criaram também meios para manter os níveis produtivos alcançados durante a guerra. A diferença agora era que, quando a economia se reconverteu para o uso civil, a maior parte da população pôde sentir os benefícios da nova era de abundância.[24]

> O alto índice de emprego dos anos da guerra continuaram no período sustentado mais longo de prosperidade na paz de toda a história do país. O produto nacional bruto [...], que chegara a US$ 100 bilhões em 1929 e caíra para US$ 70 bilhões durante a Depressão, disparara em 1948 para US$ 174 bilhões (utilizando-se o mesmo valor do dólar) e continuava a subir. A renda agrícola caiu após 1947, mas os salários industriais subiram e o mesmo aconteceu com a fatia do trabalho na renda nacional total. Embora o culto da maternidade e da domesticidade se intensificasse com a grande explosão de nascimentos no pós-guerra, as mulheres — em especial as casadas — deram prosseguimento à tendência, do tempo da guerra, para trabalhar fora, ingressando em números substanciais na economia em expansão. Em 1950, uma em cada quatro mulheres

---

[24] Padrós, 2000.

casadas norte-americanas trabalhava fora; em 1960, 31,6 milhões de mulheres exerciam emprego remunerado, com um aumento de 16,8 milhões em relação a 1946. As empresas, grandes e pequenas, floresciam. Veteranos beneficiados pela "G.I. Bill of Rights" (Carta de Direitos dos Pracinhas) acorriam às faculdades em números sem precedente.[25]

Essa "Era de Ouro" — como a chamaria Eric Hobsbawm (1995) —, que se prolongaria até 1973, foi composta de mais alguns feitos admiráveis da economia norte-americana. Entre a II Guerra e a do Vietnã, o PIB americano quadruplicou, chegando, em termos absolutos, a superar o total das outras nações industrializadas. Se algumas indústrias mais tradicionais declinaram, como a de carvão e a têxtil, outras tiveram um crescimento espetacular, como as de produtos químicos e aparelhos elétricos e eletrônicos. Tal crescimento aumentou a renda *per capita* e efetivamente beneficiou o trabalhador industrial típico, permitindo algum tipo de ascensão social a uma parcela considerável da população, que finalmente chegava à classe média.

Esse *boom* econômico e tecnológico mudaria a face do país. Milhões de americanos que até então haviam convivido com as precariedades do esforço de guerra, quando não com as dificuldades inerentes de uma economia que até há pouco ainda se recuperava do severo golpe de 1929, por fim puderam compensar o período de escassez. Comodidades que haviam sido privilégio das obras de ficção científica logo foram incorporadas ao cotidiano de parte significativa da população nos primeiros cinco anos após o fim da guerra: transmissão automática em carros, secadores elétricos, LPs, câmeras Polaroid, sem falar em aspiradores de pó, geladeiras, roupas de *nylon* e toda sorte de objetos de plástico, de bibelôs a brinquedos.

> Os padrões de consumo variaram para atender ao estilo de vida dos consumidores, mas havia opções e volume de bens para satisfazer a todos os gostos. Na década de 1950, *freezers* e aparelhos estereofônicos de alta fidelidade receberam o *status* de "necessidades". Ao fim dessa década, casas e garagens de subúrbios estavam coalhadas de aparelhos esportivos, ferramentas elétricas, gravadores de fita, lavadoras de prato, braseiros de churrasco, barcos, escovas de dente elétricas, abridores de lata sofisticados, secadores de cabelo e aparadores de unhas. Surgiram mercados especiais para grupos especiais

---

[25] Sellers, May e McMillen, 1990:384.

de consumidores: pescadores de anzol, fotógrafos amadores, criadores de pequenos animais e praticantes de pesca submarina e de excursões a pé.[26]

Estimuladas pelo crédito fácil (houve um aumento de 800% no crédito direto ao consumidor apenas entre 1945 e 1952),[27] "entre 1939 e 1948, as vendas de roupas aumentaram três vezes; de mobília, quatro vezes; de joias, quatro vezes; bebidas alcoólicas, cinco vezes; eletrodomésticos, inclusive a TV, cinco vezes".[28] O sonho americano ganhava as cores de um sonho de consumo.

> [O sonho americano] não era o sonho de ir da miséria para a riqueza; poucos cidadãos sensíveis teriam imaginado isso. Nem ele imaginava a abolição de privilégios e distinções especiais. Os americanos da época, como os de antes, toleravam hierarquias abertas e sem remorsos nas escolas, nas forças armadas, nas descrições de emprego. Em vez disso, o sonho se definia pela crença de que o trabalho duro capacitaria uma pessoa a ascender na sociedade e de que os filhos teriam mais sucesso na vida que os pais. Os Estados Unidos eram de fato a terra da oportunidade e das altas expectativas.[29]

No campo, a adoção de novas técnicas de cultivo deslocaria uma multidão de fazendeiros pobres rumo às cidades. Segundo James T. Patterson, em sua pesquisa sobre o combate à pobreza nos EUA,[30] só a adoção do colhedor mecânico de algodão foi responsável em poucos anos pela migração de 2,3 milhões de trabalhadores rurais — boa parte deles, convém notar, negros sulistas, que rumariam para as cidades do norte em busca de melhores condições de vida. Com pouca instrução e baixa qualificação profissional — não só pela pobreza em si, mas também pelas barreiras impostas pela segregação racial praticada em suas regiões de origem —, esses migrantes não encontrariam uma sorte muito melhor no novo destino, sendo obrigados a se amontoar em bairros decadentes que logo se tornariam guetos raciais. Esse processo tornar-se-ia ainda mais visível por conta da *renovação urbana* financiada pelo governo federal e que se tornara uma das marcas da nova classe média americana do pós-guerra.

---

[26] Sellers, May e McMillen, 1990:388.
[27] Ibid., p. 388.
[28] Patterson, 1996:70.
[29] Ibid., p. 65.
[30] Patterson, 1986, apud Farber, 1994b:18.

Enquanto os negros eram confinados a bairros específicos nas cidades, cuja existência desvalorizava as áreas mais próximas, um fenômeno antípoda se acelerava e intensificava: a suburbanização da nova classe média.

Americanos prósperos viviam nos subúrbios há gerações, mas foi só depois da II Guerra Mundial que a moradia suburbana relativamente barata estourou. A febre da casa de campo foi estimulada por subsídios e políticas governamentais, o uso inteligente pelos construtores de técnicas de produção em massa, e a fé dos proprietários de imóveis de classe média numa prosperidade econômica contínua. Acima de tudo, a explosão dos subúrbios no pós-guerra foi criada pela demanda reprimida de milhões de americanos cujos sonhos de possuir uma casa haviam sido frustrados pela turbulência econômica e os deslocamentos sociais da Grande Depressão e depois da II Guerra Mundial. Ainda em 1947, antes que as novas habitações pudessem emparelhar com a demanda, 6 milhões de famílias americanas tinham de dividir acomodações com amigos ou parentes. Entre 1948 e 1958, 13 milhões de casas foram construídas; 11 milhões delas nos subúrbios. Por volta de 1960, havia tanta gente morando nos subúrbios quanto nas cidades centrais da América.[31]

Longe da confusão das grandes aglomerações urbanas, os subúrbios se tornaram o sonho de consumo habitacional de quem podia pagar pelo privilégio de viver neles. Ruas espaçosas, casas que pareciam feitas em série e dotadas de quintal e churrasqueira, fácil acesso por carro às comodidades de consumo e lazer dos *malls* e, por último mas não menos importante, a promessa de uma vizinhança *respeitável*, isto é, branca, convencional e com estabilidade financeira representada por um ou dois automóveis na garagem. Tal era a atração que o subúrbio exercia que, em 1960, *um quarto* de todas as casas americanas tinham sido construídas nos últimos 10 anos, quando 83% do crescimento populacional do país tinham se dado nessas áreas. Com o crescimento vieram as instituições inevitáveis — igrejas, escolas, clubes — e toda uma vida comunitária própria a fazer a alegria de milhões de pessoas que, frequentemente pela primeira vez, tinham acesso a uma moradia não apenas de *sua* propriedade, mas também espaçosa e equipada com confortos antes raros, como um banheiro moderno.[32]

---

[31] Farber, 1994b:9.
[32] Patterson, 1986:340.

Contudo, havia um preço a pagar. Com a migração das classes em ascensão para os subúrbios, as áreas centrais das cidades definhavam. Casas de espetáculos, teatros, cinemas, hotéis e toda uma rede de serviços urbanos que poderiam se beneficiar da melhoria econômica de seus antigos clientes agora iam fechando as portas, à medida que os espaços deixados pelos novos suburbanitas eram ocupados por pessoas de menor poder aquisitivo. Para se ter uma ideia da força desse processo, entre 1948 e 1964, enquanto o número de cômodos em hotéis em todo o país diminuiu de 1,55 milhão para 1,45 milhão, o de cômodos em motéis aumentou de 304 mil para 1 milhão. Quase ao mesmo tempo, entre 1945 e 1965, como o crescimento dos subúrbios estava diretamente ligado à cultura do automóvel e à necessidade de autoestradas, o transporte público declinou: a parcela de milhas por passageiro urbano que cabia aos ônibus e ao metrô caiu de 35% para apenas 5%. Seguindo o mesmo processo, as ferrovias também entraram em decadência, a ponto de os proprietários da Grand Central Station de Nova York solicitarem, em 1961, permissão para rebaixar drasticamente o teto da estação a fim de construir pistas de boliche. No fim, diante de protestos, acabariam cedendo o espaço acima da estação para a construção de um arranha-céu.[33]

Enquanto quem podia se mudava para os subúrbios e os serviços urbanos declinavam, projetos de renovação e revitalização foram implementados pelo governo e por investidores privados nas áreas centrais em declínio. Na prática, porém, tais projetos frequentemente significavam a remoção da população negra e/ou pobre: com o objetivo declarado de fornecer moradia barata para as camadas menos favorecidas, tratava-se de derrubar velhos prédios, comprar novos terrenos, relocar moradores, vender terrenos aos construtores, financiar novas habitações — operações que significavam retirar os habitantes atuais de suas casas e apartamentos e remanejá-los enquanto as obras não se completavam. Em alguns casos, passavam-se anos entre uma etapa e outra, simplesmente desalojando os antigos moradores, que não podiam pagar os preços mais elevados dos novos imóveis construídos onde ficavam seus lares. Mesmo quando podiam retornar, ainda havia problemas: projetos de habitação popular como Pruitt-Igoe, em St. Louis, considerado avançadíssimo e que previa 2.800 apartamentos, tornaram-se um exemplo de deterioração, com suas vidraças quebradas, elevadores pifados e crimes cometidos cotidianamente em seus corredores e saguões. O resultado final dessa onda de renovação urbana acabou sendo a guetificação dos pobres (sobre-

---

[33] Patterson, 1986:334-335.

Os EUA de 1960: panorama e críticas 37

tudo os negros, especialmente discriminados no que toca ao acesso à habitação popular financiada pelo governo), criando tensões que não tardariam a se fazer sentir, e o enriquecimento de construtores e proprietários, que valorizaram seus bens à custa da remoção dos primeiros.[34]

Uma consequência desse fenômeno de remanejamento urbano foi o lucro extraordinário que a indústria automobilística obteve ao longo da década de 1950 e manteria nos anos 60. Se desde o imediato pós-guerra as vendas de carros haviam sofrido um aumento gigantesco (de 69.500 em 1945 para 2,1 milhões em 1946 e 5,1 milhões em 1949), que poderia inicialmente ser atribuído à demanda reprimida pelo esforço bélico, a tendência não diminuiu na década seguinte.[35] Afinal, os subúrbios não tinham a estrutura de um bairro comum, em que mesmo áreas eminentemente residenciais contavam com uma rede básica de serviços próxima aos moradores. Viver nessas novas áreas significava possuir pelo menos um automóvel, e por isso mesmo a expansão suburbana se fez acompanhar do crescimento da malha rodoviária das cidades, com vias expressas que permitiam aos "suburbanitas" ir e voltar com agilidade. Das empresas beneficiárias desse processo, nenhuma era tão importante e ao mesmo tempo tão representativa da nova configuração da economia americana quanto a General Motors (GM).

Líder no mercado de automóveis, a GM era "emblemática da visão corporativa dos anos 1960" e "praticamente manava dinheiro".[36] De 1946 a 1967, a taxa média anual de lucros líquidos da empresa era de 20,67%, um resultado impressionante, obtido com a aplicação do "sloanismo", a filosofia administrativa de um de seus presidentes, Alfred P. Sloan: "um carro para cada bolso e propósito", mudanças rápidas de estilo, e uma estrutura corporativa que combinava a descentralização gerencial com controles financeiros altamente racionais. Diante de lucros tão elevados, a companhia podia se dar ao luxo de tornar obsoleto o velho antagonismo entre proprietários e seus trabalhadores sindicalizados, ao conceder-lhes salários compatíveis com um padrão de vida confortável. Nas palavras do executivo Lee Iacocca: "Naqueles dias, podíamos ser generosos [...], gastando continuamente mais dinheiro com os sindicatos e simplesmente passando os custos adicionais para o consumidor na forma de aumentos de preço".[37]

---

[34] Patterson, 1986:335.

[35] Ibid., p. 70.

[36] Farber, 1994b:21.

[37] Ibid., p. 22.

Na verdade, essa "generosidade" advinha não só de lucros exorbitantes, mas também, e principalmente, da nova configuração das relações entre a grande indústria e os sindicatos, estabelecida ainda na segunda metade dos anos 1940 e mantida nas décadas seguintes. À época, os sindicatos representados pelo Congress of Industrial Organizations (Congresso de Organizações Industriais, CIO, uma das duas grandes federações sindicais do país) haviam tirado proveito da mobilização provocada pela guerra e das políticas intervencionistas do *New Deal* para tentar estabelecer uma redistribuição do poder nas fábricas, seguindo o modelo corporativista de base trabalhista dos países do norte da Europa e da Escandinávia. Então considerados as "organizações econômicas mais poderosas do país", no dizer de um economista de Harvard,[38] os sindicatos progressistas do CIO, encabeçados pelo United Auto Workers (UAW, Trabalhadores Automobilísticos Unidos), queriam dar aos operários voz ativa nas decisões da indústria na forma de agências governamentais tripartidas formadas por eles, pelos empresários e por representantes oficiais, capazes de planejar determinados setores da economia e estabelecer preços e salários. Evidentemente, ao fazê-lo, estariam mudando o sistema econômico norte-americano, tornando permanentes os arranjos impostos pelo esforço de guerra. Quando essa alternativa se mostrou politicamente inviável — fosse pela resistência dos empresários, a manutenção da prosperidade nos anos imediatamente após o fim da guerra, a aprovação de leis restritivas dos protestos trabalhistas e a ausência de uma representação política própria —, os sindicatos tiveram de abrir mão de reformas sociais mais amplas e partiram para negociações mais restritas com as grandes corporações. Não sendo possível uma reforma estrutural da economia, podia-se ao menos negociar a preservação dos ganhos já obtidos em determinados segmentos da indústria, entre outros benefícios adicionais.

A GM foi fundamental nessa mudança das relações entre patrões e empregados nos primeiros anos do pós-guerra. Em 1948, dois anos após uma greve de proporções históricas, ela ofereceu ao UAW um acordo que incluía reajustes automáticos segundo os aumentos no custo de vida e um fator anual de aumento de 2% — ofertas compatíveis com a confortável situação de uma empresa que "enfrentava pouca competição efetiva, fosse estrangeira ou doméstica, [e que] podia facilmente 'administrar' quaisquer aumentos de preço que adviessem do novo contrato de trabalho".[39] Tal oferta foi aceita, o que representou uma notável

---

[38] Lichtenstein, 1989:122-152.

[39] Ibid., p. 141.

mudança em relação às práticas sindicais anteriores, que usualmente incluíam a rejeição desse tipo de reajuste automático em prol de negociações que permitissem ganhos maiores. Pela primeira vez, um grande contrato sindical aceitava critérios econômicos objetivos — custo de vida e produtividade — como determinantes dos salários. Com o tempo, outros acordos de mesmo modelo se sucederam e foram adotados por outros segmentos da grande indústria, de modo que, no começo dos anos 1960, esses princípios "tinham sido incorporados em mais de 50% de todos os grandes contratos sindicais", chegando, até a década seguinte, a ser adotados como referência de reajuste até para programas governamentais de bem-estar e para a seguridade social. Como diria o executivo da empresa que se tornou secretário da Defesa do presidente Eisenhower, "Engine" Charlie Wilson: "O que era bom para o nosso país era bom para a GM, e vice-versa". Pelo menos no que tocava à efetividade na acomodação entre patrões e empregados, ele não poderia ter sido mais feliz.

Para os trabalhadores dessas empresas, e o movimento sindical de que eram a ponta de lança, essa nova paz entre classes significou uma mudança importante de postura. Além de reajustes favoráveis estabelecidos por meio de acordos coletivos com os sindicatos, houve também uma série de outros benefícios, como pensões e serviços médicos, administrados pelas próprias companhias ou pelas organizações sindicais. Consequentemente, não havia mais urgência, como antes, de exigir do governo esses serviços. Depois que estes foram incorporados pelos sindicatos do aço e da indústria automobilística, "os empregadores estavam mais que prontos para incluir esses custos adicionais nos preços de seus produtos. Além disso, os administradores reconheceram que benefícios específicos da companhia aumentavam a lealdade do empregado", e que a existência de um pequeno "salário social" era vantajosa para ambas as partes. Embora não fosse muito além das grandes indústrias e do setor governamental — aumentando as desigualdades salariais no operariado como um todo —, esse tipo de barganha trabalhista "paroquial" ajudou a transformar um movimento sindical ativo e fortemente progressista em uma das bases do sistema político-econômico vigente.[40]

Nesse contexto, a existência de grandes corporações como a GM era vista como benéfica para o país. A velha desconfiança quanto aos grandes conglomerados e o antagonismo tradicional entre sindicatos e empresários, agora num contexto de expansão econômica, davam lugar ao credo corporativo de que o *big*

---

[40] Lichtenstein, 1989:143.

business e o interesse nacional andavam juntos, de modo que a melhor política seria criar todas as condições possíveis para que esses campeões do capitalismo não encontrassem dificuldades, podendo contar com o apoio do governo. Os empresários, por sua vez, não mais reivindicando o *laissez-faire* da era pré-Roosevelt, professavam agora a manutenção de um gerenciamento racional e eficiente, capaz de garantir sua mão de obra por meio de contratos negociados, e dando aos acionistas dividendos crescentes ao longo dos anos. Consideradas por muitos analistas da época os pilares da prosperidade nacional, e permitindo que os salários dos operários americanos atingissem os níveis mais elevados do planeta,[41] as megacorporações teriam uma posição confortável ao longo da década de 1960, desfrutando de laços estreitos com a política nacional e de uma boa imagem junto ao cidadão médio.

Mas a prosperidade de que os americanos se vangloriavam a partir de 1945 não era apenas um fenômeno estritamente econômico. Ela era também demográfica. Já desde pouco antes do fim da II Guerra Mundial, os americanos não só casavam mais cedo como passaram a ser muito mais fecundos. No auge do chamado *baby boom*, expressão que se tornaria famosa e designa um período que vai aproximadamente de meados dos anos 1940 até meados de 1964, a média de filhos por família nos EUA rivalizaria com a da Índia, atingindo picos de 3,8[42] (a estimativa para 2006 era de 2,09[43]) e dando origem à maior geração da história do país, cerca de 70 milhões de pessoas.[44] Embora as explicações para o fenômeno sejam variáveis, alguns de seus efeitos eram facilmente observáveis e tenderiam a se intensificar com o passar dos anos. Talvez o principal deles, numa época de entusiasmo econômico, tenha sido o surgimento daquilo que o historiador Arthur Marwick (1998) denominou "subcultura juvenil".

A ascensão dos jovens e dos estudantes

Em sua análise dos "longos anos sessenta" nos EUA, na Inglaterra, França e Itália, Marwick aponta a emergência de "novos atores e atividades", incluindo minorias raciais e étnicas, mulheres, *gays* e jovens. No caso destes últimos, embora cada país tivesse seus próprios critérios etários e ocupacionais para classificá-los

---

[41] Farber, 1994b:22.
[42] Ibid., p. 12.
[43] CIA, 2006.
[44] Anderson, 1995:89.

Os EUA de 1960: panorama e críticas   41

e o autor não faça questão de uma definição precisa, trata-se principalmente dos indivíduos que haviam entrado na puberdade — um processo que ocorria mais cedo com a melhoria nas condições de vida da população — até os com pouco menos de 25 anos. Seja qual for o parâmetro que se escolha, contudo, a percepção de que a juventude havia se tornado um segmento populacional digno de atenção especial não foi fruto de nenhuma análise acadêmica posterior, e sim um fenômeno que, nos EUA, se iniciara já nos anos 1950, com a geração imediatamente anterior à do *baby boom*.

O que primeiro chamou a atenção para os jovens foi o seu papel como consumidores. Em 1957, Eugene Gilbert publicou *Advertising and marketing to young people*, um compêndio de dados estatísticos a respeito do tamanho e dos gostos do mercado juvenil, um campo de estudos no qual o autor se especializaria. Sua tese essencial era de que "na última década, os adolescentes [*teenagers*] se tornaram um grupo distinto e separado em nossa sociedade".[45] Em outras palavras, eles não eram mais apenas guiados pelos valores, gostos e atitudes dos adultos, mas haviam desenvolvido, em certa medida, os seus próprios, tornando-se um filão com características distintas. Fosse com suas mesadas ou, principalmente, com as rendas advindas do primeiro emprego e de trabalhos informais, esses jovens, tomados em conjunto, tinham um potencial de consumo que justificava a considerável gama de produtos e mensagens específicas que seriam produzidas para eles. Ao contrário dos pais, que haviam vivido tempos bastante difíceis, esses novos consumidores não conheciam outra realidade que não a de uma economia possante e em crescimento; para eles, a possibilidade de consumir com relativa liberdade, sem a preocupação de uma poupança rigorosa, era simplesmente um dado da realidade.

Essa constatação preciosa num período de classe média ascendente ganhou espaço na imprensa: em novembro do mesmo ano, a revista *Cosmopolitan* publicou uma edição especial intitulada "Os adolescentes estão tomando o controle?"; um ano depois, a *Harper's Magazine* traria um artigo do próprio Gilbert, enquanto a prestigiada *New Yorker* publicava a primeira parte de um artigo de duas do comentarista social Dwight Macdonald intitulado "Uma casta, uma cultura, um mercado", que afirmava: "Hoje em dia, os comerciantes veem os adolescentes da mesma forma que os pecuaristas veem o gado". Para a revista *Life*, uma das mais influentes do país, a questão era resumida no título de um artigo de 31 de agosto

---

[45] Apud Marwick, 1998:46.

de 1959, "Uma nova potência de $ 10 bilhões: o consumidor adolescente dos EUA", em que não se deixava passar em branco o fato de que esse valor excedia o total de vendas da General Motors. Segundo a revista, os adolescentes

> tinham suas próprias diversões específicas (principalmente centradas no mundo em tranformação da música popular), e seus próprios modos de autoapresentação, ou, vendo-se de outro ângulo, autoidentificação. E essa é a substância por trás do discurso colorido a respeito de "uma nova casta americana": os adolescentes do fim dos anos 1950 tinham uma clara consciência de si mesmos como parte de uma categoria nacional cada vez mais homogênea [...]; e, assim como o resto da sociedade, podiam cada vez mais apreciar a si mesmos como um espetáculo.[46]

Essa consciência de grupo diagnosticada pela *Life* podia ser confirmada pelo nascimento de um novo gênero de publicação em 1955: a revista para adolescentes. Centradas principalmente no público feminino, revistas como *Teen, Dig, Teen World, Sixteen, Hipcats* e *Confidential Teen Romances* surgiram para atender às demandas desse novo "tipo" de leitor, que pela primeira vez era reconhecido como dotado de alguma autonomia.

O artigo da *Life* também trazia dados estatísticos, um dos quais era de que 16% da renda juvenil eram gastos com entretenimento. Mais que em qualquer outra área, era nesta que a conclusão de Gilbert sobre o diferencial desse grupo era facilmente perceptível. No ano da publicação do seu estudo, os jovens já gozavam de um promissor filão de música e filmes, com um panteão próprio de ídolos. Um dos maiores símbolos da relativa autonomia dessa emergente cultura juvenil foi um novo ritmo, o *rock'n'roll*. Batizado pelo *disc jockey* Alan Freed, a partir do *rhythm and blues* dos negros (e mantendo, com alguns atenuantes, a forte conotação sexual deste), esse tipo de música logo teria em Elvis Presley o seu grande astro. O fato de seu rebolado, que lhe valeria o apelido de *Elvis the Pelvis*, ser considerado por muitos adultos um acinte ao pudor e à boa moral não impediu que o rapaz pobre do Mississipi se tornasse o ídolo de uma geração que não tinha pudor algum em imitá-lo.

Frequentemente associado a uma forma de rebeldia contra a rigidez dos costumes, o sucesso do rock viria acompanhado também por produções cinematográficas voltadas para questões tipicamente juvenis, como *Rebel without a*

---

[46] Apud Marwick, 1998:47.

cause (1955), protagonizado por James Dean, e *The wild one* (1953), estrelado por Marlon Brando.[47] Em ambos, a juventude é enfocada como rebelde em potencial, envolvida com um mundo particular e eventualmente perigoso (sendo uma das grandes preocupações da época justamente o problema da delinquência juvenil). Essa tendência seria frequentemente explorada pelos meios de comunicação de massa, reforçando temores, da parte dos adultos, e fornecendo modelos de contestação, da parte dos jovens que se inspiravam nos novos ídolos, copiando suas maneiras de vestir e falar, bem como incorporando em maior ou menor grau a ideia de que nem tudo era tão róseo quanto muitos dos mais velhos gostariam de acreditar.

Na literatura, essa postura de não enquadramento seria ilustrada pelo sucesso de *The catcher in the rye*,[48] de J. D. Salinger, lançado em 1951 e que atingiu a fama em meados da década. Nele, o narrador-protagonista é Holden Caufield, um adolescente de 16 anos, aluno de uma escola particular da Costa Leste dos EUA, que ele descreve com uma crítica incisiva ao mundo à sua volta, com suas convenções e hipocrisias, repleto de gente falsa e medíocre que, não obstante, ostenta uma imagem de sucesso e felicidade plena. Ciente dessa distância entre aparência e realidade, Holden ingressa na "estrada do inconformismo, da rebeldia individual contra a *wasteland*" (terra devastada) de seu espaço social.[49] Como se verá adiante, essa constatação do personagem de Salinger ganharia considerável repercussão ao longo dos anos, não apenas entre os adolescentes.

Outro fenômeno importante no campo das letras foi a aparição, ainda nos anos 1950, de um movimento que ficaria conhecido como *beat*, o primeiro marco do que ficaria popularmente conhecido como a "contracultura" nos anos 1960. Inicialmente um grupo de escritores e artistas boêmios, em que o uso da barba se tornaria um traço característico, os *beats* condenavam o convencionalismo e o materialismo da sociedade à sua volta, que um de seus principais expoentes, o poeta Allen Ginsberg, chamaria sugestivamente de *Moloch*. Em reação a esse estado de coisas, a típica reação *beat* era o desligamento da sociedade, o afastamento de suas convenções e seu formalismo, e a busca de experiências que privilegiassem a autoexpressão e a criatividade. Um de seus grandes ícones era a estrada,

---

[47] Exibidos no Brasil, respectivamente, com os títulos de *Juventude transviada* e *O selvagem da motocicleta*.

[48] Publicado em português como *O apanhador no campo de centeio*.

[49] Cf. Berutti, 1997.

com suas possibilidades aparentemente infinitas de novas buscas e descobertas, um campo de liberdade na prisão sem muros representada pela cultura vigente. Frequentemente combinando drogas, álcool, noções da religiosidade oriental e experimentações sexuais, em "suas imaginações produtoras de mitos, e em momentos fugitivos da realidade, os *beats* eram verdadeiros irmãos juntos na estrada, partilhando vinho, mulheres e mantras".[50] Inimigos declarados de tudo aquilo que era representado pela classe média suburbana, os *beats* prezavam a busca da intensidade e do êxtase, ao mesmo tempo em que espalhavam suas ideias e experiências em obras que se tornariam icônicas, como *On the road*, de Jack Kerouac.[51] Apesar da fama, a comunidade *beat* nunca passaria de alguns poucos milhares de indivíduos, poucos dos quais realmente escreviam. Sua importância, no entanto, era significativa, pois eles eram um símbolo de que a não conformidade não só era possível como, para seus admiradores, desejável e necessária. Ao se afastarem do comportamento dominante e serem, por isso, vistos como loucos e desajustados pelos mais conservadores, os *beats* representavam, à sua maneira, uma condenação daquilo que a sociedade americana, tão próspera e orgulhosa de si mesma, havia se tornado. Embora fosse uma resistência passiva, apolítica, pois não propunham qualquer esforço para mudar a sociedade,[52] limitando-se ao afastamento dela, eles deram o sinal de que alguma dissidência ainda era possível. Como diria o título de uma matéria da revista *Life* a respeito do movimento, os *beats* eram "a única rebelião por aí".[53]

Paralelamente ao reconhecimento dos jovens como um grupo distinto, outro fenômeno ligado a eles e que teria muita importância a partir da década de 1960 seria o rápido aumento do número de estudantes universitários. A explosão econômica acabou dando origem a uma explosão educacional, muito estimulada pela G. I. Bill of Rights, assinada em 1944, mediante a qual o governo federal não só assegurava aos veteranos da II Guerra empréstimos para a compra de moradia, como também lhes dava o direito a um auxílio mensal para despesas educacionais. Consequentemente, o ensino superior, antes acessível a relativamente poucos, foi

---

[50] Gitlin, 1987:47.

[51] No Brasil, *Pé na estrada*.

[52] Allen Ginsberg, contudo, seria uma notória exceção a essa indiferença política, embora à sua maneira. Já na segunda metade de década de 1960, ele teria participação em vários protestos contra a Guerra do Vietnã, não raro entoando mantras pela paz ao lado de outros adeptos da contracultura.

[53] Gitlin, 1987:52.

posto ao alcance de centenas de milhares de ex-soldados anualmente. Assim, por exemplo, enquanto em 1940 haviam sido emitidos 216.500 títulos universitários, no ano letivo de 1949/50 esse número já chegava a 497 mil (329 mil deles para homens). Até 1956, quando o programa foi encerrado, cerca de 7,8 milhões de veteranos, aproximadamente metade de todos os que haviam prestado o serviço militar na guerra, haviam sido beneficiados. Deles, 2,2 milhões foram para instituições de ensino superior, enquanto 3,5 milhões buscaram o ensino técnico de nível médio. Além do benefício imediato, a medida abriu caminho para que os filhos desses veteranos também fossem buscar a universidade, seguindo os passos dos pais. Criado numa família judia de classe média do Bronx, em Nova York, Todd Gitlin (1987:21) afirma que

> por volta de 1960, os Estados Unidos eram a primeira sociedade na história do mundo com mais estudantes universitários que fazendeiros. (Em 1969, o número de estudantes havia quase dobrado, chegando a três vezes o de fazendeiros.) O número de diplomas concedidos, de graduação e pós-graduação combinados, dobrou entre 1956 e 1967. A proporção matriculada em instituições públicas cresceu especialmente rápido. As universidades de elite ainda treinavam cavalheiros, mas cada vez mais os cavalheiros eram treinados como gerentes e professores, não banqueiros, diplomatas [...]. No espírito do pós-guerra, havia mais espaço — embora não tanto quanto o puro mérito acadêmico exigiria — para formados no ensino médio, como eu, cuja criação não era exatamente cavalheiresca.

Combinado a essa corrida por uma educação melhor, estava o otimismo associado a um momento de grande prosperidade e possibilidade de ascensão social. O mesmo Gitlin recorda as palavras escritas pelo diretor de sua escola secundária no livro do ano de sua turma:

> Cerca de um século atrás, o grande editor Horace Greeley apontou o caminho da oportunidade para a juventude de sua época com as palavras: "Vá para o Oeste, jovem!". Hoje, não há mais territórios ocidentais subdesenvolvidos, mas há um novo e ilimitado "oeste" de oportunidade. Suas trilhas passam pelas escolas, faculdades e universidades rumo aos picos do aprendizado superior. Nunca houve na história uma oportunidade tão promissora para os rapazes e as moças que podem fazer a subida.

Vocês da classe de 1959, ao rumarem para a educação superior, estão em pleno acordo com o seu tempo. A estrada que estão tomando não é fácil, mas vocês a acharão interessante e recompensadora. Para aqueles que a seguirem com devoção e sinceridade, os sinais em toda parte dizem: "Oportunidade Ilimitada!".

A exortação do diretor de Gitlin não se baseava apenas no entusiasmo que um bom professor deve inspirar nos alunos: realmente havia uma demanda elevada por profissionais especializados. A expansão tecnológica e econômica, bem como a competição com a União Soviética haviam estreitado os laços entre a grande indústria e as instituições técnico-científicas, tornando o cultivo de bons "cérebros" um interesse de segurança nacional. As universidades eram agora um dos sustentáculos da supremacia americana no plano internacional, o que lhes rendia verbas generosas e a atenção dos setores político-militares. A educação era o pré-requisito para a manutenção do poder, e para isso as universidades agora tinham de se tornar, numa expressão que ficaria famosa, *multiversidades*, ou seja, centros de fabricação e consumo de conhecimento que fariam pela segunda metade do século XX o que as ferrovias haviam feito pela segunda metade do século XIX.[54] Administradas agora como empresas, as "multiversidades" tornar-se-iam mais uma burocracia que uma comunidade, "um mecanismo que se mantém por regras administrativas e é energizado pelo dinheiro".[55]

Além de estudar e pesquisar, os professores assistiam a conferências, oficinas, simpósios, e consultavam o governo, a indústria, os negociantes. Além de educar, as faculdades começaram a competir umas com as outras pelos quadros mais renomados e por prestígio. [...] A competição se tornou mais intensa, e os administradores das multiversidades lutavam por mais verbas federais, fundos de pesquisa, doações e apoio organizacional. Isso requeria um corpo crescente de funcionários, mais decanos e seus assistentes, todos se expandindo mais rápido que o professorado. "Os administradores educacionais", escreveu o professor Andrew Hacker em 1965, "são hábeis em descobrir novos serviços para prestar, novos comitês para criar, novos relatórios para escrever". A quantidade tornou-se a nova equação para o prestígio: estudantes x decanos x programas x dólares de pesquisa. As burocracias se expandiram até que administradores em

---

[54] Kerr (1963), apud Draper, 1964.
[55] Kerr (1963), apud Lustig, 2004.

Os EUA de 1960: panorama e críticas

busca de fundos se tornaram mais importantes do que professores ensinando Aristóteles.[56]

Referindo-se ao que encontrou no *campus* de Ann Arbor, da Universidade de Michigan, em 1957, Tom Hayden (1988:26) observa que a qualidade de uma instituição era medida pelo número de "pesquisadores renomados, publicações acadêmicas, PhDs, contratos de segurança nacional, metragem quadrada dos laboratórios, campeonatos dos 10 maiores" — dados estatísticos que não passavam por aqueles que, pelo menos em tese, eram a razão de ser da universidade.

Se, por um lado, essa mudança no papel e no funcionamento das universidades aumentava sua importância institucional, pela perspectiva dos alunos ela não era necessariamente bem-vinda. Inchadas pelo rápido aumento do número de matrículas, muitas universidades tiveram que se adaptar de formas nem sempre confortáveis para os alunos ou benéficas para sua formação. Salas repletas, com até 400 ou 500 pessoas (a *massclass*); longas filas para a inscrição nas disciplinas; professores absenteístas, mais interessados em suas pesquisas (não raro financiadas pelo governo com objetivos militares) do que na aprendizagem de seus alunos; aulas pré-gravadas, exibidas por televisores, ou dadas por graduandos inexperientes, na ausência do titular; "trabalhos devolvidos com uma nota e sem comentários, como se tivessem sido lidos por uma máquina";[57] normas restritivas (*in loco parentis*) nos alojamentos, em que até a conduta sexual dos alunos, especialmente das alunas, podia ser motivo para expulsão, e com uma escolha arbitrária de companheiros de quarto; censura a manifestações de cunho político — em suma, a despersonalização do processo de ensino. Tudo isso criava um descontentamento muitas vezes surdo, mas presente: segundo o mesmo Hayden (1988:27), a taxa de evasão entre graduandos chegava a 40%.

Apesar disso, no começo da década de 1960, esse mal-estar discente não preocupava os gerentes desses colossos institucionais do conhecimento. Clark Kerr, o grande proponente da multiversidade, já dizia, em fins dos anos 1950, que "os empregadores vão amar esta geração... eles serão fáceis de se lidar. Não haverá quaisquer revoltas".[58]

Kerr teria mais de uma década para reconsiderar.

---

[56] Anderson, 1995:96.

[57] Ibid., p. 97.

[58] Hayden, 1988:26.

Velhas soluções, novos problemas

Se a prosperidade norte-americana não chegava a *todos*, havia quem visse problemas sérios não em sua distribuição, mas nos efeitos que ela poderia vir a exercer sobre os próprios afortunados que a gozavam. Em outras palavras, mesmo entre aqueles que de fato podiam usufruir de um emprego, uma casa, um carro e uma série de produtos outrora tidos como supérfluos, seria essa prosperidade inteiramente positiva? O único grande problema americano seria o da repartição da riqueza, sem que houvesse ressalvas mais sérias à vida que se configurou sob sua influência?

Essa questão seria o ponto de partida de uma série de autores preocupados com o que essa conversão de partes consideráveis da população à nova vida de classe média significava. Misto de acadêmicos e intelectuais públicos, esses pensadores se engajavam na análise e na crítica da classe média ampliada pela riqueza que levou os EUA ao *status* de superpotência. Objeto de escárnio dos escritores e intelectuais dos anos 1920, esse segmento agora se tornava a principal referência de valores, costumes e influência política.

> Os sinais de seu domínio estavam por toda parte: nos ganhos eleitorais que fizeram de Dwight Eisenhower e Richard Nixon os novos porta-vozes do cidadão médio da sociedade afluente [...]; na economia do cartão de crédito, que mantinha milhões de consumidores repletos de mercadorias e permanentemente endividados; nos trevos, vias expressas e sistemas interestaduais de autoestradas, que facilitavam a mobilidade (e também o desenraizamento) de uma população de colarinhos-brancos para quem as transferências de emprego e as distâncias de comutação eram emblemas de sucesso; nas indistinguíveis casas de um só pavimento nos subúrbios [...]; na taxa de natalidade explosiva, a família nuclear centrada na criança, a crescente preocupação com a educação como um meio de avanço social, e a rígida divisão de trabalho e papéis entre maridos e esposas; no crescente recurso à televisão e aos fonógrafos de alta fidelidade como as principais formas de informação e entretenimento; e nas explosivas vendas de álcool e tranquilizantes para suavizar as múltiplas ansiedades que ainda causavam desconforto à burguesia próspera.[59]

---

[59] Pells, 1985:184.

Os EUA de 1960: panorama e críticas

Nesse cenário, nada mais natural que os analistas da sociedade passarem a dedicar maior atenção à classe média e ao seu modo de vida. O diagnóstico que muitos deles apresentaram não era tão diferente do que já havia sido apontado em anos anteriores: passividade política, fuga de causas sociais, medo de controvérsias e preocupação com ganhos pessoais. A diferença era que agora, num contexto em que as necessidades materiais básicas não pareciam mais um problema tão premente, alguns autores deslocaram seu eixo de análise das questões propriamente econômicas e políticas para aquelas de ordem mais cultural. Nas palavras de Seymour Lipset, um dos entusiastas da nova fase, já que a política interna não podia mais servir de base de crítica para a esquerda, "muitos intelectuais passaram de uma preocupação básica com sistemas políticos e econômicos para a crítica de outras seções da cultura básica da sociedade americana, particularmente de elementos que não podem ser abordados politicamente".[60] Em vez de reformas legislativas e disputas eleitorais, questões como a delinquência juvenil, o poder da propaganda, o tédio no trabalho, o bom ajustamento às normas e convenções sociais e a despersonalização do indivíduo na sociedade de massas entraram para a ordem do dia.[61]

Essa mudança também tinha relação com o refluxo da esquerda marxista, que tivera seu auge na década de 1930. Após a II Guerra, porém, a nova configuração geopolítica, em que EUA e URSS mantinham um tenso equilíbrio de influências pelo globo, trouxe novamente à tona, principalmente na primeira metade da década de 1950, o fenômeno do "pavor vermelho" (*red scare*), já vivenciado em menor escala no fim dos anos 1910 e início dos 20. O horror aos comunistas, até então um partido influente na esquerda nacional, institucionalizou-se e transformou-se em uma poderosa arma nas mãos do governo e dos políticos conservadores em geral, chegando ao ápice durante a atuação do senador republicano Joseph McCarthy.

A rigor, McCarthy não deu início à "caça às bruxas" anticomunista. Medidas de perseguição a partidários de ideologias "subversivas" já existiam há anos. O House Un-American Activities Committee (Huac, Comitê de Atividades Antiamericanas da Câmara) fora criado em 1938 e já dedicava a maior parte de suas energias ao combate à influência comunista — real ou imaginária — em órgãos e programas do *New Deal*. Em 1940, o Congresso aprovou a Lei Smith, pela qual

---

[60] Apud Pells, 1985:185.
[61] Watson, 2001, cap. 25, *passim*.

seriam punidos todos aqueles que defendessem a derrubada do governo norte-americano (o que, obviamente, se aplicava também aos defensores de ideologias revolucionárias como o comunismo). Em 1947, o presidente Harry Truman "instituiu um 'programa de lealdade' [...] e invocou a Lei Smith para acusar comunistas norte-americanos de conspiração", dando início a um processo de devastação na cúpula do PC americano, cujos líderes eram presos ou forçados à clandestinidade, enquanto os recursos do partido eram exauridos com despesas judiciais.[62] No mesmo ano, o Huac começou a procurar comunistas entre atores e diretores de cinema. Finalmente, em 1948, um funcionário do Departamento de Estado, Alger Hiss, foi processado por espionagem a favor dos soviéticos, caso que teve considerável repercussão. Dois anos depois, a prisão de Julius e Ethel Rosenberg novamente levantaria o problema da espionagem soviética.

Porém, com McCarthy é que a ameaça comunista seria mais bem explorada, principalmente como produtora de capital político e votos. Brandindo listas de tamanho inconstante com supostos nomes de funcionários públicos suspeitos de quebra de lealdade e colaboração com a URSS intermediada pelo Partido Comunista, McCarthy não apenas ganhou as atenções da mídia com sua cruzada de denúncias, como despertou um verdadeiro pânico pelo país. Suspeitos de comunismo perdiam seus empregos e eram também incluídos em "listas negras", que lhes fechavam as portas de um novo trabalho. Democratas liberais eram declarados, na melhor das hipóteses, "inocentes úteis"; na pior, "agentes", "traidores", uma amostra típica de um partido cujas "traições remontam à história".[63]

Em resposta à febre anticomunista que despertava no país, os democratas, tradicionalmente mais simpáticos a algumas causas da esquerda e tendo nos sindicatos uma de suas principais bases eleitorais, reagiram promovendo seus próprios expurgos nas organizações em que tinham influência. O anticomunismo, originariamente uma questão de oposição natural a um sistema que colidia com os princípios democráticos do sistema político norte-americano, havia se tornado um assunto da maior importância, uma marca de identidade e uma defesa diante do furor acusatório dos conservadores, com a ressalva de que os liberais entre eles procuravam combatê-lo mais por meio da política externa do que por perseguições domésticas. Mesmo isso não os isentou de ataques e reveses. Nas eleições de 1952, os republicanos conquistaram a presidência com o general Dwight D.

---

[62] Sellers, May e McMillen, 1990:374-375.

[63] Ibid., p. 374-375.

Eisenhower, após 20 anos de domínio democrata e apesar dos ventos favoráveis na economia do país. O conservadorismo estava em alta.

O alarde quanto à influência soviética no país, sobretudo nas estruturas do governo, não era inteiramente gratuito. Até 1948, os EUA eram os únicos possuidores de armas atômicas e pareciam ter assegurada a sua preponderância militar no planeta. Em 1949, porém, os soviéticos detonaram suas primeiras bombas atômicas, dando à Guerra Fria um aspecto mais ameaçador. O vazamento dessa tecnologia, atribuído à espionagem e que custaria a vida do casal Ethel e Julius Rosenberg, executados na cadeira elétrica por traição em 1953, traria um toque ainda mais apocalíptico ao clima de perseguição política do qual McCarthy se fazia o campeão. A partir daí, por mais satisfeitos que estivessem com seu país e seu modo de vida, vez por outra os americanos eram lembrados da ameaça que pairava sobre suas cabeças. A segurança nacional, agora, não estava mais relacionada apenas a tropas americanas lutando em terras estrangeiras, eventualmente dando-se ao luxo de poupar vidas de soldados com armas poderosíssimas; ela envolvia também a ideia de que, a qualquer momento, o terror que se abatera sobre Hiroxima e Nagasaki poderia cair muito mais perto. "A Bomba" e, com ela, todas as previsões sinistras envolvendo o aniquilamento da humanidade num cogumelo de luz e fumaça eram um medo bastante palpável. Por baixo da celebração da afluência, estava a maior das ameaças.

> Qualquer que fosse o orgulho nacional com as explosões que pulverizaram os atóis de Bikini e Eniwetok [áreas de testes atômicos], quaisquer que fossem as suaves garantias da Comissão de Energia Atômica, a Bomba, na verdade, perturbou nossas vidas cotidianas. Nós crescemos procurando abrigo em ensaios escolares — a primeira geração americana forçada desde a infância a temer não só a guerra, mas o fim dos dias. De vez em quando, de repente, um professor parava no meio da aula e dizia, "Protejam-se!". Nós sabíamos, então, nos encolher debaixo de nossas carteiras em miniatura e ficar lá, apertados, cabeças encolhidas debaixo dos braços, até o professor avisar, "Tudo limpo!". Às vezes, a escola inteira era levada para os saguões, longe das janelas, e instruída a se abaixar, cabeças voltadas para a parede, nossos olhos bem fechados, até segunda ordem. Algumas vezes, sirenes de ataque aéreo ecoavam mundo afora, e cidades inteiras eram avisadas para ficarem dentro de casa. Quem sabia no que acreditar? Debaixo das carteiras e abaixados nos saguões, terrores eram acionados, existencialistas eram feitos. Quer acreditássemos ou não que nos

esconder sob uma carteira escolar ou num saguão iria mesmo nos proteger das fúrias de uma explosão atômica, nós nunca podíamos dar como certo que o mundo onde nascemos continuaria a existir.[64]

O fato de que a posse de armas tão poderosas por parte de ambas as superpotências possibilitasse uma espécie de "empate", pois o ataque de uma levaria a uma reação devastadora da outra, nem por isso deixava de agravar o que a rivalidade entre americanos e soviéticos significava. Mais do que símbolos de sistemas político-econômicos antagônicos, a Guerra Fria entre eles tinha latente a possibilidade, amplamente explorada na ficção popular e nos discursos políticos, de uma destruição nunca vista antes. Como McCarthy e tantos outros do mesmo naipe sabiam, os medos envolvendo a ameaça soviética eram um excelente recurso para angariar apoio eleitoral e fulminar os inimigos com rótulos ideológicos que, se nem sempre eram verdadeiros, equivaliam a uma eficiente punhalada política.

Nesse clima, se até o influente Partido Democrata sofreu com o anticomunismo que grassou no pós-guerra, os grupos tradicionais de esquerda tiveram de lutar pela simples sobrevivência. Não apenas o anticomunismo macarthista havia tornado o esquerdismo militante uma opção política perigosa, forçando seus líderes ainda livres a se ocultarem das autoridades, como certos desdobramentos históricos minaram seriamente a sua base popular. Um deles foi a denúncia dos crimes de Stálin feita por Nikita Kruschev em 1956, que desiludiu muitos dos que haviam resistido à repressão por amor ao ideal marxista. A estes restava conformarem-se à ordem estabelecida ou procurar a conquista de uma sociedade mais justa fora dos cânones marxistas-leninistas. David Horowitz (1997:84), filho de pais comunistas de origem russa, descreveu em suas memórias o impacto do relatório de Kruschev:

> Quando meus pais e seus amigos abriram o *Times* matutino e leram seu texto [do relatório], seu mundo caiu — e com ele a vontade de lutar. Se o documento era verdadeiro, quase tudo que eles tinham dito e em que tinham acreditado era falso. [...]
>
> Peggy Dennis era a mulher do secretário-geral do Partido e a mãe de Gene Davis Jr., um dos meus colegas de *camping* em Wo-Chi-Ca. Em sua autobiografia,

---

[64] Gitlin, 1987:33.

Os EUA de 1960: panorama e críticas   53

ela descreveu sua reação ao Relatório Kruschev: "A última página amassada na minha mão, eu deitei à penumbra e chorei [...]. Pelos anos de Gene na prisão... Pelos anos de silêncio em que abafamos dúvidas e perguntas. Por um compromisso de trinta anos de vida que jazia destruído. Eu deitei chorando baixinho, soluçando gemidos". [...]
Na comunidade americana dos fiéis, o Relatório Kruschev foi uma força divisiva. Amizades de quarenta anos se desintegraram da noite para o dia, e até casamentos se dissolveram quando um cônjuge decidia sair do Partido e o outro, manter sua fé. O próprio futuro do comunismo americano foi posto em dúvida, enquanto os ativistas abandonavam suas fileiras e eram evitados por aqueles que deixavam para trás. Nos dois anos que se seguiram, mais de dois terços dos membros do Partido saíram de suas listas.

Para se ter uma ideia do grau em que a denúncia dos massacres de Stálin e a transformação do comunismo e seus afins em um tabu e um crime afetaram a esquerda marxista, basta observar que, durante a II Guerra Mundial, o Partido Comunista dos Estados Unidos tinha de 60 mil a 80 mil membros; em 1950, 43 mil; em 1957, quando o auge do macarthismo já tinha passado e boa parte das lideranças comunistas ainda tinha de viver escondida, os membros remanescentes contavam-se entre 5 mil e 6 mil.[65] Uma piada corrente na época (e particularmente impiedosa) dizia que o PC vivia das contribuições dos agentes infiltrados do FBI.

Não eram apenas os afiliados propriamente ditos do PC que experimentavam os efeitos da intolerância política num país que se gabava de ser campeão da liberdade e da livre-expressão. Acuados em suas manifestações políticas, muitos comunistas e "ex"-comunistas (ainda ligados ao PC apenas pelas tendências ideológicas) acabariam se fechando em uma subcultura própria, procurando, quando possível, a convivência dos seus.

> Em parte por razões financeiras, seus médicos e dentistas e advogados eram comunistas ou simpatizantes. Os amigos com quem passavam fins de semana sociais eram outros comunistas. Suas babás eram comunistas. Eles levavam seus filhos a piquetes [...]. Alguns até viviam em bairros onde, nos tempos áureos da Velha Esquerda, todos saíam para ver o desfile de Primeiro de Maio. A maioria

---

[65] Gitlin, 1987:72.

dos ex-membros, os periféricos e os simpatizantes, davam as costas às lutas internas, o que lhes possibilitava manter uma recordação rósea do Partido, da Frente Popular e da política "progressista" em geral.[66]

As circunstâncias adversas e essa tendência ao refúgio entre os iguais acabariam marcando toda uma geração de filhos de ex-militantes comunistas, que seriam apelidados de "bebês de fralda vermelha" (*red-diaper babies*). Criados num ambiente em que a crítica ao capitalismo e ao *establishment* americano eram lugares-comuns, duas características se destacavam nessa geração. A primeira era a visão de mundo polarizada, maniqueísta, comum a grupos heterodoxos minoritários.

> Um dos maiores legados da Velha Esquerda era o senso de um mundo dividido entre nós e eles. *Nós* éramos diferentes, especiais. *Nós*, embora isolados nos Estados Unidos, éramos parte de uma "comunidade mundial" — liderada, claro, pelos "países socialistas", dos quais o mais destacado era a União Soviética (apesar do que eufemisticamente se chamava de "erros"). *Nós* vivíamos por valores distintos: justiça, igualdade, paz. *Eles*, o resto da América, eram perseguidores, ou peões nas mãos dos neocolonialistas, ou (no caso dos poucos "avançados") mais ou menos "desenvolvidos". *Eles* estavam colhendo os frutos da afluência, mas bem aqui na América *nós* éramos vítimas da guerra — ou, diziam às crianças do Partido, conquistadores do lado do futuro. [...] Em uma pesquisa com 56 bebês de fralda vermelha no início dos anos [19]80, o senso de "diferença" foi considerado o mais significativo [...]. Muitos adotavam um poderoso moralismo: havia o certo e o errado, e é importante viver pelo certo. Esse senso afetou até mesmo os filhos de pais que haviam deixado a política esquerdista há muito tempo, que só descobriram a verdade sobre os seus pais mais tarde, quando eles mesmos [filhos] eram ativistas.[67]

A segunda era o medo, ou mais especificamente o temor e a desconfiança em relação às autoridades estabelecidas.

> D., cujo pai caiu na clandestinidade, aprendeu a nunca abrir a porta sem perguntar quem era, e a nunca usar nomes no telefone. V. sabia que os homens

---

[66] Gitlin, 1987:72.

[67] Ibid., p. 73.

Os EUA de 1960: panorama e críticas

55

do FBI estavam esperando do outro lado da sua porta, esperando para intimar sua mãe a testemunhar diante do [Huac]; seu pai foi forçado a deixar a carreira de ator e a passar a vender material de banheiro. R., cujo pai foi para a clandestinidade, lembra que sua mãe lhe dizia que seu pai fora para longe "ajudar pessoas", do que ela deduziu que ele era um bombeiro. R. lembra-se de voltar da escola para casa e achar sua mãe jogada na cama, chorando — Julius e Ethel Rosenberg acabavam de ser executados.[68]

Essa geração nascida sob o signo da política e da militância oposicionistas, que germinava nos anos 1950 e chegaria à adolescência e à juventude ao longo da década de 1960, muitas vezes desconhecia a filiação ideológica de sua família. Entretanto, além do discurso que aprendiam dos pais a respeito de conceitos como "classe dominante", "Guerra Fria" e "direitos civis", desde cedo eles adquiriam um tipo de experiência direta que contrastava com aquela que a classe média afluente dispensava aos seus jovens: os "fraldas vermelhas" conheciam e conviviam com membros das classes operárias, eram avessos à discriminação racial ainda frequente na sociedade americana (o PC tinha um histórico respeitável na luta contra a segregação, o que lhe valia grande prestígio na comunidade negra, mesmo durante o auge do macarthismo).[69] Esse tipo de educação naturalmente os levaria a procurar mais tarde movimentos interessados na mudança social, como se verá nos próximos capítulos, e a constituir uma parte relevante do que viria a se chamar de Nova Esquerda.

Fora da esfera direta do Partido Comunista, cuja principal referência era a URSS, o socialismo ainda vivia, embora também em "ilhas". Nascido em 1900, o Partido Socialista era não só mais antigo como também muito mais respeitado, mesmo durante o *red scare*. Nas primeiras duas décadas de sua existência, o PS já havia tido um relativo peso eleitoral, constituindo uma alternativa à esquerda dos tradicionais partidos Democrata e Republicano. Em 1912, o seu candidato a presidente, Eugene Debs, obtivera 6% dos votos. Porém, a oposição à entrada americana na I Guerra Mundial e a aversão desencadeada na opinião pública norte-americana pela Revolução Russa levariam o partido à condição de alvo das autoridades.

Em junho de 1917, o Congresso aprovou a Lei de Espionagem (suplementada em 1918 pela Lei de Sedição), que proibia toda obstrução ao esforço de guerra.

---

[68] Gitlin, 1987:73.
[69] Gosse, 2005:23.

Imediatamente, o Correio dos Estados Unidos negou privilégios de remessa às publicações socialistas, e enquanto os editores tentavam em vão se defender nas cortes, o governo atacou o próprio PS. Antes que a guerra terminasse, quase todo alto funcionário do PS tinha sido indiciado por atividades contra a guerra.[70]

Massacrado pela perseguição oficial, o PS entrou em declínio, perdendo espaço para o recém-criado Partido Comunista. Após a II Guerra Mundial, entretanto, os militantes remanescentes do PS não tiveram de passar pelos mesmos percalços que seus rivais comunistas, e o motivo era simples: a notória oposição do partido ao regime soviético. Liderados pelo religioso pacifista Norman Thomas, cujo prestígio se manteve apesar do chauvinismo da Guerra Fria, o PS e suas ramificações procurariam marcar posição como uma opção de radicalismo democrático isenta das inclinações "totalitárias" e "stalinistas" do PC. Isso significava, muitas vezes, o apoio à política externa norte-americana, como quando Thomas visitou a Índia e outros países neutros sob o patrocínio do Departamento de Estado do governo dos Estados Unidos. Esse tipo de ligação lhe valeria o desdém de muitos radicais, que o apelidariam de "socialista do Departamento de Estado", uma forma diferente de considerá-lo um "vendido". De fato, não era uma acusação sem seu fundo de verdade: havia conexões entre líderes socialistas e a agência de inteligência americana, a CIA, e houve colaboração de membros do partido na formação de grupos sindicais anticomunistas na América Latina e outros países — um sinal de até que ponto um inimigo comum pode se sobrepor a divergências ideológicas.

Outro grupo marxista e também adversário jurado do comunismo eram os trotskistas, divididos em duas correntes principais, o Socialist Workers Party (SWP, Partido dos Trabalhadores Socialistas) e a Independent Socialist League (ISL, Liga Socialista Independente), estes também conhecidos como "shachtmanitas" devido a seu líder, o ex-secretário de Trotsky, Max Shachtman. Sem uma postura de apoio automático aos EUA na Guerra Fria, pelo menos inicialmente, nenhum dos dois era muito expressivo em quantidade de membros, muito menos no âmbito eleitoral. Não obstante, tinham uma influência maior do que suas estatísticas brutas demonstravam — era uma estratégia comum dos shachtmanitas, por exemplo, infiltrarem-se em outras organizações, apossarem-se de seus postos-

---

[70] Diggins, 1992:102.

Os EUA de 1960: panorama e críticas

chave e depois usarem-nas para seus próprios fins, não raro levando, apesar de seus esforços, ao seu esvaziamento.[71]

As posições do socialismo antistalinista, por assim dizer, não estavam limitadas a esses veículos partidários. Também foram importantes publicações que reuniam pensadores dos mais variados espectros do marxismo não comunista americano. Embora nunca tivessem, pelo menos até o início dos anos 1960, um público muito amplo, periódicos como *Dissent*, fundado em 1954 pelo ex-shachtmanita Irving Howe, e *Commentary*, fundado por Eliot Cohen e dirigido a partir de 1959 por Norman Podhoretz, publicavam artigos e debates a respeito de temas como a pobreza nos EUA, os problemas da renovação urbana, direitos civis e outras questões afins. Acabariam por agregar ao seu redor uma constelação de intelectuais, alguns famosos, como Erich Fromm e Dwight Macdonald, e outros em ascensão, como Michael Harrington, Michael Walzer, Norman Mailer e Paul Goodman.

Assim, se era verdade que o marxismo ainda mantinha influência como ideologia política, nem de longe parecia capaz de promover novamente a mobilização de massas das décadas anteriores à II Guerra Mundial. Embora ele continuasse influenciando pensadores e ativistas políticos, e mantivesse seus nichos de seguidores, os novos tempos pareciam propor questões para as quais as velhas respostas marxistas não eram mais adequadas. Em suas diversas formas, o pensamento de Marx e seus derivados já não eram a *principal* fonte de perspectivas críticas para a sociedade. As ênfases eram outras agora.

> Liberados dos pressupostos da década de 1930, muitos intelectuais nos anos 1950 atacaram a ordem social não porque ela fosse politicamente injusta ou economicamente opressiva, mas porque ela parecia impessoal, burocrática e desumana. Não mais aguardando o colapso inevitável do capitalismo ou a fúria revolucionária da classe trabalhadora, eles [...] avaliaram os usos do tempo de lazer, os efeitos manipuladores da publicidade e da cultura popular, a qualidade das relações humanas numa era de afluência. Assustados pelas implicações totalitárias da propriedade estatal e dos comitês centrais de planejamento [instituições socialistas], eles exploraram o senso de impotência e alienação sentido pelo cidadão comum, cuja voz nunca era ouvida nos escalões mais altos do governo. [...]

---

[71] Cf. Isserman, 1987, cap. 2 e 5, passim.

Acima de tudo, tendo rejeitado a noção de que as ideologias políticas e os movimentos sociais organizados forneceriam alguma forma de salvação para si mesmos e para a sociedade, os intelectuais do pós-guerra reenfatizaram as virtudes da privacidade e da realização pessoal. Enquanto a busca por comunidade tinha capturado a imaginação da esquerda na década de 1930, a busca por identidade inspirava os escritores e artistas da década de 1950. E onde os críticos sociais haviam um dia insistido na necessidade da ação coletiva, agora eles exortavam o indivíduo a resistir às pressões do conformismo.[72]

Diante disso, um novo tipo de inimigo surgia. Não se tratava mais dos afortunados proprietários dos meios de produção, as classes abastadas que exploravam os proletários. Agora, os formadores de opinião e de gostos pareciam muito mais poderosos. O grande perigo era a perda da individualidade e da capacidade crítica, tornar-se apenas mais um numa multidão de gostos e tendências homogeneizados — ser, enfim, parte da "massa".

Um exemplo do que representava esse risco da afluência foi o tipo humano descrito por William H. Whyte em seu livro *The organization man*, publicado em 1956. Jornalista da revista *Fortune*, Whyte dedicou seu livro ao "impacto pessoal que a vida organizacional tem tido sobre os indivíduos que a compõem",[73] ou seja, aos funcionários de grandes empresas e instituições, as grandes organizações que exercem um considerável poder na sociedade norte-americana. Sua tese principal era de que a ética protestante individualista que havia imperado nos EUA havia cedido lugar a uma "ética social": a crença em que o grupo era a fonte da criatividade, em que o pertencimento era a necessidade maior do indivíduo; a convicção de que a única forma de se sentir valorizado era pela restrição do próprio ego em prol da participação com os companheiros em um empreendimento comum.

De acordo com esse credo, a concordância pública, o ajustamento psicológico e um senso de "total integração" com os outros eram os objetivos para os quais todos deveriam rumar; a desorganização, o conflito, a tensão, a fluidez, "a contemplação egoísta e solitária" eram os "males de que todos os homens deveriam se isolar". Idealmente, nenhuma disputa fundamental deveria jamais emergir entre o cidadão e a sociedade, apenas "mal-entendidos" e "ruídos na comunicação".[74]

---

[72] Pells, 1985:187.
[73] Apud Pells, 1985:233.
[74] Pells, 1985:234.

Os EUA de 1960: panorama e críticas

O resultado disso era que as grandes organizações — agora mais importantes do que nunca na economia norte-americana — atraíam e também *produziam* um determinado tipo de indivíduo, ou seja, que existia um perfil psicológico mais adequado à vida corporativa: o funcionário que se identifica com sua instituição, que sacrifica a imaginação e a criatividade às normas gerenciais, que não questiona as decisões do grupo de que faz parte. Ele usufrui as benesses que sua organização lhe oferece — segurança no trabalho, apoio nas dificuldades, o senso de pertencimento — e, em troca, submete-se-lhe devotadamente, desconfiando de manifestações de divergência e individualismo no ambiente de trabalho. Cria-se assim uma "tirania benigna", que despertava em Whyte temores orwellianos. O *homem organizacional* seria, pois, alguém que se deixa limitar e abre mão de sua autonomia, vivendo numa "gaiola dourada" que, por bela que fosse, nem por isso deixava de ser uma gaiola.[75]

Já para David Riesman, que divide com Whyte o título de grande crítico da sociedade americana dos anos 1950[76] e também tem preocupações similares, a grande questão era, por um lado, como vencer a compulsão de agradar e seguir a opinião dos outros e, por outro, desenvolver a própria individualidade numa sociedade de massas. Em *The lonely crowd*, de 1950, o autor, que também pensava que os novos tempos permitiam uma análise relevante centrada na classe média, afirmava que um número cada vez maior de americanos de sua época eram "orientados para o outro". A mudança de eixo, na economia, da produção para o consumo, da escassez para a abundância e da necessidade de trabalho intenso para as recompensas do lazer promovido pelos meios de comunicação de massa havia criado as condições para que esse novo perfil psicológico se espalhasse. O "homem orientado para o outro", diz Riesman, é aquele cujo maior talento é "vender" a própria personalidade, isto é, manter uma boa relação com todos, seja no trabalho ou fora dele. Em outras palavras, é alguém que busca compulsivamente a aprovação de seus companheiros. Ainda que se permita ter ambições pessoais, esse tipo de pessoa põe as opiniões e preferências do grupo à sua volta acima de suas próprias necessidades, pois não consegue viver de outro modo. Trata-se de uma personalidade conformista, se não por adesão voluntária, pelo menos por não saber se rebelar.[77]

---

[75] Watson, 2001:438.

[76] Apud Pells, 1985:232.

[77] Apud Pells, 1985:238-248.

Esse diagnóstico vinha com um outro, também compartilhado por outros escritores: o dos EUA como uma sociedade *pluralista*. Nesse ponto de vista, o poder no país seria partilhado por "grupos de veto, associações voluntárias e coalizões *ad hoc*" provenientes de diversas camadas da população, uma vez que não haveria uma classe dominante visível no país. Os EUA seriam, assim, uma democracia muito mais digna de louvor do que qualquer outra, e não apenas pelo fato de haver eleições regulares. Entretanto, ainda que compartilhasse dessa perspectiva otimista, Riesman diferia dos demais proponentes do pluralismo americano por observar que essas associações não eram voluntárias o bastante, pois aumentavam a pressão do grupo sobre o indivíduo, compelindo-o a ceder aos desejos da maioria, a esquecer-se de que tem a capacidade e o direito de discordar. Aí estaria, para Riesman, a causa da *apatia* que tantos autores deploravam nos EUA dos anos 1950: ao distanciar-se das questões públicas, o cidadão tentava preservar um pouco mais de sua privacidade, de seu caráter individual. Suas escolhas, portanto, pareciam se reduzir a duas opções: a impotência ou a apatia.

A solução para isso, como também em Whyte, seria buscar um equilíbrio entre o grupal e o individual, procurar convencer-se de que é possível discordar, mesmo quando se tem de ceder. Em suma, desenvolver a *autonomia*, isto é, a capacidade de decidir racionalmente quando seguir o grupo e quando rebelar-se, sem compulsões e culpas.

Nos dois autores, é notável como, embora façam críticas duras a aspectos do modo de vida da classe média, em nenhum momento as instituições, as estruturas sociais são questionadas. Em ambos, a opção pela reafirmação da individualidade, pela retomada da capacidade de decisão sobre a própria vida, passa por um processo basicamente individual. Tanto *The organization man* quanto *The lonely crowd* enfatizam questões psicológicas que se articulam com a nova configuração da sociedade norte-americana, mas dão esta última, ao fim e ao cabo, como permanentes. Não se cogita, nessas duas obras que marcaram sua época, de mudar a passividade e a despersonalização dos indivíduos através de mudanças nas instituições que lhes dizem respeito. E, conforme observa Richard Pells, ambos os autores refletem bem o espírito da maioria dos críticos de seu tempo ao se mostrarem mais interessados em levantar questões do que em propor meios práticos de implementação das soluções apontadas. Tudo isso sob a perspectiva de um individualismo que, se não é do tipo *laissez-faire*, também vai na contramão das soluções coletivistas, como o socialismo.

Poder e engajamento: C.Wright Mills

Se a espécie de crítica desenvolvida por Whyte e Riesman dava como certa a permanência e a desejabilidade das instituições nacionais, deixando a política à margem e centrando-se na psicologia do indivíduo, havia uma outra corrente que, sem desprezar o componente individual, não perdia de vista que este tinha uma relação estreita com as estruturas da sociedade em que estava inserido. Nessa perspectiva, abordar as angústias do cidadão significava também examinar sua influência (ou a falta dela) no ambiente social. Em suma, a questão do poder.

Charles Wright Mills seria um pioneiro nesse tipo de análise. Sociólogo nascido na cidade de Waco, Texas, em 1916, Mills viria a se tornar um ídolo da futura Nova Esquerda dos anos 1960. Crítico feroz, adorado pelos alunos, que o viam como uma personalidade *sui generis* no ambiente acadêmico, com sua paixão por motos BMW, ele seria o modelo de intelectual engajado para a primeira geração da futura SDS e tantos outros jovens ativistas.

Mills teve uma carreira um tanto peculiar entre os intelectuais norte-americanos de sua geração. Tendo chegado à juventude e se formado na década de 1930, quando a esquerda marxista se encontrava em alta num país abalado pela Depressão, ele manteve-se à margem das influências socialistas e das ferozes disputas sectárias que marcaram esse campo ideológico na política de seu tempo. Afinal, seu interesse por assuntos políticos despertou não com Marx, mas com os filósofos pragmatistas americanos, como John Dewey e William James, que defendiam, entre outras coisas, a experimentação como único princípio fixo. A preocupação com as consequências políticas dessa corrente filosófica seria a inspiração para sua tese de doutorado, *Sociology and pragmatism*, concluída em 1942.

Ainda em 1939, ao graduar-se em sociologia e obter o título de mestre em filosofia, Mills se transferiu para a Universidade do Wisconsin, dotada de uma tradição de engajamento durante a chamada Era Progressista norte-americana, a onda de reformas das duas primeiras décadas do século XX. Ali, ele dedicou-se ao estudo de alguns dos expoentes do pensamento social dessa época, incluindo Thorstein Veblen, autor do clássico *Teoria da classe ociosa*, e do historiador Charles Beard. Também seria no Wisconsin que Mills teria contato com a obra de Max Weber, então em processo de tradução por seu mentor Hans Gerth, e da Escola de Frankfurt.[78]

---

[78] Mattson, 2002:44-46.

Nos anos 1940, Mills tornou-se um colaborador da revista *Politics*, editada por Dwight Macdonald e ponto de convergência do que haveria de mais inovador no pensamento político do pós-guerra, além de um dos veículos de atuação do grupo que ficaria conhecido como "Intelectuais de Nova York" — pensadores que viveram as disputas da esquerda dos anos 1930 e haviam adotado alguma forma de marxismo, mas que, ao alvorecer da Guerra Fria, se converteriam ao conservadorismo e ao anticomunismo militante, como Daniel Bell (que ficaria famoso por sua tese do "fim das ideologias"), Norman Podhoretz e o próprio Dwight Macdonald. Essa proximidade daria a Mills a possibilidade de enriquecer seu quadro conceitual a ponto de prepará-lo para uma crítica cultural ao estilo do que floresceria na década seguinte, muito embora as novas inclinações políticas desses autores lhe causassem grande aversão.

Em 1948, Mills publicou *New men of power*, livro em que revela seu entusiasmo pelo movimento sindical e as possibilidades de aperfeiçoamento da democracia contidas em suas lutas, inclusive a formação de um partido trabalhista que oferecesse uma alternativa aos já tradicionais Democrata e Republicano. Essa esperança logo se desfez, quando, no mesmo ano, os grandes sindicatos americanos abriram mão desse projeto e apoiaram Harry Truman para a presidência. O sindicalismo, para ele, havia deixado de ser um movimento social para se tornar apenas mais um grupo de interesse.[79] Então Mills mudou seu foco para a classe média, e o resultado foi *White collar*, publicado em 1951. Nele,

> seu tema era a transformação da classe média americana, caracterizada como "sem raízes e amorfa, um grupo cujo status e poder não repousava sobre nada tangível... verdadeiramente uma classe no meio, incerta de si mesma", essencialmente anômica e dada a tomar os tranquilizantes que então começavam a existir. [...] Seja qual for a história que [as pessoas de colarinho branco, isto é, de profissões administrativas ou intelectuais] tenham, é uma história sem eventos; quaisquer interesses comuns que possuam não levam à unidade, qualquer que seja o seu futuro não será criado por elas mesmas. "A ideia nascida no século XIX e alimentada durante a década de 1930 de que a classe trabalhadora seria a anunciadora de uma sociedade nova e mais progressista" foi posta de lado [...]. Em uma seção sobre mentalidades, ele introduziu a ideia subversiva de

---

[79] Watson, 2001:440.

que as classes de colarinho branco eram, na verdade, nem tanto as novas classes médias e, sim, as novas classes trabalhadoras.[80]

Ao que acrescentaria, num petardo direto aos que viam a classe média como uma nova esperança de transformação social: "Eles não são a vanguarda da mudança histórica; são, no máximo, a retaguarda do Estado de bem-estar".[81]

Por conta desse tipo de ponto de vista, heterodoxo demais para a esquerda tradicional e demasiado hostil para os novos louvadores da ordem americana, Mills viria a se considerar um "fora da lei" intelectual. Embora a denúncia dos aspectos mais preocupantes da classe média tivesse forte parentesco com outros críticos sociais e culturais de seu tempo, Mills iria mais além em sua contestação por não ter qualquer escrúpulo em isentar as estruturas sociais americanas da responsabilidade pela produção de cidadãos apáticos e despersonalizados. Ao privar o cidadão comum da participação nas grandes decisões da vida nacional, ao dar à "democracia" americana um caráter massificado, onde o poder de fato estava nas mãos de grupos burocratizados, a sociedade dos EUA poderia estar lançando as primeiras sementes do totalitarismo. Essa linha mais incisiva de sua crítica ficaria muito clara em sua obra mais popular e uma das que mais influenciariam a SDS nos anos 1960: *The power elite*, de 1956.

Como o título sugere, nesse livro o poder e seus detentores são os grandes temas. Mills argumenta, influenciado pela visão weberiana do poder na sociedade, que a "história da sociedade moderna pode ser prontamente entendida como a história da ampliação e da centralização dos meios de poder — nas instituições militares, políticas e econômicas". Essa centralização, que vinha desde a "Era Dourada" (segunda metade do século XIX), que assistiu à concentração do poder econômico nas mãos das grandes corporações, acabou tendo um efeito permanente e perverso na distribuição do poder no país. Se antes, quando os EUA tinham parte importante de sua população na condição de pequenos produtores independentes, o poder se encontrava mais disperso, agora ele se concentrava nas mãos de alguns grupos, que não eram os capitalistas apontados pela análise marxista clássica. A concentração industrial, estimulada pelas exigências da guerra e pelo mercado de ações, levava a um crescimento do governo na tentativa de contrabalançar as injustiças do capitalismo e, ao mesmo tempo, de responder às demandas da

---

[80] Watson, 2001:440.

[81] Apud Mattson, 2002:59.

Guerra Fria. Esse relacionamento simbiótico entre economia, Forças Armadas e aparato político havia dado origem a uma elite fechada e "irresponsável", isto é, que não tinha de se preocupar com as consequências de seus erros, uma vez que os instrumentos que poderiam detê-la estavam em suas próprias mãos. E como se não bastasse, Mills punha em dúvida a competência intelectual dessa elite, comparando-a com as grandes figuras do passado americano. "Enquanto George Washington lia Voltaire, dizia Mills, Eisenhower 'lê histórias de contos de caubóis e histórias de detetive.'"[82]

Nessa perspectiva, a mera posse dos meios de produção não é o que define o poder na sociedade. Mills discordava da análise marxista que apresentava o Estado como um "comitê da classe dominante", privilegiando o eixo econômico como fonte real do poder numa sociedade. Para ele, isso seria subestimar a influência do aparato político e dos militares.

> O critério-chave para a inclusão na elite era o acesso aos mecanismos básicos de tomada de decisão em questões que tivessem relevância nacional ou internacional. Havia, declarava ele, um pequeno mas "sobreposto" círculo de homens que ocupavam as posições cruciais das maiores instituições, através das quais eles moldavam o destino do país no âmbito doméstico e no exterior. Os diretores e administradores das "duzentas ou trezentas corporações gigantes", o presidente e seus associados mais próximos e os chefes de pessoal [*joint chiefs of staff*] não eram meros burocratas [...]. Pelo contrário, eles dirigiam as agências de governo, dominavam a comunidade empresarial e dirigiam os departamentos militares. Dentro de seus próprios domínios, eles eram supremos. [...] Eles tinham de lidar uns com os outros como iguais; estavam ligados uns aos outros como barões feudais em uma parceria intrincada, compartilhando e alocando o poder para o benefício de todos. O executivo de uma corporação dependia das políticas do Estado, mas também as influenciava. O general ou almirante tinha se tornado um geopolítico; suas noções de necessidade militar agora prevaleciam sobre seus colegas na área de negócios e no governo. A Casa Branca e o Conselho de Segurança Nacional se tornaram, para Mills, as arenas onde os interesses "interligados" da elite do poder eram esclarecidos e traduzidos para uma estratégia unificada.[83]

---

[82] Mattson, 2002:62.
[83] Pells, 1985:251-252.

Os EUA de 1960: panorama e críticas

65

Essa mistura de instituições políticas, militares e econômicas era resultado da II Guerra Mundial e da Guerra Fria, e havia estabelecido uma impressionante combinação de poderes, que davam a essa elite uma influência sem precedentes na história humana. Afinal, suas decisões ou indecisões podiam determinar, segundo Mills, as flutuações da prosperidade e da recessão, bem como as questões da guerra e da paz. "Em suas câmaras fechadas, eles controlavam o destino de milhões que não podiam agir, mas apenas adaptar-se."[84]

O grande problema, ou ameaça, dessa situação era justamente o isolamento dessa elite em relação ao restante da população. Como os EUA poderiam se considerar uma democracia se as decisões vitais do país eram tomadas muitas vezes em foros secretos, reuniões fechadas, longe do debate público ou mesmo do Congresso?

> Os líderes contemporâneos pareciam a Mills deliberadamente remotos, impessoais, inacessíveis, anônimos. [...] Eles não confiavam nem na força nem na "discussão razoável", mas em técnicas de manipulação psicológica (e quando tudo mais falhava, havia a alusão ao "segredo oficial") para pacificar o eleitorado. Dessa forma, suas políticas não podiam ser efetivamente combatidas; não havia agora "alvos de revolta" explícitos. [...] Enquanto William Whyte e David Riesman tinham tratado o problema da resistência primariamente como uma questão moral e pessoal, Mills queria apontar as suas ramificações políticas. Quando o poder estava "oculto" e as ações eram realizadas "pelas costas", quando a vida das pessoas era transformada sem que elas tivessem conhecimento ou pudessem consentir, [...] [a] própria democracia se tornava uma farsa.[85]

O que leva a um outro ponto importante para Mills: a formação de um público. Este era um pré-requisito para uma verdadeira democracia, na qual não houvesse a absurda concentração de poderes que Mills diagnosticara nos EUA. Por "público" ele se referia à concepção de um de seus mestres pragmatistas, John Dewey, de que o regime democrático autêntico exigia uma população interessada, informada sobre as questões de interesse da sociedade e capacitada a deliberações, organizada em associações voluntárias que dessem ao cidadão uma representa-

---

[84] Pells, 1985:252.

[85] Ibid., p. 254.

tividade autêntica, uma voz *efetiva* (e não apenas formal) na arena política. Em suma, tratava-se do retorno ao princípio republicano e liberal da discussão pública no estilo das cidades setecentistas, onde a participação política se dava de forma muito mais direta que numa sociedade tão complexa, burocratizada e impessoal em que os EUA se haviam tornado, na qual o poder se encontrava nas mãos de especialistas adeptos de rotinas administrativas e que não tinham interesse em dividi-lo com o restante da população. Para que esse *público* realmente se formasse, era preciso resgatar o princípio do debate cara a cara, a interação direta entre as partes, reconstruindo-a sob as condições modernas. "[D]uas coisas necessárias em uma democracia são um público articulado e informado e líderes políticos que, se não forem homens de razão, ao menos sejam razoavelmente responsáveis diante desse público informado tal como ele existe."[86] O simples fato de que essa proposta de retorno a práticas que haviam feito parte do berço do regime político da nação soasse radical nos seus dias era, para Mills, um sinal do nível a que a democracia americana havia se rebaixado.

Naturalmente, a situação dos "colarinhos-brancos" já era um indício de que esse tipo de público não mais existia nos EUA. Em seu lugar, o que realmente existia era uma "massa" indiferente, não disposta a deliberar e passiva diante da propaganda daqueles que efetivamente tomavam decisões. Dois eram os principais fatores que levavam a isso: a burocratização e a centralização dos meios de poder político. "As associações voluntárias se tornaram maiores à medida que se tornaram efetivas; e, porque se tornaram efetivas, tornaram-se inacessíveis ao indivíduo que queria tomar parte na discussão de suas políticas."[87] Com o advento dos especialistas, à medida que a sociedade adquiriu dinâmicas mais complexas, o cidadão comum foi posto à parte dos debates políticos. Nesse processo, o sistema educacional também teve sua cota de responsabilidade: em vez de se preocupar com a formação de cidadãos conscientes, ele simplesmente se voltou para a formação de "homens de sucesso numa sociedade de especialistas". Além disso, havia também o problema dos meios de comunicação, que tomaram o lugar do "público primário" (o da interação pessoal direta, face a face) e menosprezavam a discussão em pequena escala.[88]

Uma solução possível para esse problema, na visão de Mills, dependia diretamente de outro tópico muito presente em sua obra: o papel do intelectual.

---

[86] Mattson, 2002:73.

[87] Ibid., p. 73.

[88] Ibid., p. 74.

Este não poderia se dar ao luxo de simplesmente tecer análises neutras sobre a sociedade em que vivia; o simples fato de tentar descrevê-la já era uma forma de ação moral e política. Embora Mills não creditasse aos intelectuais um papel de vanguarda política, ele cria que esse grupo era um dos poucos ainda capazes de resistir à massificação social. Por conta disso, era função deles informar o público para que este tivesse condições de tomar decisões acertadas. Isso significava que o cientista, o pesquisador, sobretudo o investigador da sociedade tinham a obrigação de compartilhar suas descobertas com o restante da população da forma mais clara possível, em vez de, como costumava acontecer, falar apenas para um público restrito de colegas especializados. Era preciso encontrar um ponto de equilíbrio entre a busca pelo conhecimento, que todo acadêmico deve ter como meta, e o engajamento político. Na prática, isso significava, por exemplo, manter-se independente do poder e ao mesmo tempo procurar influenciá-lo, não trabalhando diretamente para e com ele (ao contrário de muitos notáveis que eram empregados como consultores governamentais), mas ajudando a educar o público, este sim responsável por qualquer pressão ou resistência legítima às demandas do poder estabelecido.

Essa preocupação explica a opção de Mills por um estilo que às vezes deixava de lado a análise sociológica e recaía na jeremiada, evocando os jornalistas *muckrakers* de fins do século XIX e início do XX, denunciadores contumazes da corrupção dos altos escalões do poder e das injustiças sociais de seu tempo. Além disso, Mills também era um panfletista prolífico, tendo tratado, por exemplo, da Revolução Cubana (o que o fez ser acusado de aceitação acrítica do regime de Castro) e da possibilidade de uma III Guerra Mundial. Isso lhe valeu entre seus colegas de academia o epíteto algo desdenhoso de *popularizador*.[89]

Nessa perspectiva, os intelectuais teriam um papel importante a representar na reconstrução de um público deliberativo no seio da sociedade norte-americana. Embora Mills fosse um tanto vago na hora de propor soluções para os problemas que denunciava de forma tão enfática, algumas de suas propostas antecipavam práticas que seriam muito usadas na década de 1960: a educação para adultos (ideia

---

[89] Mattson, 2002:57. Isso não impediu que, em 1997, 35 anos após sua morte, a International Sociological Association elegesse um de seus livros, *The sociological imagination*, publicado em 1959, como o segundo numa lista das 10 obras mais importantes da sociologia no século XX. Ver o verbete sobre C. Wright Mills escrito por Bernard Phillips para o *Dictionary of modern American philosophers*.

inspirada na Nova Esquerda britânica, com a qual ele tinha contato); o uso dos meios de comunicação (o que ele chamava de "aparato cultural") por intelectuais engajados que resistissem à distorção de suas ideias; e, acima de tudo, a criação de *movimentos sociais* que iriam revitalizar o debate público nos EUA ao engajarem os cidadãos nas causas de interesse coletivo. A partir daí, a deliberação deixaria de ser uma quimera para se tornar um exercício acessível a todos os que desejassem, oferecendo uma alternativa à apatia inspirada pela sociedade de massas. Não foi por acaso que Mills viu com simpatia os movimentos que, no início dos anos 1960, começaram a surgir em vários pontos do país e faziam uso frequente da ação direta não violenta como forma de protesto contra a perseguição política de suspeitos de comunismo, a corrida armamentista e a segregação racial. Com criatividade e vontade, seria possível dividir as elites no poder e pressioná-las por reformas em prol da democracia.

Infelizmente, C. Wright Mills não teria tempo de ver e refletir sobre essas iniciativas de protesto. Em março de 1962, um ataque cardíaco o mataria, aos 46 anos. Como legado, deixou, além das denúncias da elite do poder e das exortações por um público nos moldes dos liberais clássicos, uma visão analítica da sociedade americana que, ao contrário da chamada *Velha* Esquerda de socialistas, anarquistas e comunistas, alimentava-se principalmente de valores nativos, como a tradição republicana, o pragmatismo e o próprio liberalismo. Pode-se dizer que sua obra era um chamamento à coerência e à autocrítica numa sociedade que parecia estagnada na contemplação narcisista de seu próprio sucesso. Esse apelo, como se verá adiante, não seria em vão.

Arnold Kaufman e a democracia participativa

Com sua morte precoce, sua defesa do intelectual como um participante ativo na transformação da sociedade e seu forte apelo moral contra o que via como uma patologia social de inércia, além de sua figura de rebelde acadêmico, C. Wright Mills tornou-se o ícone intelectual da Nova Esquerda. Esse prestígio se reflete ainda hoje na historiografia sobre ela: Todd Gitlin (1987), James Miller (1987), Tom Hayden (1988), ao escreverem alguns dos livros clássicos sobre a Nova Esquerda e a SDS, destacam a importância das análises de Mills e do exemplo que ele próprio deu dos valores que professava. Entretanto, é curioso notar que o grande conceito ligado à primeira fase da Nova Esquerda e da SDS, a proposta maior do que viria a ser a *Declaração de Port Huron*, não vem de C.

Wright Mills. O verdadeiro arauto da *democracia participativa* foi o muito menos célebre Arnold Kaufman.

Segundo Kevin Mattson (2002:187), que trouxe de volta a importância que esse pensador exerceu sobre a Nova Esquerda norte-americana, Kaufman "desenvolveu a ideia de 'democracia participativa' em sua plena extensão, extraindo o conceito de tradições da moderna teoria política". E enquanto para Mills o liberalismo americano contemporâneo — que preconizava a atuação do Estado para corrigir as injustiças provocadas pelo capitalismo, tal como no *New Deal* — era uma coisa ultrapassada, embora parcialmente defensável em seus valores, Kaufman procurou explorar o potencial democrático desse mesmo liberalismo, recorrendo a uma visão menos sombria dos EUA de seu tempo.

Nascido em 1927 de uma família de judeus nova-iorquinos, Arnold Kaufman não conheceu os embates da esquerda americana dos anos 1930 nem fez parte dos chamados Intelectuais de Nova York. Isso não significou uma juventude alienada: aos 21 anos, Kaufman participou de seu primeiro *sit-in*[90] contra a segregação racial na qualidade de membro do Congress for Racial Equality (Core). Essa experiência o poria em contato com o movimento pacifista americano, no qual militaria pelo resto da vida.

Formado em filosofia pela Universidade de Colúmbia, Kaufman desviou-se da corrente do positivismo lógico, então em voga, e dedicou-se à filosofia política. Em seu primeiro trabalho a respeito, defendeu que esse tipo de teoria filosófica deve ter uma "função instrumental", ou seja, teria de ser avaliada por sua aplicabilidade. Em outras palavras, Kaufman advogava uma teoria política empiricamente testável, ainda que tivesse como referências alguns valores absolutos, como justiça, igualdade e democracia. "Ideais absolutos, interpretados em termos de valores indiciários, podem ser usados para avaliar as condições de uma dada sociedade."[91]

Em 1955, Kaufman mudou-se para Ann Arbor, cidade onde ficava o *campus* da Universidade de Michigan e futuro berço da SDS. Lá, dedicou-se a escrever um número considerável de artigos voltados para publicações mais populares,

---

[90] Os *sit-ins* consistiam na ocupação, por um grupo de ativistas, de espaços públicos racialmente segregados, como restaurantes, lanchonetes, lojas etc. Em geral, seus participantes *sentavam-se* no espaço em questão, recusando-se a sair até que tivessem atraído suficiente atenção para seu protesto ou que os proprietários concordassem em deixar de segregar os frequentadores segundo a cor de sua pele.

[91] Mattson, 2002:192.

não estritamente acadêmicas. A razão é que Kaufman começou a ver-se mais como ativista do que como acadêmico propriamente dito, tentando manter-se atualizado com as questões de seu tempo (direitos civis, desemprego, renovação urbana) e pondo em prática sua preocupação com as consequências concretas que deveriam informar a teoria política. Nisso sofreu a influência dos escritos de C. Wright Mills, com quem mantinha uma boa relação e a quem admirava pela tentativa de unir o intelectual público e o político "nestes dias de cão acadêmicos, de excessiva cautela e excessivo jargão".[92] Não por acaso, Kaufman colaboraria nos departamentos educacionais de alguns sindicatos, ao lado de suas atividades universitárias. A influência de Mills também se fez sentir na constatação de Kaufman de que a hegemonia liberal no cenário político americano de seu tempo — John Kennedy rumava para o poder, e o período republicano de Eisenhower não renegou a herança de Franklin Delano Roosevelt — não bastara para evitar a impotência política dos cidadãos. Essa condição, também denunciada por autores como William A. Williams e Paul Goodman, deveria ser superada por uma esquerda que se pretendesse relevante. O Estado de bem-estar social não resolvera todos os problemas, e uma democracia real deveria contar com uma nova distribuição do poder na sociedade, de modo que cada cidadão, ao tomar parte nas decisões da coletividade, tivesse a oportunidade não só de influir, mas também de educar-se sobre as questões públicas no processo. Essa proposta estava por trás do seu conceito de democracia participativa.

> Resenhando em 1955 o livro de Russell Kirk sobre o pensamento político conservador, Kaufman observou que os conservadores não apenas desprezavam o socialismo, mas também a *democracia*. Ao verem os seres humanos como criaturas decaídas [...], os conservadores acreditavam que os homens eram incapazes de assumir a liberdade e a responsabilidade que a democracia demandava. Criticando essa premissa, Kaufman escreveu que "poucos negariam que os homens podem se tornar melhores ou piores através da participação ativa na tomada de decisões — precisamente o tipo de experiência que capacita os seres humanos a agir responsavelmente". [...] Ao associar o pensamento antidemocrático à direita, Kaufman deixou claro que qualquer esquerda futura teria de fazer da democracia um ponto central de sua visão política.[93]

---

[92] Kaufman, 1960:102, apud Mattson, 2002:193.

[93] Mattson, 2002:194.

Ao enfatizar a democracia como chave para o desenvolvimento dos potenciais do cidadão comum, Kaufman a um só tempo negava a visão conservadora como também oferecia uma réplica aos proponentes da ideia do "fim das ideologias", que defendiam o caráter autoritário das classes trabalhadoras como se isso fosse um argumento para excluí-las da política. "Se se descobrisse que o povo era autoritário [...], então o teórico político deveria procurar meios (pragmaticamente testados, claro) de engajá-los e mudar suas atitudes."[94]

A democracia era, portanto, um dos princípios que Kaufman reconhecia como norte de uma filosofia política relevante. Nisso, ele resgatava o pensamento do pragmatista John Dewey, também uma influência sobre C. Wright Mills. A democracia não deveria ser preservada por conta da proteção ou da estabilidade que oferecia à comunidade — como poderia argumentar um conservador —, mas sim porque ela desenvolvia os poderes essenciais do homem, induzindo-o à dignidade humana e ao respeito. Se para isso era necessário haver um certo grau de instabilidade, já que a democracia não visava a uma ordem social totalmente harmônica, então esse era um preço razoável a pagar pelo seu potencial benefício educativo — o qual só ela, a democracia, poderia dar. "Educação e democracia eram então sinônimos; uma justificava a outra, e cada uma se baseava na crença no progresso humano."[95]

A democracia participativa implicava, segundo Kaufman, uma "devolução de poder" aos cidadãos. Afinal, se era preciso tomar parte na vida pública para criar uma sociedade melhor, era necessário também ter um certo grau de poder. Isso poderia evocar ideias anarquistas, então advogadas por outros escritores que se associariam à Nova Esquerda, como Paul Goodman, mas não era o caso da visão de Kaufman. Embora este fosse a favor de uma descentralização das decisões concernentes à vida pública, desejava fazer isso sem que fosse preciso desmontar a estrutura de leis e instituições de governo. Ele não queria desmontar o Estado de bem-estar e, sim, "enriquecê-lo" com o aumento da democracia participativa. Tratava-se de uma combinação de um governo forte, capaz de proteger os direitos individuais e fornecer certos recursos, e descentralização decisória.

Essa luta pelo equilíbrio se justifica ao se examinar a proximidade de Kaufman com a campanha pelos direitos civis e contra a segregação racial nos EUA. Embora o racismo existisse também nas grandes cidades, sabia-se que ele era

---

[94] Mattson, 2002:195.

[95] Ibid., p. 196.

muito mais entranhado e violento nas pequenas cidades do "Sul Profundo", o interior de estados sulistas como Mississipi e Alabama. Nessas regiões, mesmo onde o percentual de negros era maior que o de brancos, toda a estrutura da autoridade estava nas mãos destes, o que implicava a conivência de xerifes e juízes e demais funcionários públicos com atos de flagrante desrespeito aos direitos constitucionais dos negros. Não haveria motivos para pensar que, num regime descentralizado, essa imposição dos brancos sobre os negros deixaria de existir — tanto que as campanhas pelos direitos civis eram direcionadas ao governo federal, a fim de, por sua intervenção, romper o que Kaufman viria a batizar de "tirania municipal", ou seja, uma injustiça perpetuada sob a democracia participativa pelo simples fato de a maior parte da população local concordar com ela. Advogar uma descentralização de moldes anarquistas num contexto desses, na visão de Kaufman, seria abrir mão do melhor recurso de proteção aos direitos dos indivíduos discriminados.

Essa era a concepção de democracia participativa de Kaufman na época em que Tom Hayden, estudante em Ann Arbor, fez um de seus cursos. Sem que ambos soubessem à época, os frutos desse contato iriam extrapolar os limites da sala de aula e dar ao conceito de democracia participativa uma difusão muito mais ampla do que Kaufman, sozinho, tinha podido lhe dar até então. Pois em 1962, Hayden, um admirador e estudioso das ideias de C. Wright Mills, incorporaria os ensinamentos de seu professor de Michigan ao primeiro manifesto da pequena organização estudantil local a que se filiara, a SDS.

2

Da "Velha" à Nova Esquerda: o nascimento da SDS

> *Por que não simplesmente a esquerda **atual**?*
> *O que isso tem de diferente?*
> Carl Oglesby

Precedentes: da ISS à SLID

A história do ativismo estudantil nos EUA antecede a da própria República norte-americana. Já em 1766 se tinha notícia de protestos realizados por estudantes de Harvard contra a má qualidade da manteiga servida aos alunos; entre 1800 e 1830, alunos de Princeton foram responsáveis por pelo menos seis manifestações violentas, numa das quais tomaram o controle de vários prédios do *campus* e desafiaram as autoridades a detê-los; na mesma década de 1830, o abolicionismo foi adicionado às causas estudantis. No século seguinte, a participação desses jovens em movimentos reivindicatórios das mais diversas modalidades, especialmente os de cunho político, só faria aumentar.[96]

Entretanto, nenhum desses movimentos anteriores ao século XX, fossem os que diziam respeito a questões internas das universidades ou os que tratavam de questões mais amplas, havia se institucionalizado, nenhuma organização duradoura havia nascido dessas mobilizações. Foi preciso esperar até 12 de setembro de 1905 para que surgisse uma primeira experiência bem-sucedida nesse campo,

---

[96] Hunt, 2003:146-147.

a Intercollegiate Socialist Society (ISS). Fundada por Upton Sinclair, escritor, jornalista e crítico feroz das mazelas do capitalismo, a ISS havia nascido de uma constatação melancólica, como o próprio Sinclair explicaria na reunião fundadora da organização, segundo relata Harry W. Laidler:

> [Sinclair] havia passado cinco anos de vida universitária no CCNY [City College of New York] e quatro anos de educação superior em Colúmbia, ele disse, mas nesses dias mal tinha tomado conhecimento da existência dos movimentos mundiais do sindicalismo e do socialismo, e das propostas de eliminação da pobreza e da injustiça social em nosso meio. Foi apenas quando por acaso encontrou Leonard Abbott, então um editor na revista *Current Literature*, e recebeu dele um exemplar de uma revista socialista, que [Sinclair] se deu conta da existência e da importância desses movimentos e da filosofia de vida cooperativa.
>
> "Por que", ele se perguntara, "nada disso me foi ensinado por meus professores de faculdade?"
>
> "Eu decidi que, já que os professores não educavam os alunos," continuou ele, "cabia aos alunos educar os professores."[97]

A ISS nasceu, portanto, com um caráter eminentemente educacional: sua meta era difundir o estudo e a defesa do socialismo entre estudantes e docentes de nível superior. Para isso, ela contava com uma constelação de membros célebres, como, além do próprio Sinclair, o também escritor Jack London, um fervoroso socialista, e o advogado Clarence Darrow, conhecido então por sua atuação na defesa de criminosos pobres. Conseguindo se fazer representar em algumas das mais importantes universidades do país, a ISS promovia grupos de estudo e leitura, organizava comícios e palestras para socialistas proeminentes, publicava livros e panfletos, e ocasionalmente realizava encontros e convenções nacionais. Na visão de seu idealizador, mais do que fazer prosélitos, o grande objetivo da organização era induzir os estudantes a abandonarem a apatia política que ele próprio havia conhecido durante seu período universitário: "Se os alunos das faculdades não puderem lutar por nós, queremos que lutem contra nós [...]. Levantem suas vozes de uma maneira ou de outra; estejam vivos. Essa é a ideia com que trabalhamos". Segundo Kirkpatrick Sale, a ideia de que era possível engajar

---

[97] Sale, 1974:674-675.

Da "Velha" à Nova Esquerda: o nascimento da SDS

pessoas que ainda estavam nos bancos das universidades numa organização política única que englobasse vários *campi* — e que hoje é um lugar-comum — era ainda inédita na época.[98]

Apesar da novidade que representava, a ISS começou pequena e assim continuou nos anos subsequentes. Em 1907, contava aproximadamente 75 membros em 12 núcleos ou capítulos, todos eles na Costa Leste. Dez anos depois, seriam cerca de mil, distribuídos por mais de 60 instituições de costa a costa. Entretanto, esses números modestos não ensejavam preocupação, pois a ISS estava mais interessada nos estudos e eventos que promovia, normalmente palestras concedidas por algum de seus expoentes, do que com o registro formal de afiliados. Isso não impediu que a carência em quantidade fosse compensada pela qualidade de seus membros: vários deles se tornariam figuras proeminentes na sociedade norte-americana da primeira metade do século, como John Reed, Norman Thomas, Edna St. Vincent Millay e Walter Lippmann.

Enquanto o Partido Socialista americano foi uma força considerável no cenário político nacional, a insistência da ISS num papel puramente educativo não trazia qualquer problema sério. Na pior das hipóteses, podia-se objetar que sua não participação em atos políticos, em prol de apenas discussões e seminários, tornava-a mais um grupo de estudos dentre os muitos que povoavam a academia. Porém, quando o PS se opôs à I Guerra Mundial e, pouco depois, os bolcheviques tomaram o poder na Rússia, a receptividade da opinião pública americana aos pregadores do socialismo sofreu um forte retrocesso. Esse crescimento chauvinista provocou grandes baixas nas reuniões da ISS, reduzindo-a a um pequeno grupo fixo de adeptos, além de levar várias universidades cujos administradores eram a favor da guerra a hostilizar a organização. E assim, em 1920, "pouco restava da ISS além de um escritório em Nova York e uns poucos adeptos inabaláveis", uma estrutura básica que se manteria na maior parte das décadas seguintes.[99]

Diante dessa crise, em 1921, a Intercollegiate Socialist Society mudou seu nome para League for Industrial Democracy (LID). A mudança não era apenas

---

[98] Horn (1979), apud Tamiment Library/Robert F. Wagner Labor Archives. *Guide to the Intercollegiate Socialist Society records*, 1900-1921. Disponível em: <http://dlib.nyu.edu:8083/tamwagead/servlet/SaxonServlet?source=/iss.xml&style=/saxon01t2002.xsl&part=body>. Acesso em: 6 jul. 2006.

[99] Sale, 1974:677.

ornamental: o *Socialist* da antiga denominação já não era visto como inclusivo o suficiente, uma vez que havia outras filosofias cooperativistas disponíveis, além de sugerir uma ligação com o Partido Socialista, que agora, numa era de repressão e descrédito, era inoportuna. De defensora do socialismo entre os estudantes que fora, a ex-ISS e agora LID daria acolhida, daí em diante, a "todos os que acreditam na educação para o fortalecimento dos princípios e práticas democráticas em cada aspecto da nossa vida comum", sem menção aos preceitos socialistas. O grupo ainda contava com nomes respeitáveis, ou que logo seriam vistos como tais, como John Dewey e Reinhold Niebuhr, além do já citado Norman Thomas, agora um dos dois diretores executivos. Porém, seus quadros já eram homens maduros, muito além da idade estudantil, o que se refletiu na mudança de foco que a própria menção à "democracia industrial" sugeria: em vez do *campus*, a LID se preocupava mais com a fábrica. Isso a aproximava do movimento sindical, numa ligação que viria a se intensificar ao longo dos anos, mas de modo algum a fez renunciar ao trabalho junto aos estudantes. Assim, foi criada uma divisão específica para esse tipo de atividade, chamada de Intercollegiate Council, que recrutou mais algumas personalidades promissoras, como Talcott Parsons, Sidney Hook, Walter Reuther e Irving Stone. No entanto, o número de membros e o nível de atividade dessa divisão estudantil permaneceram baixos até que a Grande Depressão de 1929 abalasse o cenário político norte-americano.[100]

Os anos 1930 significaram uma mudança de peso para a esquerda nos EUA. Até então, o "socialismo" democrático defendido pela ISS e pelo PS era uma das muitas correntes disponíveis: *wobblies* (membros da Industrial Workers of the World), anarquistas, defensores do controle da natalidade e intelectuais que gravitavam em torno do periódico radical *Masses*. Esse conjunto de grupos, que o historiador John Patrick Diggins batizou de "Esquerda Lírica", obtinha muitos de seus quadros das pequenas cidades do Meio-Oeste e do Nordeste rural do país, e buscava parte de sua inspiração em pensadores nativos, como Walt Whitman e Henry David Thoureau. Porém, com a grave crise advinda da Depressão e a consequente onda de desemprego que varreu o país, o problema das classes sociais e do papel do proletariado industrial ganhou uma nova dimensão — chamando a atenção para os grupos políticos que o enfatizavam, como o Partido Comunista, o Partido Socialista (agora dirigido por Norman Thomas) e o Partido dos Trabalhadores Socialistas (Socialist Workers Party — SWP, trotskista). Desses, porém, os comunistas eram de longe

---

[100] Sale, 1974:678-679.

o grupo de maior destaque. "Com sua inabalável lealdade a Moscou, centralismo democrático autoritário, táticas clandestinas, hierarquia fixa e rígida ênfase no marxismo-leninismo, o partido era muito diferente dos movimentos radicais mais descentralizados e libertários do século XX."[101]

A ascensão dos diversos marxismos também incluiu a LID. A crise fizera seus membros, que até então haviam passado do socialismo para a defesa de uma reforma no capitalismo, entenderem que havia algo inerentemente errado com o sistema vigente; e seus laços com os sindicatos facilitaram a adoção de um discurso de tons marxistas, voltado para mudanças mais radicais. Sintonizada com seu tempo, a LID deixou de atuar apenas como uma organização educacional para tomar parte em algumas ações diretas, como piquetes, e em 1932 colaborou na primeira greve estudantil da história do país, em Colúmbia, Nova York, além de organizar uma marcha em Washington em prol de ex-estudantes desempregados. Ao ir além da teoria e passar também à prática, a LID conquistou maior apoio estudantil do que em períodos anteriores e, não mais carente de jovens interessados, deparou-se com um problema que a assombraria mais de uma vez: um conflito interno de gerações.

A diferença era clara: de um lado, uma liderança formada por homens de meia-idade, mais estáticos e inclinados à negociação com o sistema (no caso, representado pelo nascente *New Deal* de Franklin Roosevelt); de outro, jovens com pouco a perder, mais radicais e ousados em suas iniciativas, que achavam os primeiros excessivamente moderados. Na primavera de 1931, esse desnível de radicalismo originou a primeira dissidência, quando um grupo de membros de Nova York rompeu o vínculo com a LID e criou o que um ano depois seria a National Student League (NSL), que se afirmaria tempos depois como o grupo estudantil mais militante do país, com forte influência comunista, e para o qual a velha organização-mãe não apenas era obsoleta como também elitista, com suas conferências e jantares pouco convidativos para aqueles de menor renda. A resposta, após a tentativa de menosprezar a NSL com o rótulo de comunista (o *red baiting*, estigmatização que ainda se tornaria muito comum no meio político americano), foi recriar uma nova ala estudantil para dar combate aos dissidentes no seu próprio elemento, "usando fogo contra fogo". Essa ramificação foi chamada de Student League for Industrial Democracy (SLID).[102]

---

[101] Hunt, 2003:142.

[102] Pronunciava-se "Student L-I-D", embora o acrônimo permitisse um trocadilho pouco auspicioso com *slide* (escorregão).

Contudo, num caso passível de leituras psicanalíticas, a criatura voltou-se contra o criador. Instituída para combater a NSL retomando o discurso socialista, a SLID logo começou a admitir a coexistência entre socialismo e comunismo, e em seguida passou a alianças temporárias com sua suposta rival nos *campi*. Numa dessas ocasiões, em 1934, a SLID passou por cima da organização-mãe e se uniu à NSL numa "semana contra a guerra" durante a qual cerca de 25 mil estudantes suspenderam as aulas por uma hora em protesto contra as preparações belicistas então em curso no mundo. Era a maior manifestação já feita nos EUA. Pouco tempo depois, uma nova greve estudantil realizada em conjunto pelos dois grupos levou de 150 mil a 185 mil estudantes a protestarem contra determinadas políticas governamentais e novamente contra a ameaça de guerra no exterior. Mais tarde, a SLID começou a criar cursos de verão para o "treinamento de estudantes para o movimento radical" com uma "base firme nos princípios do marxismo", estabeleceu uma declaração de princípios que aludia à luta de classes, defendeu uma aliança revolucionária dos estudantes com a classe operária e criou um boletim que trazia o sugestivo título de *Revolt* antes de ser mudado por imposição da LID. O resultado de todo esse fervor foi o estabelecimento de núcleos em 125 *campi*, agora não apenas na Costa Leste, tradicionalmente mais sensível a investidas de esquerda, mas também no interior, como em Utah e no Colorado.[103] Em compensação, ao conseguir todo esse sucesso e pretextando a necessidade de uma frente unida contra o fascismo doméstico e a guerra no exterior, em 1935 a promissora ala estudantil da LID abandonou a organização-mãe e fundiu-se à NSL, criando a American Student Union (ASU), a maior organização estudantil até então, com alegados 20 mil membros. Pela segunda vez, a LID sofria um golpe dado pelo PC.

Apesar do entusiasmo inicial, a ASU durou pouco, reduzida a uma fachada do PC. Carecendo da mesma forma que ele de um programa revolucionário concreto, ela acabaria se deixando influenciar pelo "concorrente" *New Deal*. O próprio Roosevelt mandou uma carta de saudações à convenção da ASU em 1937. Daí por diante, as plataformas radicais da organização foram deixadas de lado uma a uma, até que, em 1941, a ASU abriu mão até mesmo da causa da paz: após declarar-se a favor da guerra contra o Eixo, dispersou-se.[104]

A "traição" da SLID deixou marcas profundas na LID. Para começar, reforçou o anticomunismo de seus líderes, para quem, daí por diante, o PC seria sinônimo

---

[103] Sale, 1974:681-682.
[104] Ibid., p. 684.

não só de autoritarismo, mas também de um estilo político manipulador, intrusivo e traiçoeiro. Não por acaso, seus membros viriam a endossar o combate ao comunismo que adveio com o fim da II Guerra Mundial e o início da Guerra Fria. Identificados com o seu país num conflito que essencialmente lhes parecia uma luta entre a liberdade e a tirania, o bem e o mal, os veteranos da LID estavam dispostos a não se deixar mais enganar pelo canto da sereia soviética. Esse cuidado, que podia chegar a alguns excessos, teria uma grande importância nos anos 1960.

Além do anticomunismo, que, de resto, estava em alta no país e entre os chamados liberais em particular — visto que seu discurso em prol de medidas oficiais de bem-estar social frequentemente dava margem a que os conservadores lhes lançassem suspeitas e acusações de simpatia pela URSS, arma de considerável eficácia eleitoral —, a LID apertou o controle sobre o que restara de seus quadros estudantis. Apesar do desastre representado pela ASU, os próceres da organização decidiram reviver a SLID, mantida com um orçamento modesto, porém operacional, e agora mais uma vez limitada à atuação meramente educativa (que, além de evitar problemas com militantes entusiasmados, facultava à LID uma muito necessária isenção de impostos). Essa medida facilitava a supervisão por parte dos mais velhos, que tiveram também a precaução de estabelecer normas claras quanto ao tipo de pessoa que *não* era bem-vinda às fileiras da SLID renovada. Nas palavras da constituição da LID:

> A filiação à LID será limitada àqueles que acreditam na educação para a democracia na indústria, na política e na nossa vida cultural; que acreditam no modo de vida democrático como um meio e uma meta social.
>
> Em virtude dos objetivos democráticos da Liga, os defensores da ditadura, do totalitarismo e de qualquer sistema político que deixe de zelar pela liberdade de expressão, de imprensa, de religião, de assembleia e de organização cultural, política e econômica; ou de qualquer sistema que negue direitos civis a qualquer pessoa por motivo de raça, cor, credo ou origem nacional não são aceitos para a filiação. Nem o são aqueles cujas posturas políticas são total ou majoritariamente determinadas pelas políticas implementadas pela liderança de um governo estrangeiro.[105]

---

[105] Sale, 1974:686.

Noutras palavras, comunistas e seus simpatizantes jamais seriam aceitos novamente, como membros ou aliados. Essa determinação, aprovada em 1947, tornar-se-ia ainda mais precisa em 1948, quando incluiu "todos os partidos ou facções baseados em princípios bolcheviques".[106]

A nova SLID atravessou os anos 1940 sem qualquer atividade digna de nota. Nos anos 1950, manteve-se modesta em números, e seus membros efetivos e pagantes, segundo cálculo de Sale, nunca teriam ultrapassado uma centena, apesar das visitas frequentes às universidades em busca de adeptos. Isso apesar do fato de a presença de grupos políticos nos *campi* da época ser pouco significativa, especialmente se excluirmos as organizações ligadas ao Partido Socialista — como a Young People's Socialist League (YPSL, Liga Socialista dos Jovens) — e ao que sobrara do Partido Comunista — no caso, principalmente a Labor Youth League (LYL, Liga da Juventude Trabalhista) —, usualmente envolvidas em disputas sectárias e dogmáticas impregnadas de jargões que tendiam a isolá-las do público em geral, além de contarem com a desconfiança das autoridades por seu caráter subversivo. Entretanto, sem a presença dessas associações mais radicais, sobravam a National Student Association (NSA, Associação Nacional dos Estudantes), que depois se descobriria ser beneficiária de recursos da Central Intelligence Agency (CIA); a Students for Democratic Action (Estudantes pela Ação Democrática), ligada à Americans for Democratic Action (ADA), do Partido Democrata; no fim da década surgiria ainda a Student Peace Union (SPU, União Estudantil da Paz), que tinha como meta o fim dos testes nucleares. O restante era formado de grupos apolíticos, muitas vezes de caráter religioso. Sendo a política no *campus* uma área pouco explorada, pode-se compreender o que estimulava a LID a manter viva sua ala estudantil, muito embora, em 1951, um dos diretores da SLID já reconhecesse que o "estudante médio hoje em dia é não só hostil a toda forma de socialismo, mas indiferente à maioria das questões políticas...". A partir de constatações como essa, a SLID manteve-se discreta ao longo da década, abrindo mão das referências socialistas remanescentes, tanto que em 1955 ela já se declarava oficialmente um grupo *liberal* e reescrevia a própria história em uma publicação de 1959: "A Student League for Industrial Democracy tem servido como um ponto de encontro para estudantes de inclinações *liberais* desde 1905".[107]

---

[106] Sale, 1974:686.

[107] Ibid., p. 688-689.

Essa renúncia ao radicalismo refletia-se nos temas dos "institutos de verão" patrocinados pela SLID, cursos de férias realizados em um clube campestre em Nova York entre 1953 e 1959. Se nos anos 1930 pensava-se no treinamento de estudantes para o movimento radical que levaria à renovação dos EUA pelo socialismo, agora as discussões tratavam de assuntos que poderiam ser aceitos em qualquer reunião de liberais do Partido Democrata: "o conflito Ocidente-Oriente", as liberdades civis, "como a América devia reagir à nova linha soviética", "relações públicas e opinião pública", "burocracia, corrupção e democracia", "o sindicalismo e seus descontentes". A perspectiva de adotar uma política de *ação* estudantil estava fora do horizonte dessas discussões, que atraíam um número cada vez menor de interessados. Já em 1958, a convenção anual da SLID contou com uma assistência de 13 pessoas.

Em fins dos anos 1950, sem um número razoável de afiliados e com o orçamento deficitário bancado pela LID, tudo levava a crer que a SLID tinha os dias contados.

Students for a Democratic Society

A história da reviravolta que transformou a apática SLID em uma organização de destaque no movimento estudantil norte-americano confunde-se com a de Robert Alan Haber, um estudante de química que se apaixonou pelas ciências humanas e sociais, migrou para a sociologia e viria a se tornar o "radical residente" do *campus* de Ann Arbor da Universidade de Michigan. Filho de um professor local que alcançara renome como economista e árbitro sindical e tinha ligações com a LID, Haber tivera a experiência de ver o Plano Marshall[108] em ação na Alemanha no pós-guerra. Essa experiência, aliada a sua admiração por figuras como o economista marxista Maurice Dobb e os reformadores fabianos Sidney e Beatrice Webb, despertou a consciência política de Haber, que viu "o quão mutável o mundo era". Após participar de várias atividades da política do *campus*, entre as quais um clube de debates sintonizado com questões políticas em voga, Haber decidiu se filiar à SLID em 1958, por influência de um amigo. Em pouco tempo, Al, como era chamado, tornar-se-ia o responsável pelo núcleo local da organização, que logo se transformou numa exceção em meio à crise da SLID: enquanto os núcleos em outras universidades declinavam, o de Ann Arbor de-

---

[108] Plano de financiamento elaborado pelo governo americano para a reconstrução dos países afetados pela II Guerra Mundial.

monstrava grande dinamismo, graças ao Political Issues Club dirigido por Haber. Com esse sucesso nas mãos, Haber teve a credibilidade necessária para propor à LID, em 1959, que patrocinasse uma conferência sobre "os direitos humanos no Norte" para o ano seguinte. No mesmo ano, a convenção anual decidiu trocar o nome da SLID para Students for a Democratic Society, a ser adotado a partir de 1º de janeiro de 1960.[109]

À renovação do nome, Haber adicionou a renovação nas ideias. Ele tinha uma visão razoavelmente clara do que a SDS deveria ser (e a SLID não fora). Entusiasta da capacidade dos estudantes de contribuir para o aprimoramento da sociedade, Haber dizia que se uma "força liberal realmente radical for se desenvolver na América, ela virá das faculdades e dos jovens. Mesmo os menores passos rumo à nossa visão de uma 'transformação social' terão de ser [dados] nos *campi*".[110] Para que esses e outros passos pudessem ser dados, era necessário um novo tipo de organização estudantil,

> uma organização que pudesse lançar luz sobre as conexões existentes entre temas como a corrida armamentista, a pobreza, o racismo e os descontentamentos dos próprios estudantes. O conceito que iluminaria tais conexões era a democracia. Os pobres, os negros e os estudantes — que sequer podiam votar antes dos 21 anos —, nenhum deles tinha voz na sociedade maior, o destino dos três grupos estava nas mãos de outra pessoa.[111]

Até então, entre os poucos grupos políticos atuantes nas universidades, prevaleciam os de caráter partidário (como a ADA e a LYL) ou monotemático (como a SPU). A SLID, que tinha a peculiaridade de não ser nem uma coisa nem outra, apesar disso não conseguira sair da estagnação, para não dizer decadência. Segundo Haber, para que a SDS não repetisse sua antecessora e realmente desse uma contribuição ao aprimoramento social dos EUA, era preciso oferecer uma forma de análise, o *radicalismo*. Nas suas próprias palavras, em

> seu primeiro estágio, a atividade estudantil é um protesto social nem muito radical nem muito profundo. Ele geralmente não vai além de uma única questão, não vê que as questões estão inter-relacionadas, nem enfatiza que

---

[109] Miller, 1987:26-31, passim.
[110] Sale, 1974:24.
[111] Miller, 1987:23.

o envolvimento em uma necessariamente leva a outras. Ele não procura, em suma, causas fundamentais [...] Não há a percepção de que os vários objetos de protesto não são *sui generis* e, sim, sintomas de forças institucionais com as quais o movimento terá de lidar em última instância [...]

O desafio à frente é avaliar e desenvolver alternativas radicais à sociedade inadequada de hoje, e desenvolver um sistema de comunicação institucionalizado que dará perspectiva às nossas ações imediatas. Teremos então o trabalho de base para um movimento estudantil radical na América.[112]

O radicalismo que Haber defendia, como o nome indicava, era a busca pelas raízes dos diversos problemas nacionais, suas causas básicas e elementos comuns, de modo que depois fosse possível conceber uma *visão totalizante* da sociedade norte-americana. Essa protoideologia, essencialmente não sectária e que demandava um considerável poder de fogo intelectual, seria, para Haber, o maior serviço que a SDS poderia prestar a uma reforma social profunda. Além disso, permitia uma grande flexibilidade temática, de modo que a SDS poderia tratar de qualquer questão social que julgasse relevante, além de demonstrar as conexões entre assuntos aparentemente díspares e que, ao serem tratados separadamente, encobriam os verdadeiros problemas e mantinham dispersos os grupos que poderiam tentar resolvê-los.

No aspecto prático, a SDS ideal de Haber seria estruturada de acordo com as seguintes diretrizes:

- alianças com outros grupos já atuantes no ambiente universitário, com o fim de atender às necessidades locais: partidos políticos estudantis, organizações monotemáticas, grupos *ad hoc* de ação direta;
- coordenação desses grupos e atendimento de suas necessidades em nível nacional, publicando panfletos e boletins, organizando conferências, mantendo uma rede de contato entre os líderes, dando-lhes o senso de pertencerem a algo maior, externo ao seu próprio *campus*;
- máximo envolvimento possível com a *ação direta*, em vez de limitar-se ao trabalho puramente educacional;
- pluralidade temática, de acordo com o local e as circunstâncias;
- descentralização dos núcleos nos *campi*, que não dependiam do escritório nacional para serem instalados, o que facilitava sua difusão, evitava a burocratização

---

[112] *Venture* (Sept. 1960), apud Sale, 1974:25.

do movimento e o tornava mais ágil, ao mesmo tempo em que pressupunha um mínimo de coerência ideológica que pautasse suas ações no plano nacional.

Com essas orientações em mente, a SDS deu curso ao planejamento de seu primeiro evento, uma conferência sobre a situação dos direitos humanos no norte do país, marcada para maio. Porém, elas seriam postas à prova já no seu segundo mês de vida, com o surgimento dos "Quatro de Greensboro" e o começo dos grandes protestos estudantis da década.

A primeira grande causa: os direitos civis

Em 1º de fevereiro de 1960, quatro jovens universitários negros entraram numa filial da rede de lanchonetes Woolworth's, em Greensboro, Carolina do Norte. Contrariando o segregacionismo racial fortemente entranhado nos estados sulistas, eles não se dirigiram à parte da loja destinada às pessoas não brancas. Pelo contrário, insistiram em ser servidos no balcão reservado aos brancos e, advertidos de que isso não iria acontecer, permaneceram sentados em protesto até o fechamento da loja. Nos dias seguintes, voltaram trazendo grupos cada vez maiores de colegas, brancos e negros, repetindo o mesmo ritual de sentar, pedir o atendimento e manterem-se sentados até o fim do expediente enquanto não fossem servidos. Conhecidos pela imprensa como os "Quatro de Greensboro", Ezell Blair Jr., David Richmond, Joseph McNeil e Franklin McCain conquistaram grande apoio popular e chamaram a atenção de organizações de oposição à segregação racial, desencadeando uma onda de iniciativas semelhantes, os *sit-ins*, que se espalharam como uma epidemia por dezenas de outras cidades do país. Segundo uma estimativa, esses protestos envolveram cerca de 70 mil estudantes até meados de abril, com mais de 3.600 prisões. Alguns se valeram do aprisionamento para acentuar seu protesto e recusaram fiança: eram os *jail-ins*. Ao fim de algum tempo, até igrejas segregadas estavam sendo alvo de ocupação não violenta, no que se chamou de *kneel-in*.[113] E não se tratava de uma campanha exclusiva dos negros, pois brancos simpatizantes também tomavam parte nesse tipo de protesto contra o *Jim Crow*, como o conjunto das práticas racistas era conhecido nos estados do Sul.[114] Em ascendência desde 1955, com o boicote liderado por Martin Luther King contra a segregação racial nos transportes públicos da cidade

---

[113] Gaither, Thomas. *Jailed-in* (1961), apud Lynd, 1966:399-415.
[114] Miller, 1987:34.

Da "Velha" à Nova Esquerda: o nascimento da SDS   85

de Montgomery, Alabama, a campanha pelos direitos civis dos negros entrava agora em uma nova e mais intensa fase.

Em Ann Arbor, essa participação maciça dos estudantes em protestos de ação direta foi recebida com entusiasmo. Era uma demonstração do que jovens engajados em prol de uma causa de forte apelo moral poderiam fazer. Quando os *sit-ins* chegaram também a Michigan, Haber conseguiu convidar os Quatro de Greensboro para o primeiro evento da SDS. O resultado, considerando as dimensões da organização, foi animador: realizada de 5 a 7 de maio de 1960 na própria Universidade de Michigan, a conferência Direitos Humanos no Norte contou com a presença de vários líderes da campanha pelos direitos civis, como Bayard Rustin; James Farmer (ele próprio um ex-membro da SLID); Marvin Rich e James McCain, do Congress on Racial Equality (Core, Congresso sobre a Igualdade Racial); Herbert Hill, da National Association for the Advancement of Colored People (NAACP, Associação Nacional para o Avanço das Pessoas de Cor), entre outros. Embora nenhuma grande decisão tenha sido tomada, estabeleceram-se laços e novos contatos que seriam fundamentais na evolução da SDS, especialmente com a ala estudantil do movimento pelos direitos civis dos negros, o Student Nonviolent Coordinating Committee (SNCC,[115] Comitê Estudantil de Coordenação Não Violenta), recém-criado.

A aproximação com os ativistas negros não era casual. Embora a SDS compartilhasse com a LID o objetivo de estimular o debate político e enfatizasse o papel da educação na formação de cidadãos politicamente conscientes, Greensboro tornara-se fascinante por ilustrar um novo elemento na luta por uma sociedade mais justa e efetivamente democrática: a *ação direta*. Em vez de apenas pressionar por meios eleitorais ou judiciais — fazia apenas seis anos desde que a Suprema Corte declarara inconstitucional a segregação racial nas escolas —, os defensores dos direitos civis agora adotavam métodos não violentos de protesto, de influência gandhiana, mesmo correndo risco de vida. Ao partir para a desobediência civil, fosse sentando ao balcão destinado apenas a brancos, fosse recusando-se a ceder os assentos da seção "branca" de um ônibus lotado, esses ativistas denunciavam uma injustiça cristalizada e ao mesmo tempo desafiavam os que a apoiavam a arcar com o *ônus moral* de reafirmá-la publicamente e, muito frequentemente, violar a lei para mantê-la, o que em teoria deveria forçar a uma ação das autoridades em defesa das minorias mobilizadas. Ao longo da década, esse desafio

---

[115] Pronunciava-se "Snick".

pacifista — "pôr o corpo na linha", isto é, confrontar diretamente a injustiça — tornar-se-ia a causa de lutas acirradas não só na política, como também nas ruas, primeiro dos estados sulistas, depois em todo o país. Em 1960, ela era ainda uma novidade apaixonante para jovens idealistas como os que a SDS pretendia atrair, não mais com uma doutrina definida e cristalizada, como nos anos 1930, mas principalmente com o desafio moral a uma desigualdade clara que contradizia os próprios valores enfatizados na cultura norte-americana, como a democracia e a igualdade perante a lei. Em vez de grandes sistemas teóricos fechados, o que essa face militante da campanha dos direitos civis oferecia era um testemunho moral, frequentemente informado por princípios religiosos, com os quais boa parte dos americanos podia se identificar.

Nesse aspecto, nenhuma outra organização teria mais influência sobre a SDS do que o jovem SNCC. Fundado por Ella Baker, sob o patrocínio da Southern Christian Leadership Conference (SCLC, Conferência da Liderança Cristã do Sul), organização chefiada por Martin Luther King, o SNCC nasceu como uma associação temporária voltada para a realização e a coordenação de *sit-ins* e outras formas pacíficas de ação direta contra a segregação no Sul. Com uma equipe pequena, baixo orçamento e sem uma estrutura formal e hierarquizada de participação, o SNCC se mostraria a ala mais radicalizada do movimento negro nesses primeiros anos da década de 1960. Seus membros recebiam uma ajuda de custo de subsistência e muitas vezes largavam os estudos a fim de melhor se dedicarem às campanhas da organização, algumas delas muito originais em suas táticas, como se verá adiante. A ênfase na não violência era um ponto muito importante de sua concisa declaração de princípios:

> Nós afirmamos o ideal religioso ou filosófico da não violência como o fundamento do nosso propósito, o pressuposto de nossa fé e a forma de nossa ação. A não violência, tal como deriva da tradição judaico-cristã, busca uma ordem social de justiça permeada pelo amor. A integração dos empreendimentos humanos é o primeiro passo rumo a uma sociedade assim.
>
> Através da não violência, a coragem substitui o medo; o amor transforma o ódio. A aceitação dissipa a injustiça; a esperança põe fim ao desespero. A paz domina a guerra; a fé se reconcilia com a dúvida. O respeito mútuo cancela a inimizade. A justiça para todos supera a injustiça. A comunhão redentora se sobrepõe a um sistema de grosseira imoralidade social.

Da "Velha" à Nova Esquerda: o nascimento da SDS

O amor é o motivo central da não violência. O amor é a força pela qual Deus liga o homem a Si mesmo e o homem ao homem. Tal amor vai ao extremo; ele se mantém amando e perdoando mesmo em meio à hostilidade. Ele enfrenta a capacidade do mal de infligir sofrimento com uma ainda mais duradoura capacidade de absorver o mal, o tempo todo persistindo no amor.

Ao apelar à consciência e à firmeza da natureza moral da existência humana, a não violência alimenta a atmosfera na qual a reconciliação e a justiça se tornam possibilidades reais.[116]

Sob a égide desses ideais de tons nitidamente religiosos, o SNCC participaria, junto com outros grupos, de algumas das ações mais arriscadas na luta contra o racismo. Em maio de 1961, tomaria parte, juntamente com o Core, das *Freedom Rides* (Jornadas da Liberdade), viagens de ônibus pelos estados do Sul para testar a recente decisão da Suprema Corte de estender a dessegregação dos transportes interestaduais, aprovada em 1947, às rodoviárias e instalações contíguas. "Nossa intenção", disse James Farmer, diretor nacional do Core, "era provocar as autoridades sulistas a nos prender, de modo a incitar o Departamento de Justiça [órgão federal] a fazer cumprir a lei." De fato, os viajantes tiveram de enfrentar não só prisões, mas também tentativas de linchamento, quebra-quebras e abusos policiais ao longo do caminho, que feriram seriamente muitos militantes. Vários foram presos mesmo quando vítimas de agressões, e havia relatos de tortura. A tensão chegou a tal ponto que até um enviado do presidente Kennedy ao Alabama, John Seigenthaler, ao tentar ajudar duas mulheres que estavam sendo estapeadas em Montgomery quando uma multidão tentou linchar os militantes, foi nocauteado e deixado inconsciente no chão durante 25 minutos antes de ser levado a um hospital, enquanto agentes do FBI, previamente informados da presença dos ativistas do Core, tomavam notas nos arredores. Quanto à polícia local, sua atitude foi expressa pelo comissário de polícia da cidade: "Não temos a intenção de montar guarda para um bando de encrenqueiros entrar na nossa cidade".[117]

Não obstante, a quantidade crescente de gente indo para as prisões levou a uma comoção pública que resultaria, ao fim do ano, na efetiva implementação da decisão da Suprema Corte. Tal como no caso dos balcões de lanchonetes e

---

[116] SNCC, 1966:398-399.
[117] Gitlin, 1987:138.

dos *sit-ins* do ano anterior, a ação direta não violenta havia utilizado a própria violência dos agressores segregacionistas a favor da causa da integração.

Se, por um lado, o SNCC enveredava pelo caminho da ação desde o princípio, sua aliada de Michigan, com poucos membros e recursos e ainda estabelecendo contatos, manteve uma linha similar à de sua prévia encarnação: promover a educação do público estudantil em assuntos de interesse geral, sem sectarismos. Havia até mesmo uma lista de 38 leituras recomendadas para os novos membros, que incluíam desde documentos históricos, como a Declaração da Independência, até livros mais recentes de crítica social. Sua capacidade de atração também ainda era muito incipiente: a primeira convenção nacional, de 17 a 19 de junho de 1960, atraíra apenas 29 participantes, o que não impedia Haber, formalizado como "secretário de campo" da SDS, de prever que sua agremiação poderia ter papel relevante na "coordenação nacional dos direitos civis estudantis".[118]

Em 1961, Haber havia aproveitado os *sit-ins* do ano anterior para recrutar novos membros, que ficariam depois conhecidos como a "velha guarda" da SDS. Entre eles estava Tom Hayden, que se tornaria um dos principais líderes da SDS ao longo da década.

Descendente de católicos irlandeses do Meio-Oeste americano, Hayden havia chegado a Ann Arbor em 1957, aos 18 anos. Possuidor de alguma experiência com jornalismo no colégio, procurou uma posição no *Michigan Daily*, "a mais importante instituição estudantil no *campus* e talvez o jornal universitário mais respeitado dos Estados Unidos". Logo estaria "gastando mais de meu tempo no *Daily* que nas salas de aula", e seria através do jornal que formaria "uma imagem da universidade e do mundo",[119] escrevendo sobre temas controversos como a perseguição política a um professor por ser marxista, a segregação racial no sistema de fraternidades locais (que lhe valeu agressões) e protestos de alunos pedindo mudanças na universidade. Tais investidas fariam com que ele progredisse no jornal e o fizessem sonhar com a vida de correspondente estrangeiro. Ao mesmo tempo, porém, a vida de repórter foi exercendo influência sobre suas ideias, reforçando uma tendência que vinha desde o ensino secundário: "uma inquietação com o mundo à minha volta", que o fez evitar o contato com as disputadas fraternidades e sociedades honoríficas estudantis. Preferia estudar filosofia, andar de motocicleta e, nas férias, viajar país afora pegando caronas, inspirado no livro

---

[118] Sale, 1974:29.
[119] Hayden, 1988:28.

Da "Velha" à Nova Esquerda: o nascimento da SDS   89

On the road, de Jack Kerouac. Após três anos, já em 1960, uma dessas viagens lhe valeu o contato com um partido estudantil universitário, o primeiro de sua espécie, o Slate, de Berkeley, Califórnia, que defendia o direito de os estudantes discutirem e promoverem ações a respeito de assuntos externos ao *campus* — na prática, assuntos políticos, o que a universidade, em sintonia com a mentalidade anticomunista da época, proibia.

Conhecido pela prosa apaixonada com que escrevia os editoriais do *Daily*, Hayden já era uma força em Ann Arbor. Um de seus feitos foi desafiar a decana das mulheres da Universidade de Michigan ao coletar provas de que ela mantinha um sistema de vigilância, envolvendo até motoristas de táxis, sobre jovens que namorassem rapazes negros, para escrever cartas aos pais das moças relatando o fato. Ameaçada com a publicação dessa correspondência, a decana acabou renunciando. Era mais um exemplo do que a ação direta podia fazer.[120]

Em 1961, com John Kennedy na presidência e sua política de "nova fronteira" em ação, o SNCC decidiu promover uma ofensiva no coração dos estados sulistas, justamente aqueles em que o racismo era considerado mais arraigado: o Alabama e o Mississipi. Nesses lugares, os negros constituíam percentagem significativa da população, mas quase não tinham representação política. No Mississipi, por exemplo, embora 43% da população do estado fossem compostos de negros, apenas 5% daqueles em idade hábil tinham registro eleitoral. Não era apenas uma questão de desinteresse pela política. Em reportagem de 1959, o jornal *Washington Post* registrou as condições dos negros que tentavam exercer seus direitos políticos no Sul. Segundo o jornal, em Albany, Geórgia, um homem negro

> foi surrado severamente em seu quintal pela polícia. Ele foi levado sem sentidos ao tribunal e morreu de fratura craniana cinco dias depois. Outro negro foi morto a tiros nos fundos de sua casa pela polícia. Um terceiro levou um tiro nas nádegas, disparado pela polícia, quando esta investigava uma queixa por distúrbios em um bar de beira de estrada. Uma mãe negra levou um tapa na cadeia quando foi lá visitar o filho.

Ao ser perguntado a respeito desse tratamento, o xerife local disse que:

> Eu acho que temos de ser severos quanto a quem vota. Não há um crioulo [*nigger*] na Geórgia que não tomaria o controle se tivesse a chance. Eles que-

---

[120] Miller, 1987:53.

rem todo o poder. O crioulo progrediu sob o nosso sistema e com certeza nós não progrediríamos sob o dele. Não é verdade? Eu lhe digo, Cap, toda esta agitação é coisa dos comunistas [...] Um homem que conhece o crioulo sabe quando a insatisfação está se espalhando. Crioulos de pé tarde da noite é uma coisa suspeita. Sabe, Cap, não há nada como o medo para manter os crioulos na linha. Estou falando sobre os crioulos fora da lei.[121]

Não só a polícia frequentemente se voltava contra os negros: os linchamentos e a caça a pessoas de cor por organizações racistas como a Ku Klux Klan ainda eram uma ameaça bastante palpável. Ao planejar a indução dos moradores ao registro eleitoral, e assim quebrar mais uma forma de segregação e também minar o poder da ala segregacionista do Partido Democrata — os chamados *dixiecratas* —, os ativistas do SNCC sabiam que se lançavam em uma empreitada perigosa. Contavam, porém, com o apoio do governo federal: fora ninguém menos que o irmão do presidente, Robert Kennedy, então advogado-geral da União, quem estimulara o SNCC a centrar forças no registro eleitoral de cidadãos negros. Nesse processo, o auxílio dos brancos do Norte era uma peça-chave; não apenas as autoridades federais, de quem os militantes esperavam inclusive proteção policial, mas também voluntários que quisessem ajudar *in loco*. Nas palavras de Tom Hayden, em suas memórias,

> nós estávamos imbuídos de valores americanos muito idealistas: uma crença na integração racial não apenas como um ideal futuro, mas como um ideal a ser praticado aqui e agora; uma crença de que lugares como o Mississipi não eram parte do sonho americano, mas pesadelos de que a América iria acordar; uma crença, enfim, de que a Constituição, o presidente e o povo americano estavam realmente do nosso lado. Nosso exemplo os mobilizaria.[122]

Mas não era apenas uma questão de solidariedade. Bob Moses, o líder do SNCC que planejava a iniciativa, também via na participação de voluntários brancos do movimento estudantil uma vantagem tática: seriam uma espécie de escudo humano para o SNCC, já que, se o assassinato de um negro no Sul não chamava a atenção, uma agressão a jovens brancos de classe média certamente o faria, o que poderia inibir os potenciais agressores ou, se eles de fato atacassem, forçaria as autoridades a tomar uma atitude.

---

[121] Hayden, 1967:67.
[122] Id., 1988:54.

Assim, a partir de 1961, o SNCC, que já possuía alguns membros brancos, passou a receber um fluxo de voluntários vindos das universidades do norte do país. A SDS também mandou seus representantes, entre os quais o próprio Tom Hayden, eleito o novo "secretário de campo" e agora um quadro assalariado da organização. Hayden acompanharia os militantes do SNCC e seria os olhos e os ouvidos da SDS no Sul, enviando artigos regulares sobre os progressos da campanha.

A experiência foi mais direta do que se podia imaginar. Os voluntários do Norte não tardaram a descobrir o que seus colegas meridionais já sabiam há muito tempo: contestar publicamente o racismo nos grotões do "Sul Profundo" era uma atividade quase suicida. Não se tratava apenas de má vontade das autoridades ou de leis segregacionistas; em pequenas cidades como McComb, no Alabama, a população branca reagia muito mal à ideia de negros votarem e exigirem direitos. Xingamentos e ameaças não raro resultavam em turbas furiosas e armadas; negros que se registravam eram perseguidos ou mesmo assassinados; a polícia local, que deveria garantir a integridade física dos cidadãos a despeito da cor ou da ideologia política, frequentemente se omitia diante dos espancamentos promovidos por seus conterrâneos, quando não tomava, ela própria, parte neles. O próprio Hayden e seu colega de SDS, Paul Potter, foram surrados em plena luz do dia e postos para correr de McComb em outubro de 1961. No mês seguinte, Hayden foi preso em Albany, na Geórgia, quando protestava junto com o SNCC pelo cumprimento da lei federal que proibia a segregação em terminais rodoviários interestaduais.[123]

Essas dificuldades não o impediram, porém, de enviar seus vívidos relatos para a imprensa universitária de esquerda a que a SDS se ligava. Pelo contrário, justamente o fato de ter sofrido junto com os membros do SNCC conferiu a Hayden uma "aura" heroica que se traduzia por um crescente prestígio no movimento estudantil norte-americano, tanto para ele mesmo quanto para a SDS. Apesar de contar apenas 575 membros oficiais em todo o país, a SDS começava a ganhar algum prestígio no ainda restrito círculo de movimentos estudantis.

Em dezembro de 1961, com Hayden ainda preso, a SDS realizou um encontro preparatório para a convenção nacional que teria lugar em junho do ano seguinte. Era hora de dizer ao mundo pelo que, exatamente, a organização lutava, declarar seus princípios, no espírito integrado que Haber propunha. Havia

---

[123] Para uma narrativa detalhada dessa aventura nos estados do Sul, cf. Hayden, 1988, cap. 3.

pressões internas de membros mais simpáticos ao socialismo para que se dissesse onde a SDS se colocava no debate das grandes questões do dia, entre as quais a postura frente ao comunismo. Após serem ouvidas as sugestões dos presentes ao encontro — apenas 45 pessoas, entre estudantes e ativistas —, que iam da reforma universitária à manutenção do apoio à SNCC, chegou-se à conclusão de que era preciso fazer "um manifesto político da Esquerda". Para Haber:

> Projetada como a primeira grande assembleia das forças progressistas e democráticas da esquerda estudantil nos últimos anos, a convenção [...] traçará programas específicos que traduzam [na prática] a grande preocupação da SDS com os ideais democráticos e seu foco intermediário no realinhamento político. O maior debate da convenção, explicou-se em um memorando posterior, será centrado em um "manifesto político" que expresse o panorama intelectual da organização, em particular um delineamento do conceito "democracia" tal como ele se aplica ao mundo contemporâneo em campos tão variados como a organização industrial, as artes, a educação, a independência colonial e o desenvolvimento econômico etc.[124]

O encarregado de rascunhar esse documento foi Tom Hayden. Ele teria seis meses para sintetizar o que a SDS propunha ao mundo.

Em busca de novas referências

A ideia era convidar, além dos poucos membros já cadastrados, integrantes de outras organizações juvenis, para que juntos dessem à SDS um diferencial dentro de um movimento estudantil dividido entre grupos apegados às tradicionais propostas da esquerda (socialistas e, com maior discrição, comunistas) e uma única organização nacional secretamente controlada pela CIA — a National Student Association. Para isso, seria necessário elaborar uma declaração de princípios que abordasse os problemas contemporâneos sem os dogmatismos da chamada "Velha" Esquerda e também traduzisse uma visão de mundo adequada à juventude de seu tempo. Nas palavras de Hayden, à época, "temos de crescer e nos expandir, e deixar que os valores morais se realinhem um pouco. Então, com a consciência preparada, poderemos falar seriamente, de forma prática, a respeito de soluções".[125]

---

[124] Apud Miller, 1987:77.
[125] Sale, 1974:40.

Da "Velha" à Nova Esquerda: o nascimento da SDS   93

A preocupação com valores e uma visão de mundo implicava a unificação de temas, ou seja, a análise conjunta dos grandes problemas norte-americanos da época: a segregação, a ameaça nuclear e a Guerra Fria, a necessidade de uma reforma universitária, a *apatia* social tão denunciada nos anos 1950,[126] entre outros. Do ponto de vista dos líderes da SDS incipiente, essas questões estavam todas relacionadas e não podiam, portanto, ser resolvidas em separado. Abordá-las devidamente exigiria um misto de reafirmação de valores e análise intelectual que levasse em conta, em vez dos velhos dogmas ideológicos, também a experiência concreta (como no caso dos direitos civis no Sul), o que um movimento estudantil sólido poderia empreender.

Ainda na cadeia, em fins de 1961, Hayden começou a preparar as perguntas que deveriam ser respondidas pela SDS para decidir o destino da organização: que direção dar a ela, o quanto cada um queria participar em sua formação e com o que cada um estava disposto a contribuir. "Sem reconhecê-lo, eu estava começando a perceber que meu papel no Sul era limitado. O SNCC não precisava de mim em suas fileiras repletas. Eu poderia ser mais útil atraindo os estudantes nacionalmente para confrontar o sistema e mudá-lo."[127]

Em um encontro em Ann Arbor, após sua libertação, Hayden encontrou Haber e outros membros do núcleo fundador. Ficou encarregado de fazer o primeiro rascunho de um "manifesto de esperança" que deveria constituir a "agenda de uma geração".

> Nós acreditávamos que os novos valores que estavam nos afastando das carreiras convencionais rumo a compromissos inesperados tinham de ser expressos. Tínhamos necessidade de declarar nossas aspirações para a geração de jovens que estávamos tentando despertar, na esperança de que a sociedade em geral nos daria ouvidos a tempo [...]
>
> Eu ainda não sei de onde vieram esse senso messiânico, essa crença de estarmos certos, essa confiança em que poderíamos falar em nome de uma geração. Mas o tempo estava maduro, vibrando com potencial. Estudantes como nós estavam lutando por algo mais do que um hambúrguer de 25 centavos no Sul. Nós precisávamos pôr nossas metas em palavras. Muitos de nós eram líderes estudantis já condicionados a acreditar que, se você falasse, iria conseguir uma

---

[126] Cf. Pells, 1985, cap. 4, passim.

[127] Hayden, 1988:74.

audiência com o governo Kennedy. Na frase da novelista Doris Lessing, nós possuíamos o "poder de criar pela ingenuidade".[128]

A essa altura, o perfil da SDS era diferente daquele do SNCC. Os membros da primeira eram estudantes do Norte, intelectualizados, "articulados no sentido livresco", sonhando com soluções políticas como o "realinhamento" (reforma pela expulsão dos *dixiecrats*) do Partido Democrata. O pessoal do SNCC, por outro lado, é descrito por Hayden como "articulado no sentido poético" e "aborda[ndo] as questões de uma perspectiva espiritual que lhes permitia lidar com a perseguição diária". Mas a visão do SNCC acabaria dando o eixo do rascunho de manifesto que Hayden estava compondo: qualquer realinhamento *político* tinha de ser precedido por um realinhamento *moral*. Combinava-se, assim, uma atitude *pessoal* com a atuação na arena política, um amálgama que se tornaria frequente em vários movimentos sociais ao longo da década.

O processo de composição do que viria a ser a *Declaração de Port Huron* é extensamente detalhado por Hayden em suas memórias. Suas notas a respeito dos temas mais prementes a abordar e as várias questões que eles levantavam já demonstravam um grande ecletismo em sua busca de inspiração e em suas bases teóricas, assim como uma erudição considerável. A respeito das duas grandes correntes políticas dos EUA de seu tempo, Hayden afirma:

> Eu fui profundamente influenciado por *The power elite*, que Mills escreveu em meados dos anos 50. Em minha própria análise, encontrava-me dividido entre crenças rivais a respeito do poder na sociedade americana. Tinha certeza de que o poder era mantido de maneira não democrática, mas também acreditava que ele podia ser transferido através do processo democrático. Qual teoria, eu me perguntava, poderia conciliar essas noções aparentemente contrastantes? O liberalismo parecia recusar-se a adotar o conceito de poder não democrático; ao contrário, afirmava existir um pluralismo rudimentar entre grupos de interesse em competição, como os trabalhadores e os administradores, ou entre os dois maiores partidos políticos. Na visão liberal, as disparidades de poder podiam ser corrigidas mediante o sistema político de *lobby* e eleições. *Minhas experiências como um estudante e no Sul ensinaram-me a suspeitar desse modelo.* Para começar, os negros sulistas e estudantes como nós — um total

---

[128] Hayden, 1988:74.

de 15 milhões de pessoas — não podíamos votar, a condição mais básica para constituir um "grupo de interesse" na teoria liberal. Os esforços para reformar o sistema no nível elementar do direito ao voto eram respondidos com violência e atos oficiais simbólicos. Além disso, eu já estava predisposto a supor que havia um "sistema" [*establishment*] com poder permanente governando o país sem que tivesse sido eleito ou mesmo apresentado ao cidadão comum. Mas, ao mesmo tempo, a teoria marxista da classe dominante, com seu poder baseado no controle dos meios de produção, parecia mecânica e dogmática, suas conclusões tão sombrias quanto as do liberalismo eram róseas. Eu não podia aceitar a visão marxista tradicional do governo como "comitê executivo da classe dominante", meramente um instrumento do programa dos negociantes. Tal visão ameaçava a premissa pela qual estávamos arriscando nossas vidas: de que podíamos registrar as pessoas para votar como um passo rumo a torná-las seres humanos livres e iguais, de que poderíamos conquistar, dentro do processo decisório existente, o reconhecimento para aqueles que estavam agora excluídos. *O modelo marxista me pedia para acreditar que isso era uma ilusão, que o verdadeiro poder estava noutra parte, ou que a inclusão num sistema falido não era algo por que valia a pena morrer.* Como um corolário para o descarte de reformas, ele tinha seu próprio mito — o da revolução distante.[129]

Outra noção de Mills que seria cara a Hayden e influente no documento que ele estava redigindo era a de um "público autocultivado". Tratava-se da ideia de um público formado por cidadãos engajados numa democracia autêntica, de base, dispostos a discutir os problemas de seu tempo e a ter voz nas decisões que lhes diziam respeito (o pré-requisito para o exercício da democracia participativa de Arnold Kaufman que seria a principal proposta de Port Huron). Enfim, uma versão moderna do conceito de cidadania já encontrado na *pólis* grega e que parecia, aos olhos dos novos radicais como Hayden, amplamente esquecida na política contemporânea.[130]

Também muito importante foi o escritor existencialista Albert Camus, autor favorito de "muitos, se não todos, os fundadores da SDS e do SNCC".[131] Autor de obras como *A peste* e *O estrangeiro*, Camus retratava as angústias de lutar contra

---

[129] Hayden, 1988:79 (grifos meus).
[130] Cf. Calvert, 1991:101.
[131] Hayden, 1988:76.

um mal onipresente e devastador, diante do qual a esperança de vitória poderia parecer vã. A solução camusiana para esse dilema — uma ideia terrível e ao mesmo tempo atraente para jovens idealistas num mundo em risco de autodestruição — era tomar a atitude mais ética mesmo sem ter certeza dos resultados, optar pelo que era certo mesmo diante da derrota iminente. Isso era justamente o oposto do que se costumava fazer na política liberal, sempre em busca de fazer o "possível", mesmo que isso implicasse alianças e concessões a defensores de políticas como a segregação ou a corrida armamentista. Ainda que num contexto em que a derrota pudesse parecer inevitável, esse caminho significava "uma fé em que o indivíduo importava na história, em que nada era inteiramente determinado, em que a ação criava uma evidência de si mesma. Por que mais tomar a vida em suas mãos no Mississipi? Por que mais lutar para mudar o mundo?"[132]

Depois de meses mergulhado em livros que iam de John Dewey a Dostoiévski, "em busca de inspiração, não de uma linha política",[133] o esboço do manifesto ficou pronto: das 28 páginas inicialmente previstas, chegou-se a 75. Era hora de cuidar dos preparativos da convenção, envoltos em algumas confusões. A definição do local (o clube de campo Port Huron, pertencente ao sindicato United Automobile Workers e usado pela SLID nos anos 1940 e 50) foi feita apenas a poucos dias do evento. O envio pelo correio de cópias do rascunho aos participantes, a fim de que trouxessem suas críticas e sugestões e participassem da redação final, foi feito apenas uma semana antes, inviabilizando uma análise mais profunda e mesmo a simples leitura de um texto tão longo. Como o próprio Hayden reconheceria décadas depois: "Haber e eu éramos melhores com sonhos do que com detalhes".[134]

À época da convenção, a SDS já tinha um currículo a mostrar. Sua lista de mala direta contava 2 mil destinatários, sendo 800 considerados membros, dos quais mais da metade pagavam taxa de filiação. Essas pessoas recebiam regularmente a produção intelectual da organização, que já tinha ultrapassado a marca de 30 textos mimeografados. No plano financeiro, a SDS tinha um orçamento de US$ 10 mil anuais, que deviam manter o precário escritório na sede da LID em Nova York, o funcionamento dos poucos quadros remunerados (como Al Haber) e o material gasto no envio de literatura por mala direta. Para efeito de

---

[132] Hayden, 1988:77.

[133] Ibid., p. 75.

[134] Ibid., p. 83.

Da "Velha" à Nova Esquerda: o nascimento da SDS   97

comparação, basta lembrar que a maior entidade estudantil de então era a Student Peace Union, que tinha prováveis 3 mil membros.[135]

De toda essas pessoas, apareceram na convenção 59, das quais 43 tinham direito a voto nas deliberações e somente 35 participariam da maior parte das sessões. Dos membros presentes, uma parte não pertencia aos núcleos da própria SDS, pois, embora formalmente filiados, eram ativos em outros grupos, como o SNCC, a YPSL, os Jovens Democratas etc. Também participavam convidados especiais e observadores, como Michael Vester, da Sozialistische Deutsche Studentenbund (SDS), Arnold Kaufman (professor de Hayden), Donald Slaiman (da união de sindicatos AFL-CIO).

Ao recordar em suas memórias os participantes da Conferência de Port Huron (apenas 43 deles eram membros pagantes da SDS e os demais, convidados), iniciada em 12 de junho de 1962, Hayden os dividiria em três grupos. Uns eram os de origem "política", isto é, de famílias de pessoas ligadas à "Velha" Esquerda ou aos democratas; outros haviam se politizado a partir de suas crenças religiosas, como a própria esposa de Hayden, ativista do SNCC, e estariam "lutando mais por uma comunidade do que por um partido, mas uma comunidade com estratégia"; e, finalmente, havia os líderes estudantis, entre os quais o próprio Hayden, mais voltados para conquistas práticas. E esses três grupos, em sua grande maioria, haviam comparecido "para confiantemente fundar um movimento".[136]

> No espírito dos tempos, tendíamos a nos adaptar e a aprender com as variadas origens daqueles que vieram a Port Huron. Um senso de história radical, um foco nos valores e um desejo de relevância, juntos, podiam enriquecer e reforçar o poder de nosso entendimento comum.[137]

O primeiro dia da convenção, iniciada em 11 de junho, foi destinado a palestras por parte de alguns dos convidados. Os quatro seguintes seriam dedicados à redação conjunta do manifesto da SDS.

Entretanto, apesar desse espírito de união observado por Hayden, a convenção teve problemas. Entre os representantes da "Velha" Esquerda presentes, os mais destacados eram socialistas como Michael Harrington, autor do então recém-lançado *The other America*, um livro que se tornaria muito influente ao

---

[135] Sale, 1974:47.
[136] Hayden, 1988:85.
[137] Ibid., p. 85.

abordar o problema da pobreza nos EUA. Harrington, que pertencia à LID, não gostou de como se falava do problema do comunismo no rascunho de Hayden. Para ele, o documento, que entre outras coisas afirmava que os EUA também eram responsáveis pelo início da Guerra Fria, era muito "suave" com o totalitarismo soviético. Essa acusação ecoava o anticomunismo dos liberais dos anos 1950, influenciados pelo macarthismo, exatamente o tipo de reminiscência que a SDS pretendia superar. A discussão ganhou corpo, tornou-se exaltada e terminou com Harrington partindo furioso.

O episódio criou um mal-estar. Porém, também deu aos membros presentes, muitos deles admiradores de Harrington, considerado uma espécie de membro *hors-concours* da esquerda estudantil, uma demonstração dos males do que lhes parecia uma demonstração de histeria. "A despeito de nossa própria arrogância", diz o Hayden memorialista, "nós fizemos certo esforço para construir boas relações com a comunidade liberal-esquerdista mais velha, particularmente a LID." E acrescenta:

> O sectarismo, a incestuosa luta interna entre grupos e intelectuais esquerdistas por causa de doutrina, tem raízes que remontam às origens da própria Esquerda. Os primeiros escritos do jovem Marx eram notáveis por seu humanismo. Em certo ponto, porém, seus escritos se tornaram uma bíblia para ateus em busca de um novo sistema de crença total; Marx se tornou o marxismo [...]. Aqueles de nós que estavam entrando na SDS vindos de origens não politizadas acharam essa atmosfera [de divisão das esquerdas] divertida, obscura e irrelevante, como fervorosas seitas religiosas fazendo a exegese do catecismo ou da Torá. Eu não conseguia entender como gente aparentemente séria podia se enrolar tanto nesses inacabáveis debates detalhistas.
>
> Somado a essa guerra doutrinária, havia um espírito organizacional no sectarismo que estava no polo oposto ao da Nova Esquerda.[138]

Pelo contrário, a SDS tinha um "*ethos* aberto e não confrontacional", que se ressentiu desse primeiro grande atrito público com os mais velhos. O que estava em questão

> não era a ideologia, mas a confiança básica de uma geração na outra. De nossa perspectiva, éramos nós, e não eles, que estávamos arriscando nossas vidas e

---

[138] Hayden, 1988:87.

Da "Velha" à Nova Esquerda: o nascimento da SDS   99

carreiras para conquistar a mudança social democrática na América. Eles estavam apontando dedos e mísseis para a União Soviética sem fazer o bastante para levar a liberdade ao Mississipi e ao sudoeste da Geórgia.[139]

Não que essa fosse a primeira vez que a SDS entrava em conflito com a LID, mas antes o problema fora mantido no âmbito da cúpula das duas entidades. Ainda em 1961, Al Haber fora demitido por despertar nos mais velhos o temor de que a SDS, ao se aproximar de grupos ativistas, fosse influenciada ou mesmo infiltrada por grupos comunistas ou afins. Haber, ciente de que o braço estudantil da LID sob o seu comando ganhara um dinamismo do qual os próceres da velha organização não poderiam realmente abrir mão, conseguiu ser readmitido depois de usar a influência do pai e ameaçar esvaziar a SDS levando seus membros para uma outra organização radical na qual não fosse mais tolhido. Não obstante, a tensão entre o temor anticomunista dos liberais e socialistas da LID e a autoconfiança e a vontade de inovar da SDS mantiveram-se latentes.

Se houvesse ficado, Harrington talvez encontrasse um motivo ainda mais forte para indignar-se. Presente à reunião também estava Jim Hawley, um rapaz de 16 anos que representava o Progressive Youth Organizing Committee (Pyoc, Comitê Organizador da Juventude Progressista), organização estudantil ligada ao Partido Comunista. Quando o pessoal ligado à YPSL, que, embora socialista, compartilhava o mesmo horror ao comunismo mantido pelos liberais, reclamou de sua presença, os membros da convenção votaram para que ele tivesse assento como observador. Diante da celeuma provocada por sua mera presença ali, Hawley deixou Port Huron, sem saber que havia sido o pivô de um marco simbólico na história da SDS: estava demonstrado que a organização *não* compartilhava do anticomunismo de seus patronos. Pelo contrário, desenhava-se a partir dali o que se chamaria de "antianticomunismo" da SDS, que, se não endossava o autoritarismo soviético e a visão de mundo dos comunistas, também não faria questão de evitá-los como a peste quando ambos os lados se vissem unidos numa causa comum. Algo muito parecido com a SLID dos anos 1930.

Olhando em retrospecto, Tom Hayden lamentaria que a reação exagerada dos mais velhos à SDS o tivesse deixado "insensível às lições potencialmente valiosas de sua experiência". E se os mais velhos não conseguiam olhar para a nova organização sem esquecer os rótulos do passado, ele reconhece que "era verdade

---

[139] Hayden, 1988:91.

100   **A Nova Esquerda americana**

também que minha paixão pelo 'novo' dificultou a filtragem do que fazia sentido na crítica paranoica deles". Esse elemento de sensatez consistia no seguinte:

> Fosse aos crimes do comunismo relatados em Orwell ou Kafka, ou à advertência de Camus de que atos abomináveis podiam ser racionalizados por intelectuais cultos, ou aos repetidos avisos de que líderes revolucionários se tornaram monstros de Frankenstein, eu reagia com apenas um sentimento: Estes horrores não acontecerão conosco; nós somos bons demais.[140]

A declaração de Port Huron

Como o documento não ficou realmente pronto ao fim da convenção, decidiu-se deixar a redação final a cargo de um comitê, que teria o prazo de um mês para finalizá-la. Entretanto, as linhas gerais já estavam ali.

Em sua versão final, a *Declaração de Port Huron* constitui-se de uma introdução e mais 16 seções, estas formando a declaração de princípios em si. Um sintoma das intenções de seus signatários foi a primeira dessas seções principais não ser uma análise econômica, como era comum na Velha Esquerda, nem tampouco uma plataforma política propriamente dita; seu título era, simplesmente, "Valores". O motivo era explicado no próprio texto: "Diz-se que nossos predecessores liberais e socialistas eram atormentados por uma visão sem programa, enquanto nossa própria geração sofre de um programa sem visão". Era importante, portanto, reafirmar o valor do idealismo:

> O caos teórico substituiu o pensamento idealista de outrora — e, incapaz de reconstituir a ordem teórica, os homens condenaram o próprio idealismo. A dúvida substituiu a esperança — e os homens agem segundo um derrotismo rotulado de realismo. O declínio da utopia e da esperança é na verdade um dos traços definidores da vida social hoje. Os motivos são vários: os sonhos da esquerda mais velha foram pervertidos pelo stalinismo e nunca recriados; o impasse no Congresso faz com que os homens estreitem sua visão do possível; a especialização da atividade humana deixa pouco espaço para o pensamento abrangente; os horrores do século XX, simbolizados pelos fornos crematórios e os campos de concentração e as bombas atômicas, destruíram a esperança.

---

[140] Hayden, 1988:92.

Da "Velha" à Nova Esquerda: o nascimento da SDS

Ser idealista é ser apocalíptico, iludido. Não ter nenhuma aspiração séria, ao contrário, é ser "realista".[141]

Feito esse diagnóstico sombrio, e após reconhecer que a SDS não tinha "nenhuma fórmula certa, nenhuma teoria fechada", mas nem por isso julgava que os valores não pudessem ser discutidos ou determinados, pelo contrário, deviam servir de marcos orientadores para qualquer análise das condições concretas da ordem social, vinha a apresentação das concepções que pautaram o documento em sua visão do homem, das relações humanas e dos sistemas sociais. Na primeira, tinha-se de imediato um ataque a noções como a que era corrente entre os liberais tecnocratas então no poder (e também implícita no da *multiversidade* de Clark Kerr): a de que a sociedade norte-americana havia atingido tal grau de perfeição, sendo a maior democracia do mundo e tendo seus problemas econômicos mais sérios basicamente resolvidos, que precisava ser apenas *gerenciada* por especialistas.[142]

> Nós consideramos os *homens* infinitamente preciosos e possuidores de capacidades ainda não totalmente utilizadas para a razão, a liberdade e o amor. Ao afirmar estes princípios, sabemos contrariar o que talvez sejam as concepções dominantes do homem no século XX: de que ele é uma coisa a ser manipulada e que é inerentemente incapaz de dirigir seus próprios assuntos. Nós nos opomos à despersonalização que reduz os seres humanos ao *status* de coisas — se as brutalidades do século XX ensinam alguma coisa, é que os meios e os fins estão intimamente relacionados, que vagos apelos à "posteridade" não podem justificar as mutilações do presente. Nós nos opomos também à doutrina da incompetência humana porque ela repousa sobre o fato moderno de que os homens foram "competentemente" manipulados para se tornarem incompetentes — não vemos razão pela qual os homens não possam enfrentar, com cada vez mais habilidade, as complexidades e responsabilidades de sua situação, se a sociedade for organizada para a participação não de uma minoria, mas da maioria na tomada de decisões.[143]

---

[141] Apud Miller, 1987:331. Todas as citações da *Declaração de Port Huron* foram retiradas da transcrição integral publicada nesse livro. Porém, o texto também está disponível na internet: <http://coursesa.matrix.msu.edu/~hst306/documents/ huron.html>.

[142] Matusow, 1984.

[143] Miller, 1987:332.

Essa visão humanista se desdobra na busca de um caminho próprio, diferente da apatia e da adesão automática ao *status quo*:

> Os homens têm um potencial ainda não percebido para o autocultivo, a autodireção, a autocompreensão e a criatividade. [...] A meta do homem e da sociedade deve ser a independência humana: uma preocupação não com a popularidade, mas com o encontrar um sentido na vida que seja pessoalmente autêntico; uma qualidade mental [...] que tenha acesso pleno e espontâneo a experiências passadas e presentes, que una facilmente as partes fragmentadas da história pessoal, que encare abertamente os problemas [...]; [que tenha] uma consciência intuitiva das possibilidades, um senso ativo de curiosidade, e habilidade e disposição para aprender.
>
> Esse tipo de independência não significa o individualismo egoísta — o objetivo não é fazer tudo do seu jeito, mas ter um jeito que se possa chamar de seu. Nós não endeusamos o homem, apenas temos fé em seu potencial.[144]

Cônscia dos problemas da sociedade de massas, evidentes não apenas na citada despersonalização presente nas instituições americanas, a Declaração vai além, ecoando William Whyte e seu *The organization man*: "Ligações pessoais entre homem e homem são necessárias, especialmente as que vão além dos laços fragmentados e parciais da função, que ligam os homens apenas em termos de trabalhador e trabalhador, empregador e empregado, professor e estudante, americano e russo". Não se trata, portanto, de propor apenas reformas no âmbito daquilo que comumente se define como "política" ou "economia"; as próprias bases da sociedade é que precisam ser revistas, tratadas não só como algo funcional, mecânico, mas resgatando um senso comunitário que, como tantos autores contemporâneos apontavam, parecia cada vez menos presente num país embriagado pelo consumismo materialista, pela despolitização do cidadão médio e pela autocomplacência. Para superar a "solidão, o estranhamento e o isolamento que descrevem a vasta distância entre homem e homem hoje" era preciso reconhecer que tais mazelas "não podem ser superadas por um melhor gerenciamento pessoal, nem por aparelhos aperfeiçoados, mas somente quando o amor pelo ser humano superar a adoração idólatra das coisas". Em consequência, propõe-se "substituir o poder baseado na posse, no privilégio e

---

[144] Miller, 1987:332.

Da "Velha" à Nova Esquerda: o nascimento da SDS   103

em circunstâncias pelo poder e pela singularidade fundados no amor, na reflexão e na critatividade".

A parte mais importante da seção de valores, porém, e a que mais se aproxima de um programa é aquela em que se descreve o principal conceito pelo qual a *Declaração de Port Huron* ficaria conhecida: a *democracia participativa*.

> Como um *sistema social*, nós buscamos o estabelecimento de uma democracia de participação individual, governada por dois objetivos centrais: que o indivíduo tome parte nas decisões sociais determinantes da qualidade e do direcionamento de sua vida; que a sociedade seja organizada para encorajar a independência dos homens e prover os meios para a sua participação comum. Em uma democracia participativa, a vida política seria baseada em vários princípios fundamentais:
>
> • que a tomada de decisões de consequência social básica seja feita por agrupamentos públicos;
>
> • que a política seja vista de forma positiva, como a arte de criar coletivamente um padrão aceitável de relações sociais;
>
> • que a política tenha a função de tirar as pessoas do isolamento para a comunidade, sendo, portanto, um meio necessário, mas não suficiente, para que se encontre um sentido na vida pessoal;
>
> • que a ordem política deva servir para esclarecer problemas de uma forma instrumental para a sua solução; ela deve prover canais para a expressão de suas queixas e aspirações pessoais; pontos de vista contrários devem ser organizados de modo a iluminar as escolhas e facilitar a conquista de metas; canais devem estar disponíveis a todos para que os homens possam se relacionar com o conhecimento e o poder de forma tal que os problemas privados — de instalações de recreativas ruins à alienação pessoal — sejam formulados como questões gerais.[145]

Nota-se aqui uma das características das propostas que marcariam os movimentos da Nova Esquerda: a convergência entre o *pessoal* e o *político*. A política não é considerada aqui, como na teoria do liberalismo vigente, uma competição entre lobistas; ela também tem um aspecto pessoal, podendo constituir um antídoto contra o isolamento do indivíduo, que, como os críticos dos anos 1950 já

---

[145] Miller, 1987:335.

diziam, implicava não apenas uma solidão de relacionamentos significativos, mas também dos centros de poder, de ideais, de causas pelo bem comum. Trata-se não mais de uma questão de representação eleitoral apenas, mas de ter na atuação política, na participação na direção da comunidade, também a busca de um *sentido para a vida*. Se é a adoção dessa concepção da política o que constitui uma verdadeira democracia, então o sistema representativo e bipartidário em vigor, no contexto de uma sociedade que tende a perseguir seus dissidentes e a desconfiar dos entusiastas das ações coletivas, torna-se insuficiente. Sem um *público* verdadeiramente interessado nas questões do bem comum, como se dirá na terceira seção, intitulada "A sociedade além", as instituições democráticas "se atenuam e se tornam, como num círculo vicioso, progressivamente menos acessíveis àqueles poucos que aspiram à participação séria nas questões sociais". O resultado é a perversão da democracia, por um lado, e o refúgio do cidadão na apatia, uma vez que, sem o devido acesso aos centros de decisão, ele se vê impotente e se retira do debate público, gerando situações como a de uma pesquisa Gallup mencionada no início da seção: embora considerassem provável a ocorrência de uma guerra termonuclear nos próximos anos, os americanos davam à política externa de seu país o 14º lugar no *ranking* dos problemas nacionais. A apatia se manifestava até mesmo na possibilidade da catástrofe.

Apesar da radicalidade dos valores que anuncia, a parte propriamente programática da *Declaração* não tem muito de inovadora em relação a outras propostas de seu tempo e mostra como, apesar do ímpeto reformista, a SDS dispunha-se a lidar com as instituições já existentes. Em linhas gerais, o documento defende a estratégia do "realinhamento" do Partido Democrata, isto é, a expulsão dos *dixiecratas*, ala sulista do partido comprometida com a segregação racial, e a adoção de medidas de bem-estar social por parte do governo. No âmbito da política externa, defende-se o desarmamento, o reconhecimento da soberania das "entidades nacionais" existentes, bem como o auxílio à industrialização dos países subdesenvolvidos.

Uma análise profunda da *Declaração de Port Huron* seria demasiado extensa para os limites deste livro. Entretanto, além dos valores, há três pontos que teriam grande importância no futuro da SDS e que merecem menção: a violência, a postura diante do comunismo e, finalmente, a definição do que uma "nova esquerda" deveria representar.

A primeira não é muito valorizada no documento, citada de forma mais explícita apenas no fim da seção de valores. Ali se afirma que a violência é "horrenda

Da "Velha" à Nova Esquerda: o nascimento da SDS   105

porque geralmente exige a transformação do alvo, seja um ser humano ou uma comunidade de pessoas, em um objeto despersonalizado de ódio". Por conta disso, é "imperativo que os meios de violência sejam abolidos e instituições — locais, nacionais, internacionais — que encorajem a não violência como condição de conflito sejam desenvolvidas". E é só. Nada mais se diz a respeito da violência ou de seu possível uso político, sinal de que, uma vez que o documento tem preocupações essencialmente restritas à sociedade americana, esse recurso extremo não fazia parte das questões desses jovens radicais. Operar *dentro* do sistema para reformá-lo, ainda que mantendo um distanciamento crítico, era a premissa básica da SDS. A democracia norte-americana estava longe de ser perfeita, como insistia a *Declaração de Port Huron*, mas dava aos radicais suficiente liberdade de ação para conceber métodos pacíficos para o seu aperfeiçoamento. Essa era também a linha de pensamento do movimento social de maior destaque então, a campanha pelos direitos civis dos negros.

Quanto ao comunismo, era tratado em duas seções consecutivas: "Anticomunismo" e "Comunismo e política externa". A primeira é uma denúncia do mal que a "paranoia" que o macarthismo e "outras formas exageradas de anticomunismo conservador" fizeram à democracia americana, restringindo o debate público e uniformizando o pensamento sob o pretexto de um perigo iminente. "Esta corrente de eventos no cenário doméstico, rumo a uma maior irracionalidade nas grandes questões, nos leva a uma preocupação maior do que a 'ameaça interna' do comunismo doméstico." Somente o debate aberto e pacífico acerca de pontos de vista opostos, afirma-se, pode alcançar a democracia de fato.

Na seção seguinte, o comunismo soviético propriamente dito é o tema da vez. Como que antecipando críticas, a primeira frase já afirma: "Como democratas, estamos em oposição básica ao sistema comunista". E após enumerar as diversas características pelas quais se reconhece o caráter autoritário do governo soviético e mesmo da estrutura interna dos PCs, o documento diz claramente: "O movimento comunista fracassou, em todos os sentidos, nas suas intenções de liderar um movimento mundial pela emancipação humana".[146] Apesar dessa constatação, reconhece-se que a premissa básica da política externa norte-americana, a de que a URSS "é inerentemente expansionista e agressiva, preparada para dominar o mundo por meios militares", é passível de debate.

---

[146] Miller, 1987:350-351.

[O] Estado soviético usou a força e a ameaça de força para promover ou defender seus interesses nacionais. Mas a típica resposta americana tem sido igualar o uso da força [...] ao início de um massacre militar mundial. Além disso, os conflitos russo-chineses e o aparecimento de rachaduras no movimento comunista pedem uma reavaliação de interpretações monolíticas. E a aparente falta de interesse soviético na construção de um arsenal de armas de primeiro ataque desafia a importância dada à proteção contra ataques-surpresa nas formulações da política americana em relação aos soviéticos.

Quase a despeito da concepção que se tenha a respeito da dinâmica da sociedade e da política externa soviéticas, é evidente que a resposta militar americana tem sido mais efetiva em deter o crescimento da democracia que do comunismo. Mais ainda, nossas políticas predominantes dificultam o encorajamento do ceticismo, [ou] atitudes contra a guerra ou pró-democráticas nos sistemas comunistas. A América fez muito para fomentar a tendência oposta e mais fácil na Rússia: a suspeita, a supressão e a resistência militar inflexível. [...]

Nossa paranoia quanto à União Soviética nos fez incapazes de chegar a acordos absolutamente necessários para o desarmamento e a preservação da paz. Nós mal conseguimos conceber a possibilidade de que a União Soviética, embora não "amante da paz", possa estar interessada no desarmamento.[147]

Ao contrário do usual em manifestos que tratavam do comunismo entre socialistas e liberais, aqui a SDS apontava o dedo não apenas para o "totalitarismo" vermelho, mas para o papel dos próprios EUA na tensão da Guerra Fria e na ameaça nuclear. Apesar da "oposição básica" explicitada — uma concessão "ritual" aos protestos de Harrington[148] —, essa postura ainda era ousada e daria margem para controvérsias posteriores, especialmente se combinada às alterações que Al Haber propôs e aprovou para a constituição da organização.

Até Port Huron, a SLID, e depois a SDS, tinha em seu regimento uma cláusula que excluía da afiliação os "defensores da ditadura e do totalitarismo". Porém, em Port Huron, Haber propôs que a velha restrição fosse reformulada como se segue:

A SDS é uma organização de democratas. É civil libertária no seu tratamento daqueles com os quais discorda, mas clara na sua oposição a qualquer princípio

---

[147] Miller, 1987:351-352.

[148] Ibid., p. 121.

Da "Velha" à Nova Esquerda: o nascimento da SDS   107

totalitário como base para o governo ou a organização social. Defensores ou apologistas de tal princípio não poderão se filiar.

Embora a ideia básica fosse a mesma, Haber mais tarde admitiria que a mudança simbolizava um rompimento simbólico com o anticomunismo tradicional das organizações liberais e socialistas.

Finalmente, em sua conclusão, a *Declaração de Port Huron* definia o papel de uma nova esquerda, aquele ao qual a SDS aspirava, e que só uma organização próxima da universidade poderia desempenhar:

1. Qualquer nova esquerda na América deve ser, em grande medida, uma esquerda com reais habilidades intelectuais [...]. A universidade permite que a vida política seja um adjunto da acadêmica, e que a ação seja informada pela razão.

2. Uma nova esquerda deve se distribuir em papéis sociais significativos em todo o país. As universidades se distribuem assim.

3. Uma nova esquerda deve consistir de gente mais jovem que amadureceu no mundo do pós-guerra, e parcialmente se dirija para o recrutamento de [outros] jovens. A universidade é um óbvio ponto de partida.

4. Uma nova esquerda deve unir liberais e socialistas, os primeiros por sua relevância, os últimos por seu senso de reformas amplas no sistema. A universidade é um local mais sensível que um partido político para que essas duas tradições comecem a discutir suas diferenças e a procurar por uma síntese política.

5. Uma nova esquerda deve iniciar a controvérsia pelo país, se for para reverter as políticas e a apatia nacionais. A universidade ideal é uma comunidade de controvérsia, em si mesma e nos seus efeitos sobre as comunidades além.

6. Uma nova esquerda deve transformar a complexidade moderna em questões que possam ser entendidas e sentidas de perto por todo ser humano. Ela deve dar forma aos sentimentos de impotência e indiferença, de modo que as pessoas possam ver as fontes políticas, sociais e econômicas de seus problemas pessoais, e se organizar para mudar a sociedade. Em uma época de suposta prosperidade, complacência moral e manipulação política, uma nova esquerda não pode confiar apenas em barrigas vazias para ser a força motriz da reforma social. O caso pela mudança, por alternativas que envolverão esforços pessoais desconfortáveis, deve ser discutido como nunca antes. A universidade é um lugar relevante para todas essas atividades. [...]

Como estudantes por uma sociedade democrática, nós nos comprometemos a estimular esse tipo de movimento social, esse tipo de visão e programa nos campi e na comunidade em todo o país.[149]

Definidas essas funções e reafirmado o compromisso, o manifesto encerra com um toque camusiano: "Se nós parecemos buscar o inatingível, como foi dito, então que se saiba que fazemos isso para evitar o inimaginável".

Ao fim da reunião, a SDS tinha seu mais importante documento fundador, ainda sem ideia da difusão que ele teria nos anos seguintes. Escrevendo 25 anos depois, Hayden ainda não escondia o entusiasmo com a *Declaração de Port Huron*:

> Era uma ambiciosa e abrangente declaração de valores, ainda mais no contexto da época. Nós estávamos rejeitando o conceito limitado de democracia que prevalecia então, no qual a capacitação, a especialização e a burocracia contavam mais que a vontade popular. Lutávamos pelo direito ao voto, mas o que mais queríamos era a *participação* [...]. Em parte, nosso idealismo democrático provinha de uma raiz populista, a crença em que um público informado tomaria decisões "melhores" quanto aos seus próprios interesses do que qualquer outra pessoa. Mas o que parece mais ousado em retrospecto foi termos vislumbrado um processo novo e alternativo que envolvia as pessoas como seres humanos independentes e criativos, expressando uma nova força fora das instituições existentes, uma sociedade à parte do Estado, reabilitando-se da apatia e por isso dissolvendo as estruturas imediatas de sua opressão.

Ao fim do longo processo de composição coletiva do rascunho final da *Declaração*, ao raiar da manhã de 15 de junho de 1962, alguns dos delegados foram assistir à aurora à beira do lago Huron, de mãos dadas. O senso de euforia que os dominava pode ser resumido nestas palavras de Sharon Jeffrey, namorada de Al Haber e também um dos primeiros membros da SDS: "Foi extasiante. Sentíamos que éramos diferentes, e que íamos fazer as coisas de forma diferente. Pensávamos que sabíamos o que tinha de ser feito, e que iríamos fazê-lo. Sentíamos que era o alvorecer de uma nova era".[150]

Estava lançado o primeiro sumário de princípios da Nova Esquerda.

---

[149] Miller, 1987:373-374.
[150] Ibid., p. 125.

3
As decepções com o liberalismo: 1962-66

Não são os rebeldes que causam os problemas do mundo.
São os problemas do mundo que causam os rebeldes.
Carl Oglesby, SDS

Come you ladies and you gentlemen and listen to my song;
Tell it to you right but you may take it wrong;
I know you're busy, but take a little rest;
It's all about the organizers, work for SDS;
It's a hard time in the North, working for the SDS.

Oh, well, you go to your block and you work all day;
Til way after dark but you get no pay;
You talk about the meeting, the people say they know;
You come to the meeting and three or four show;
It's a hard time in the North, working for the SDS.
Canção do Newark Community Union Project/Erap
(na melodia de *Penny's farm*, de Peter Seeger)*

---

* Sale, 1974:131. A letra diz: "Venham, senhoras e senhores, e ouçam minha canção / Conto direito para vocês, mas vocês podem entender mal / Eu sei que estão ocupados, mas tirem uma folguinha / Ela é sobre os organizadores, o trabalho para a SDS / São tempos difíceis no Norte, trabalhando para a SDS / Oh, bem, você vai para seu quarteirão e trabalha o dia todo / Até bem depois de escurecer e não ganha nada / Você fala sobre a reunião, e as pessoas dizem que já sabem / Você vai para a reunião e três ou quatro aparecem / São tempos difíceis no Norte, trabalhando para a SDS".

O "fogo amigo": choques com a Velha Esquerda

Port Huron foi o ponto culminante na curta carreira da SDS até então. Entretanto, para grande surpresa daqueles que desfrutavam a satisfação de, no dizer de Richard Flacks, terem "feito algo importante"[151] com a conclusão do último rascunho do documento, a alegria da convenção logo deu lugar a uma crise.

Como se viu, as relações entre a LID e a SDS por vezes eram tensas, e o conflito com Michael Harrington na convenção foi uma mostra de até onde a preocupação da LID com a adoção de posições pró-comunistas por parte de seu departamento estudantil podia chegar. O atrito entre ambas as partes, porém, poderia ter se encerrado ali, com a menção à "oposição básica" da SDS ao comunismo soviético e à denúncia sóbria que fora incluída na *Declaração* quanto ao caráter antidemocrático do sistema político da URSS. Porém, não foi assim: ao chegar a Nova York, Harrington entrou em contato com Rachelle Horowitz, uma das participantes da convenção e que, como ele, tinha ligações com a Young People Socialist League. Harrington quis saber se suas objeções ao texto de Hayden tinham sido levadas em conta pela convenção; quando ouviu um *não* como resposta, ele alertou seus colegas na LID.[152]

Em 28 de junho de 1962, Alan Haber e Tom Hayden compareceram a uma reunião "de emergência" na sede da LID em Nova York. A *Declaração de Port Huron* ainda não havia sido publicada, uma vez que o texto final ainda não fora concluído. Tudo o que os líderes da organização-mãe da SDS tinham era a palavra de Harrington e seus observadores em Port Huron (além de Horowitz, havia ainda Tom Kahn e Richard Roman, todos da YPSL), e, no máximo, o primeiro rascunho do documento.

As narrativas desse encontro — de Gitlin, Miller, Sale (Hayden, um dos protagonistas, não chega a descrevê-la) — são quase todas simpáticas à posição da SDS, atribuindo as precauções da LID a um excesso de zelo contra uma ameaça supostamente imaginária e/ou a um mal-entendido fomentado pelos membros da YPSL, que, por sua vez, eram shachtmanitas e podiam ter interesse em enfraquecer a SDS. Em todas, porém, vê-se o tema comum da divergência geracional: para os membros da LID, liberais e socialistas veteranos que em sua maioria haviam tido sua própria cota de ativismo juvenil na década de 1930, o distanciamento e a denúncia do regime soviético e tudo o que ele representava era uma condição

---

[151] Miller, 1987:125.
[152] Ibid., p. 126.

As decepções com o liberalismo: 1962-66

sine qua non de qualquer política saudável de esquerda, especialmente diante da realidade da Guerra Fria; para o pessoal da SDS, esta última era justamente um dos fatores que haviam contribuído para que a sociedade americana deixasse de encarar seus problemas internos e se contentasse com uma "democracia" que, ao mesmo tempo em que apontava mísseis para o Oriente, tolerava a segregação racial e o assassinato impune de negros em lugares como o Mississipi.

Nesse contexto, Harrington, 34 anos, que se dizia o "mais velho jovem socialista vivo", encontrava-se inicialmente num meio-termo. Tendo herdado de sua convivência com Max Shachtman a aversão extremada ao comunismo, Harrington tinha, porém, simpatias pela Nova Esquerda e uma amizade pessoal com Tom Hayden. Ele tinha "acabado de publicar um artigo em *Dissent*[153] advertindo os socialistas democratas a não atacarem a recém-radicalizada Nova Esquerda", cujas inclinações mais suspeitas aos olhos dos mais velhos, como as simpatias por Fidel Castro, eram fruto de um "sentimento complexo" que não podia ser encarado como um compromisso ideológico, e só poderia ser eficazmente mudado pela persuasão por parte dos mais experientes, levando em conta "os bons sentimentos por trás das más teorias". Não obstante, o "antianticomunismo" mostrado pela SDS em Port Huron, sem falar nas críticas feitas ao sindicalismo, um dos pilares da visão socialista/social-democrata dos membros da LID, haviam se tornado um incômodo grande demais. Quando os líderes da SDS chegaram à reunião, Harrington, que não pôde comparecer, já havia convencido o Comitê Executivo da LID de que seus protegidos estavam flertando perigosamente com o totalitarismo.[154]

Nessa reunião, Hayden expôs as ideias principais de Port Huron, reconhecendo que a SDS não havia tomado ali uma posição doutrinária socialista ou liberal. Porém, quando chegou à questão da política externa norte-americana e à posição em relação à URSS, seus interlocutores na LID começaram a inquiri-lo de forma mais dura.

> [Harry] Fleischman [membro do Comitê Executivo da LID] objetou: "Há alguma análise de como os comunistas trouxeram um ônus geral sobre si mesmos?"
> Hayden já não podia mais erguer uma defesa sólida. "Isso não está no manifes-

---

[153] Periódico publicado por Irving Howe, aberto às várias cores da esquerda democrática norte-americana.

[154] Gitlin, 1987:117.

to", ele concedeu: "Nós pusemos a culpa na América não comunista". [Hayden] explicou que não havia conhecido muita gente com experiência de primeira mão dos comunistas, e "teria de recorrer à sua experiência". [Vera] Rony [outro membro do Comitê], agora martelou: "Você não teria de recorrer à experiência de Harry. [Há] inúmeros livros sobre esse tipo de coisa. Vocês se consideram intelectuais, é de se esperar que tenham lido esse tipo de livro".[155]

O debate seguiu nesse tom, mas, como a SDS divulgaria internamente pouco depois, terminaria de forma ainda cordial. Em 3 de julho, os dois líderes da SDS seguiram para Washington sob os auspícios da própria LID, para um encontro com o historiador Arthur Schlesinger Jr. e com congressistas liberais simpatizantes de iniciativas de desarmamento. Gitlin conta que:

> Eu estava jantando com Haber e Hayden em meu apartamento em Washington, no começo de julho, quando eles receberam um telefonema de Nova York alertando-os de que a LID os tinha convocado para uma audiência de emergência. Eles partiram para Nova York, até onde lembro, sem terminar o jantar.

Os dois foram intimados a comparecer no dia 6 de julho, a fim de que se apurasse "se os funcionários da SDS agiram e planejam agir de acordo com os princípios básicos da organização-mãe". Até lá, todo o material da SDS relativo às posições da organização deveria deixar de ser distribuído. Ao que tudo indicava, um clima inquisitorial pairava sobre as duas entidades e a LID se mostrava disposta a atitudes drásticas, uma vez que a nova convocação se dava apenas um dia depois de uma reunião de diretoria da qual Haber, que tinha o direito de assisti-las, não fora avisado.

Se a primeira reunião fora difícil, a segunda, que contou com a presença muito incisiva de Michael Harrington, foi mais ainda. Num recinto cheio de sindicalistas, representantes do Comitê Trabalhista Judaico e membros do Partido Socialista, foi contestado o próprio direito de a SDS ter tido uma convenção própria, uma vez que ela era uma "não organização", ou seja, um departamento da LID. Além desse ataque à própria legitimidade de Port Huron, houve também a acusação de procedimentos antidemocráticos, pois a delegação de Michigan — coração do núcleo intelectual da SDS — teria sido sobrerrepresentada e o documento que viria a constituir a *Declaração de Port Huron* havia sido *dado* aos delegados, quando um texto desse

---

[155] Miller, 1987:128.

As decepções com o liberalismo: 1962-66

porte deveria levar pelo menos um ano de discussão. Finalmente, veio a questão da presença de Jim Hawley, o representante do Progressive Youth Organizing Committee (Pyoc), notoriamente um braço do Partido Comunista. Segundo Miller (1987:131), ao mencionar essa ligação do Pyoc com o PC, Harrington já estava gritando. Quando Hayden replicou que a convenção havia simplesmente aceitado a presença de um observador, e não endossado as ideias da organização que ele representava, Harry Fleischman resumiu em poucas palavras a repulsa despertada pelo comunismo: "Vocês dariam assento aos nazistas também?".

A reunião durou duas horas tensas. A LID queria menções explícitas aos pecados soviéticos — a invasão da Hungria, o Muro de Berlim, a quebra do tratado de banimento dos testes atômicos —, pois a SDS havia usado "dois pesos e duas medidas" ao avaliar as responsabilidades dos EUA e da URSS na Guerra Fria; contestou a escolha pela convenção de Steve Max, filho de comunistas, como secretário de campo, bem como a participação da SDS num protesto conjunto com o Pyoc contra a organização juvenil conservadora Young Americans for Freedom (YAF); e questionou as relações cordiais entre Haber e uma certa Conferência Mundial contra Bombas Atômicas e de Hidrogênio, de um grupo japonês liderado por simpatizantes da URSS. Os representantes da SDS, por sua vez, alegaram em sua defesa que a LID estava se baseando em evidências prematuras, que as críticas de Harrington haviam sido levadas em consideração em Port Huron, e, que, se lhes fosse dado o prazo de uma semana, trariam a versão final de seu manifesto para que fosse examinada.

O resultado não poderia ter sido mais desastroso para os estudantes: Haber e Hayden, respectivamente secretário nacional e presidente da SDS, além de Steve Max, tiveram seus salários suspensos, e todos os documentos da organização teriam de passar pelo exame prévio da LID. Richard Roman, do círculo de Harrington na YPSL, ocuparia interinamente o cargo de Haber. E, como os membros da SDS logo descobririam da pior forma, a LID secretamente cortou todas as verbas da organização e trocou a fechadura do Escritório Nacional, confiscando dessa forma o maior patrimônio dos estudantes: a lista de correio laboriosamente cultivada nos últimos anos, isolando a cúpula da SDS de sua própria base (e assim evitando qualquer protesto público ou pedido de apoio). Essa simples atitude chocou-os ainda mais que a inquirição sobre o comunismo. Nas palavras de Bob Ross:

> Todos sentimos como se nossas carreiras fossem ser arruinadas, e que os melhores liberais da América estavam prestes a nos acusar de comunistas até

nos destruírem [*red-baiting us out of existence*]. Nós sabíamos que não éramos comunistas, mas a ideia de que a nossa organização-mãe pensasse que o éramos, era kafkiana.

Já Hayden, principal porta-voz da SDS diante da LID, concluiria que "social-democratas não são radicais e não se pode confiar neles em um movimento radical. Isso me ensinou o que os social-democratas realmente pensam a respeito de liberdades civis e integridade organizacional".[156] Mais do que um choque político, criara-se um problema também de caráter pessoal, sobretudo porque Hayden não apenas admirava Harrington mas também tinha laços pessoais com ele.

Mais do que uma rusga institucional, para os membros da SDS estava em jogo o seu futuro como ativistas políticos. Como o comentário de Ross ilustrou, uma reputação de pró-comunismo poderia fechar muitas portas e, para uma organização ainda minúscula, sem qualquer autonomia financeira e que não queria fazer parte da desacreditada extrema esquerda, seria certamente o fim. A manutenção dos laços com a comunidade liberal era, para a SDS, uma questão de vida ou morte caso ela alimentasse alguma esperança de representar uma esquerda renovada nos EUA.

Entretanto, a preocupação da LID não era de todo gratuita. Além do fato de a condenação ao comunismo só ter sido incluída em Port Huron *após* a discussão com Harrington — o que, em si, já demonstrava a pouca importância dada ao tema por uma SDS mais preocupada com problemas nacionais —, havia outros. Não era segredo para ninguém a popularidade que o líder revolucionário cubano Fidel Castro gozava na esquerda estudantil americana, e a SDS não era exceção. Embora o ápice do movimento *Fair Play for Cuba* (Jogo Limpo com Cuba) já tivesse ficado para trás, em 1960/61,[157] quando Castro ainda não tinha explicitado a opção pelo bloco comunista, era frequente que determinadas organizações — inclusive a própria National Student Association — promovessem viagens à ilha, que continuaram, ainda que com mais dificuldade, depois do bloqueio imposto pelo governo americano. Inclusive no desarrumado Escritório Nacional da SDS havia uma mesa destinada a um grupo que realizava tais excursões, e Paul Potter, um dos quadros mais importantes da organização e que mais tarde seria eleito seu presidente, já

---

[156] Sale, 1974:65.
[157] Gosse, 2005:61.

As decepções com o liberalismo: 1962-66 115

havia participado de uma, tendo interagido com estudantes cubanos e voltado com uma ótima impressão.[158] Para os membros da LID presentes à audiência, que levavam a repulsa ao comunismo tão a sério a ponto de um deles abrir a camisa e mostrar aos líderes estudantis uma cicatriz adquirida num confronto *físico* com membros do PC na década de 1930, esse tipo de complacência era moralmente inadmissível e também uma vulnerabilidade política. Afinal, como a SDS poderia, por um lado, defender a democracia participativa e, por outro, tolerar ou ocasionalmente cooperar com simpatizantes de regimes totalitários? Isso sem falar na questão institucional, ou seja, de o departamento estudantil da LID — uma condição subordinada que Harrington fez questão de enfatizar na sua argumentação — ir de encontro à posição da organização-mãe numa questão como a do anticomunismo, tão cara a socialistas e liberais. E por trás de tudo estava a própria história da LID: afinal, num momento em que a ala estudantil era quase tudo o que a organização tinha de relevante, o drama da defecção da SLID nos anos 1930 não poderia se repetir.

Uma dinâmica muito parecida ocorreria pouco mais de um ano depois, em outubro de 1963. Nessa ocasião, Tom Hayden, Lee Webb, Paul Potter, Steve Max e Todd Gitlin se encontraram com um grupo de editores de *Dissent*, entre os quais Irving Howe e Michael Walzer, que fora professor de Gitlin. A reunião se deu na luxuosa casa de Joseph Buttinger, também editor e um dos patrocinadores da revista, e que fora um dos líderes do Partido Socialista Austríaco na resistência clandestina contra Hitler. Narrado de formas diferentes por Gitlin e Howe, o encontro ilustraria novamente o grau de divergência entre a Velha e a Nova Esquerda nesse momento.

> Neste encontro, duas gerações se sentaram face a face, esforçando-se para ultrapassar os espaços do tempo. Nós trazíamos cicatrizes, eles estavam ilesos. Nós tínhamos marcas de "corrosão e desconfiança", eles ansiavam por ilhas de fraternidade. Nós tínhamos nos tornado cada vez mais céticos do marxismo, eles estavam desacorrentados ao sistema. Nós tínhamos saído de uma classe operária imigrante, uma experiência pouco favorável a que mantivéssemos visões românticas dos pobres; eles, filhos de liberais fervorosos e radicais esfriados, esperavam encontrar um caminho rumo às vidas e à sabedoria dos oprimidos. ("Eu vivo em Newark entre os ratos", disse orgulhosamente Tom

---

[158] Gitlin, 1987:122.

Hayden para um enteado meu de quatorze anos, que olhava fascinado para ele, como se fosse um herói condecorado).

Ambos os lados neste encontro favoreciam a crítica social, ambos não tinham qualquer gosto pelas vanguardas marxistas-leninistas, ambos viam o socialismo como uma sociedade de liberdade. Parecia, à primeira vista, que poderia haver uma união das duas gerações da esquerda.[159]

A essa época, a SDS ainda era uma organização minúscula, cujas maiores realizações ainda eram panfletos e o manifesto de 1962. "Conversaríamos com qualquer um que quisesse falar conosco sobre o modesto empreendimento de mudar o mundo", disse Gitlin, rememorando o episódio quase 25 anos depois.[160] Ao contrário do episódio com a LID no ano anterior, aqui não havia o intuito preconcebido de condenar e reprimir. E Howe havia ficado bem impressionado com a cortesia e a "evidente sinceridade" dos jovens, e particularmente com o brilhantismo de Hayden. Entretanto, não demorou para que a troca serena de ideias começasse a ganhar um tom mais forte assim que os representantes da SDS tentaram explicar sua concepção de democracia.

> [Eles] ficaram usando o termo "democracia participativa", pelo qual se referiam a uma sociedade em que as massas da população não apenas votariam a cada tantos anos, mas se tornariam cidadãos ativos e articulados, dotando as "formas" democráticas de uma substância popular. Isso parecia bom para nós, até que eles começaram a comparar esta "democracia participativa" com a "democracia representativa" em que vivíamos, como se de algum modo elas fossem contrárias. [...] Isso soou parecido demais com a inconsequência de nossa juventude, quando os stalinistas e mesmo alguns socialistas costumavam desdenhar a "mera" democracia burguesa.[161]

Novamente, o espectro dos anos 1930, quando Howe havia começado sua militância, se fez sentir. Mas questões atuais também foram marcantes. Também inquietante era a

> disposição do pessoal da SDS para desculpar a falta de liberdade em Cuba, um país que lhes parecia o lar de um comunismo melhor ou mais glamouroso. Eles,

---

[159] Howe, 1982:291-292.
[160] Gitlin, 1987:171.
[161] Howe, 1982:292.

As decepções com o liberalismo: 1962-66

por sua vez, deixaram claro o seu desgosto por nosso "rígido anticomunismo" e nossa falta de sensibilidade aos novos humores dos jovens.[162]

Cuba foi o pivô de algumas demonstrações de impaciência por parte dos editores de *Dissent*. De acordo com Gitlin, um deles, Emanuel Geltman, irritou-se a ponto de fazer uma "diatribe" contra a posição de Hayden.

A posição sobre Cuba era coerente com a postura de "apoio crítico" que a SDS adotava em relação às revoluções que se espalhavam pelos países do chamado Terceiro Mundo. Para os seus membros, Hayden entre eles, "revolução" não era algo com que eles já tivessem experimentado alguma decepção, como era o caso dos veteranos anticomunistas da LID, muitos dos quais haviam sido em algum momento entusiastas da Revolução Russa. Para os jovens estudantes em 1963, era perfeitamente concebível que um país como Cuba, cuja revolução fora liderada por um ex-líder estudantil não ligado ao Partido Comunista, descobrisse um modelo socialista alternativo ao da URSS: "Cuba era a fronteira revolucionária, o ainda-não-conhecido".[163] Essa postura era coerente com a *Declaração de Port Huron*, que dizia, no tópico "A industrialização do mundo":

> A teoria democrática deve enfrentar os problemas inerentes às revoluções sociais. Para os americanos preocupados com o desenvolvimento de sociedades democráticas, os movimentos anticoloniais e as revoluções nas nações emergentes apresentam sérios problemas. Nós temos de encarar estes problemas com humildade: depois de 180 anos de governo constitucional, ainda estamos lutando pela democracia em nossa própria sociedade. Devemos reconhecer que a democracia e a liberdade não ocorrem magicamente, mas têm raízes na experiência histórica; elas não podem ser sempre exigidas para todas as sociedades a qualquer tempo, mas devem ser cultivadas e facilitadas. Temos de evitar a projeção arbitrária das formas democráticas anglo-saxãs nas diferentes culturas. Em vez do capitalismo democrático, devemos antecipar variações mais ou menos autoritárias de socialismo e coletivismo em muitas sociedades emergentes.
>
> [...] Os americanos podem contribuir para o crescimento da democracia em tais sociedades não com moralismos ou o prejulgamento indiscriminado, e sim mantendo uma identificação crítica com essas nações, e ajudando-as

---

[162] Howe, 1982:292.

[163] Gitlin, 1987:122.

a evitar ameaças externas à sua independência. Junto com os estudantes e radicais nessas nações, nós precisamos desenvolver uma teoria razoável da democracia que seja concretamente aplicável às culturas e condições de um povo faminto.[164]

Na prática, isso significava alguma forma de cooperação ou boa vontade com determinados regimes, mesmo que eles não apresentassem, no momento, um nível ideal de democracia. O que não é dito na *Declaração*, mas possivelmente ficou óbvio aos olhos do pessoal de *Dissent*, é que isso poderia incluir regimes não capitalistas — uma posição que podia atrair elementos indesejáveis da esquerda e, certamente, abrir a guarda a ataques da direita, uma vez que, se os tempos do senador McCarthy já tinham passado, o *red-baiting* ainda era uma arma política muito poderosa.

Para Gitlin, também presente, a questão cubana não foi o mais marcante e, sim, a exposição que Hayden, veterano das campanhas no Sul, fez dos princípios da não violência gandhiana — nessa época, um elemento essencial da campanha pelos direitos civis dos negros e, por extensão, da Nova Esquerda, consagrada também, de maneira menos explícita, em Port Huron. "Você tinha de amar a todos, insistiu Hayden." A réplica de Howe, evocando a mesma atitude de Harry Fleischman, foi: "Você conseguiria amar um fascista, Tom?". Hayden respondeu que sim. Howe, chocado, treplicou dizendo que não poderia amar Hitler. E ainda questionou como um defensor da não violência poderia ser ao mesmo tempo um apologista de Fidel Castro, que falava em exportar a revolução (obviamente violenta) para outros países.[165]

Howe viria a reconhecer mais tarde que ele e seus colegas haviam sido muito duros e "didáticos" com os rapazes da SDS. "Não teria sido melhor termos tido um pouco mais de tato, estado um pouco mais dispostos a um toma-lá-dá-cá em vez de apenas pronunciarmos opiniões?" Mas ele conclui que a colisão era inevitável, pois os socialistas que eles representavam não podiam abrir mão da convicção, reforçada ao longo de décadas de luta com os stalinistas, de que seus ideais só tinham futuro se fossem desassociados de qualquer regime autoritário, na URSS, em Cuba ou qualquer outro país. E no brilhantismo e no carisma de Tom Hayden, que falava ao mesmo tempo em favor de Gandhi e de Fidel Castro,

---

[164] Miller, 1987:361.

[165] Ibid., p. 173.

As decepções com o liberalismo: 1962-66

os editores de um dos mais expressivos órgãos da Velha Esquerda viram outra associação perigosa:

De modos contidos, agarrando-se a alguma raiva pessoal obscura, ele falava como se já fosse um "político" hábil e experiente; após a reunião, um número de Dissenters comentou espontaneamente que no estilo contido de Hayden — aquele ar de distância sugerindo reservas de poder — quase se poderia ver o início de um comissário. Ao longo de toda a década de sessenta, eu continuei encontrando Hayden, ficando, a cada vez, impressionado com seus talentos, mas também convencido de que alguns venenos autoritários deste século haviam penetrado nas profundezas de sua mente.[166]

Do ponto de vista da SDS, à desconfiança juntou-se também certo desprezo. Howe e os seus companheiros representavam

o dissenso: a negação ao lado da parada. Por nobres que fossem, eles tinham se reconciliado com seu fracasso em mudar o curso da história; eles eram, como Howe disse, "anti-heróis da história", enquanto nós ansiávamos por ver a história seguir o nosso jeito ao menos uma vez no século XX. Por força de serem intelectuais, eles eram, a nosso ver, inativistas. Eles tinham política; nós éramos política. Queríamos saber o que as pessoas estavam preparadas para fazer; o que elas pensavam era secundário. Todos eles estavam esperando aquele sempre adiado momento em que a política pura iria surgir. Eles eram os utópicos, nós os realistas. Nós estávamos lá fora organizando as massas, ou ao menos tínhamos essa aspiração.
[...] Quando saímos, Buttinger chamou Tom e a mim a um canto e deu-nos exemplares de um grosso livro que ele tinha escrito sobre o colapso da oposição socialista clandestina à Anschluss de Hitler. O título era No crepúsculo do socialismo. [...] Nós sentimos a bondade e a tolerância de Buttinger, respeitávamos o seu heroísmo. Mas, embora não fosse culpa dele, a história o tinha condenado a ser um perdedor. Não eram para nós as elegias do crepúsculo; eram para nós as celebrações da aurora!

A menção de Gitlin revela algo mais além da natural indignação de jovens frustrados com a incompreensão de seus antecessores. Ela mostra também um

---

[166] Howe, 1982:293.

diagnóstico *moral* e *político* de como essa primeira geração da SDS via esquerdistas da estirpe de Howe: como idealistas veneráveis que, no entanto, tinham sempre a mesma posição: "a poltrona" (palavras dele). Enquanto jovens como Hayden levavam seu idealismo aos grotões, mesmo com risco de vida, pondo seus ideais em *ação* e procurando defini-los em torno de questões de grande alcance não só propriamente político, mas também filosófico, como a construção de laços mais intensos de fraternidade e a busca de uma *filosofia de vida* por meio do combate direto às mazelas sociais, Howe e seus colegas, como um ano antes os dirigentes da LID, pareciam estar mais preocupados em cobrar a adoção de clichês antissoviéticos. Aos olhos da SDS, essa espécie de "miopia" jamais iria mudar o mundo, mas certamente, como nessas duas ocasiões, ajudariam a manter o *status quo*.

Havia também uma diferença na abordagem do ser humano. Para os estudantes da Nova Esquerda que se firmava, um comunista, socialista ou anarquista, assim como um liberal ou um conservador, era antes de tudo um *ser humano*. No caso em questão, como ilustra o diálogo entre Hayden e Fleischman, a experiência direta da cúpula da SDS com os comunistas era limitada, muitas vezes indireta: dava-se mais pelos "bebês de fralda vermelha" (muitos dos quais não eram comunistas) que por seus pais. O próprio Steve Max, que a LID quis demitir a pretexto das antigas ligações de sua família com o PC e de sua participação temporária num movimento juvenil do partido (embora Richard "Dick" Flacks e Robert "Bob" Ross também tivessem ligações de família similares), era um bom exemplo de que um comunista não era necessariamente o "inimigo". À parte o fato de o PC ser considerado pelos estudantes uma força política derrotada, e portanto incapaz de oferecer ameaça, havia a convicção de que a argumentação séria e bem fundamentada — indispensável na formação do *público* exigido pela democracia participativa[167] — seria o suficiente para convencer os outros da justiça da causa da Nova Esquerda. E se a argumentação não bastasse, havia sempre o testemunho moral da ação direta, tal como a campanha dos direitos civis, e o SNCC em particular, estava demonstrando. Era essa disposição de ir até o fim pela justiça que estaria faltando àqueles ainda apegados à lógica da Guerra Fria.

Não era essa a única diferença em questão, naturalmente. Ligadas à postura divergente sobre o comunismo, estavam outras características da Velha Esquerda que entravam em choque com o ideário da SDS:

---

[167] Cf. o capítulo 1.

As decepções com o liberalismo: 1962-66

[A] velha esquerda como um todo compartilhava a ideia do operariado industrial como o agente de transformação do capitalismo para o socialismo. Diferenças específicas à parte, a velha esquerda via os operários industriais em geral e os sindicatos em particular como o locus de suas bases em potencial. Embora frequentemente preocupada com questões como o racismo, a velha esquerda, porém, não considerava que os setores da população fora da classe operária fossem fundamentais para a transformação socialista.

[...]

[A] velha esquerda em geral adotava uma interpretação econômica da história, do capitalismo e da política de esquerda. Com algumas exceções, a velha esquerda tendia a ver questões como a alienação, a burocracia e a cultura como secundárias, na melhor das hipóteses [...]. Em quarto lugar, a velha esquerda acreditava em reformas "progressistas" do capitalismo a partir de cima. Eles trabalhavam com facilidade e dedicação na política eleitoral, algumas vezes por um candidato próprio, frequentemente dentro do Partido Democrata. Finalmente [...], os grupos da velha esquerda eram orientados para uma política estratégica. Havia, claro, diferenças importantes nessa área, mas no geral a velha esquerda via o partido político (leninista ou não) como a principal forma organizacional de sua atividade.[168]

A Nova Esquerda representada pela SDS inspirava-se, como foi dito, no existencialismo de Albert Camus e estava profundamente preocupada com a relação entre o apelo moral e a reflexão política, ao mesmo tempo em que se voltava principalmente, nesse momento, para a sociedade norte-americana. As querelas que haviam sido tão marcantes para a LID e o pessoal de *Dissent*, e que se refletiam na atenção dada à política externa e à linha *correta* a manter em relação aos soviéticos (pelo que Harrington se batera em Port Huron) não tinham muito significado, se vistas por essa perspectiva. Em outras palavras, aos olhos de Hayden e seus colegas, enquanto os mais velhos se preocupavam com um outro país — sobre o qual eles não tinham qualquer influência — e com uma seita política em declínio, problemas como a luta contra a segregação racial e a alienação eram muito mais próximos e urgentes.

---

[168] Breines, 1989:15.

No depoimento de Todd Gitlin, expresso em suas memórias, e dos demais participantes dos encontros (coletados por James Miller), e mesmo no de Irving Howe, esses dois choques entre duas gerações de ativistas são comentados com certa melancolia retrospectiva. De um lado, o editor de *Dissent* reconhece que, embora "um choque fosse inevitável",[169] o encontro fora muito malconduzido pelos mais velhos, irritados com a suscetibilidade da SDS a figuras como Fidel Castro. Ele percebia, contudo, que "algo bom, um radicalismo nativo não dogmático", podia nascer daquele movimento estudantil, e afirma que "Port Huron ainda me impressiona como uma nova explosão de um radicalismo democrático americano".[170] Da parte da SDS, alguns erros também são reconhecidos. Embora postos contra a parede pela abordagem severa e implacável dos veteranos, reconheceriam anos depois que o comunismo não era tão desimportante quanto lhes parecia à época. Nas palavras de Hayden, comentando em entrevista a Miller o episódio da LID, se os estudantes de 1962 tivessem sido coerentes com os princípios políticos e morais que professavam, "aqueles de nós que se indignavam com uma guimba de cigarro sendo apagada no pescoço de um estudante negro no Sul deveriam ter ficado igualmente preocupados com um picador de gelo posto no cérebro de Trotsky".[171] "Em certo ponto", comenta Miller, "o debate deixara de ser sobre princípios, e se tornara, em vez disso, uma luta pela autonomia da geração mais jovem."[172] Uma admissão feita pelo próprio Hayden a Todd Gitlin, quando Irving Howe lhe perguntara se ele seria capaz de amar um fascista, ilustrava bem esse componente da relação da SDS com os veteranos: "Eu não sei se era capaz de amar um fascista na época, mas se Irving Howe insistia em que eu não poderia, eu provavelmente diria que podia, sim. É desse tipo de dinâmica insalubre que me recordo mais".[173]

No campo prático, esses choques tiveram poucas consequências. As medidas tomadas pelos superiores da SDS em 1962 foram quase todas revogadas depois que os principais líderes da organização lhe enviaram uma carta formal — segundo Gitlin, escrita em três dias numa reunião ininterrupta no apartamento de Steve Max — apresentando sua defesa e alegando que "o problema básico [...] era que a

---

[169] Howe, 1982:292.
[170] Ibid., p. 293.
[171] Miller, 1987:138.
[172] Ibid., p. 138.
[173] Gitlin, 1987:173.

As decepções com o liberalismo: 1962-66

LID não queria aceitar a SDS como a voz de 'uma geração diferente'".[174] O único senão foi a situação de Steve Max: os veteranos mantiveram a recusa de lhe pagar um salário, e o novo secretário de campo passou a exercer suas funções vivendo num nível de subsistência com sobras da verba do Escritório Nacional e com doações de seus colegas. Em compensação, Michael Harrington escreveu uma carta em que lamentava a "confusão de todos os lados" e Hayden, por sua vez, jurou lealdade às tradições da LID, ressalvando, porém, que "estar 'numa tradição' não deve ser confundido com ser 'tradicional'". Em setembro, uma declaração de princípios conjunta selou o armistício formal entre as duas gerações.

As tensões entre as duas organizações, porém, continuariam pelos anos seguintes. Ainda no mesmo ano, a LID tentaria censurar um relatório interno da SDS escrito por Hayden, em que este fazia referência aos efeitos "difamadores" das acusações dos veteranos. Em setembro de 1962, Michael Harrington teve de ouvir de Casey Hayden, membro da SDS e esposa de Tom, que ela "agora sabia como era ser atacada por stalinistas". "Eu tinha perdido a confiança dos jovens", reconheceria Harrington, em retrospecto. Para Tom Hayden,

> A situação criou um senso de "eles" — os velhos esquerdistas — e "nós" [...]. Agora estávamos em luta. Eles — não a direita — estavam tentando impedir o crescimento de uma nova força radical. Os nomes com que nos chamaram reforçaram nossa identidade de nova esquerda [...] Foi essa experiência comunal positiva em Port Huron, seguida por essa luta pela nossa própria identidade, que criou uma definição tão aguda de nós mesmos. É uma experiência única sentir que você mesmo é um agente de transformação. Nós sentimos [que] "este é o nosso destino".[175]

Depois de Port Huron

Apesar de ter saído do choque com a LID com uma consciência aguda do próprio valor, a SDS ainda era uma organização pouco conhecida, pouco influente e com uma infraestrutura frágil. Com apenas algumas centenas de membros, dos quais somente uma parte — quiçá a metade — pagava a modesta taxa de filiação, suas propostas e análises ainda estavam restritas a um circuito relativamente limitado, mesmo no universo estudantil. Sua capacidade de mobilização era

---

[174] Gitlin, 1987:119.
[175] Miller, 1987:140.

pouca, não só pelo número modesto de membros, mas também pelo fato de sua única manifestação visível como organização nacional ser o escritório na sede da LID, em Nova York, responsável pela articulação entre os núcleos existentes em algumas universidades espalhadas pelo país, então em número de nove. Operado essencialmente por três pessoas, o chamado NO — abreviação de National Office (Escritório Nacional) —, funcionava com certo grau de precariedade, sem condições para atender a grandes aumentos nos pedidos de informação ou de envio da crescente literatura produzida pela SDS. Nas palavras de Jim Monsonis, secretário nacional escolhido pela LID quando do "armistício" após Port Huron: "Estou gradualmente me aclimatando a um dia [de trabalho] de dezesseis horas, sem dinheiro e com um monte de problemas". A LID, em dificuldades financeiras, pagava a Monsonis US$ 300 mensais — quando pagava.

A falta crônica de dinheiro — as verbas mais substanciais viriam de doações de particulares ou de sindicatos, portanto eventuais — significava o cancelamento de projetos, como "um centro de estudos da reforma universitária em Berkeley, conferências regionais em Michigan e Nova York, um 'Centro de Pesquisa em Política Sulista'".[176] Além disso, havia o atraso no boletim criado pelo Conselho Nacional[177] em agosto, a diminuição da correspondência e, o mais grave, o problema de manter os laços entre os núcleos. Abandonados à própria sorte, sua tendência era deixar de existir. Steve Max, então secretário de campo, explica a importância do NO:

> Eu ia geralmente a *campi* onde já havia um núcleo, tentando convencê-los de que a SDS era uma organização *nacional*. Isso era muito importante para todos eles — a presença de um quadro nacional, trazendo-lhes documentos do Escritório Nacional. Deve-se lembrar que isso foi antes de a mídia nos descobrir e falar a nosso respeito — quando ela fez isso, você podia ler os jornais e descobrir que era membro de uma grande organização, mas até então você não tinha nenhum modo real de saber. Então era isso que eu fazia.[178]

---

[176] Sale, 1974:78.

[177] O Conselho Nacional, instituído ainda antes de Port Huron, era composto de funcionários da organização nacional e de delegados dos vários núcleos. Reunia-se trimestralmente para decidir projetos específicos e os rumos da SDS.

[178] Sale, 1974:79.

Essa limitação estrutural do Escritório Nacional pode ser ilustrada pela sua reação ao que provavelmente foi o episódio mais tenso da Guerra Fria: a crise dos mísseis de Cuba, em outubro de 1962.

Eleito em 1960 e aclamado, mesmo pelos primeiros radicais da SDS, como a esperança de uma política progressista, Kennedy não tardou a se mostrar um "guerreiro frio" convicto. Logo em seu primeiro ano de mandato, em abril, a tentativa de patrocinar discretamente uma invasão de Cuba por 1.400 exilados treinados pela CIA revelou-se desastrosa: não apenas os invasores foram rapidamente derrotados (entre outras razões, porque não haviam tido o apoio aéreo que lhes fora prometido pelo governo americano), como a participação americana na ação logo se tornou conhecida da opinião pública mundial. O fiasco da baía dos Porcos, como o episódio ficou conhecido, permaneceria uma mácula no prestígio da "Nova Fronteira" defendida pelo presidente, e acabaria também sendo um sinal de degradação nas relações com a URSS que se arrastaria também pelo ano seguinte.

Em 16 de outubro de 1962, Kennedy foi informado de que os soviéticos "se preparavam para instalar mísseis ofensivos em Cuba. É verdade que a existência desses mísseis não alterava [...] o equilíbrio militar", uma vez que o território dos EUA era vulnerável aos mísseis intercontinentais de que seus rivais já dispunham. Entretanto, agora que Cuba — uma ilha que já fora quase um protetorado americano e se encontrava a poucos quilômetros de distância — aderira explicitamente ao bloco soviético e que os americanos já tinham que lidar com o problema representado pela ação frustrada da baía dos Porcos, Kennedy considerou que ignorar essa manobra "provocaria uma brecha irreparável na credibilidade da autoridade e do poderio dos Estados Unidos. O desafio pareceu-lhe demasiado grave para que não fosse respondido senão por uma vitória".[179] Isso significava que todas as opções seriam consideradas, inclusive uma ofensiva militar a Cuba.

Por alguns dias, enquanto o presidente e seus assessores discutiam que resposta dar ao desafio cubano-soviético, a situação não foi divulgada ao grande público. Mas quando o presidente fez um discurso televisionado, em 22 de outubro, anunciando à nação a descoberta das instalações de lançamento em Cuba e afirmando que qualquer ataque balístico vindo desse país seria considerado um ataque soviético e respondido à altura, a possibilidade de um confronto nuclear pareceu mais plausível do que nunca. Foi aí que a SDS entrou em estado de emergência.

---

[179] Menandri, 2000:203.

Os telefones estavam ocupados a toda hora, as antigas máquinas de escrever estalavam incessantemente, a nova máquina multilith de US$ 300 [...] produzia folhas e anúncios até tarde da noite. Pequenos grupos de pessoas se reuniriam a qualquer hora do dia e começariam a falar animadamente sobre ações audaciosas, ou viagens súbitas para o Canadá e a Suécia, ou ao menos algum tipo de protesto em Nova York. [...]

Estava claro que era um momento para a ação, mas a SDS não sabia como agir. Não havia maquinário na organização para coordenar um protesto nacional diante de um evento imprevisto; não havia nem mesmo algum mecanismo provisório pelo qual a SDS pudesse publicar oficialmente um *press release* — escrito por quem? Aprovado pelo quê? — ou oficialmente aprovar uma marcha ou declaração conjunta. Os membros da SDS espontaneamente iniciaram protestos locais em lugares como Cornell, Michigan, Texas e Nova York, mas quando eles ligaram para o Escritório Nacional para saber qual era a posição da SDS ou o que ela ia fazer como organização, [Jim] Monsonis [secretário nacional da organização há três meses] nada tinha a lhes dizer.[180]

Em Ann Arbor, o núcleo local da SDS, o mais ativo até então, uniu-se ao grupo Women for Peace e conseguiu reunir cerca de 400 pessoas em um protesto, distribuindo um panfleto pedindo o fim da disputa perigosa entre as duas superpotências, condenando os russos pela provocação e a aceitação por parte dos EUA das "inevitáveis revoluções" que surgiriam na América Latina. A iniciativa acabou gerando uma contramanifestação de 600 estudantes, que lançaram ovos e pedras e bloquearam a marcha do grupo pró-paz. Em outros *campi* do país, manifestações de dissidência — no caso, críticas ao governo americano — foram recebidas de forma semelhante. Em Harvard, por exemplo, a Tocsin — organização pacifista a que pertencia Todd Gitlin — enfrentou manifestações paralelas por parte de exilados cubanos e membros do grupo estudantil de direita Young Americans for Freedom (YAF). Numa época de crise, a população universitária parecia pouco disposta a tolerar pontos de vista menos "patrióticos".[181]

Tom Hayden, que fora atacado enquanto falava no protesto de Ann Arbor, viajou para Washington com Richard Flacks e suas respectivas esposas, Casey e Mickey. Lá, o famoso *muckraker* I. F. Stone, "como uma figura do Velho Testamento,

---

[180] Sale, 1974:73-74.
[181] Gitlin, 1987:99.

[proferiu] um discurso apocalíptico em uma igreja", quando os prazos anunciados para um acordo entre as duas superpotências já haviam se esgotado. "Stone falava do começo da III Guerra Mundial. Eu não podia aguentar mais. Sentindo-nos totalmente impotentes, nós quatro fomos para um restaurante e esperamos. Nada aconteceu." Era a hora em que Robert Kennedy fazia a negociação final com o embaixador russo. No dia seguinte, Khruschev começaria a retirada dos mísseis em troca do compromisso norte-americano de não invadir Cuba.[182]

"É notável quantas pessoas pensavam que iam morrer na crise dos mísseis — realmente notável", diria mais tarde Steve Max, que estava no Escritório Nacional durante aqueles dias tensos.[183] Tendo passado por uma experiência dessa magnitude, para a SDS a crise não se encerrou com o recuo soviético. "Estávamos profundamente preocupados", relembra Hayden. "Pela segunda vez desde que tomara posse, a administração [de Kennedy] havia empregado a força militar diante da ameaça cubana. Estava claro que o senso de gerenciamento de crise de JFK envolvia a 'carta nuclear'", um recurso que era impensável para os ativistas da Nova Esquerda.[184]

A primeira resposta viria na forma de um memorando escrito por Hayden e Richard Flacks manifestando o choque quanto ao risco de uma catástrofe nuclear que a crise dos mísseis havia representado. Alertava-se também para o fato de que "a prioridade, hoje, como nunca antes, é construir uma base de poder", ou seja, uma participação maior de ativistas pela paz e pelos direitos civis na política do Congresso, visando já às eleições de 1964. "'O Congresso é uma pedra fundamental do estado de guerra [*warfare state*]', escrevemos. 'Mas de todas as instituições que apoiam a Guerra Fria é a mais crucial que pode ser afetada pelos defensores da paz." A ideia era que os "pombos" (pacifistas) anulassem a influência dos "falcões" (militaristas). Entretanto, apesar da desagradável surpresa representada pelo episódio dos mísseis, Hayden e Flacks mantinham a esperança em Kennedy: "permanecia sendo o nosso axioma que a administração Kennedy era pragmática e passível de se mover na nossa direção. Eles seriam reeleitos, tínhamos certeza, mas só com um forte empurrão de eleitores liberais. [...] Ainda críamos poder dominar o futuro".[185]

---

[182] Hayden, 1988:104-105.

[183] Sale, 1974:73.

[184] Hayden, 1988:105.

[185] Ibid., p. 106.

Em sintonia com essa esperança e a busca de uma "base de poder" que fortalecesse o *lobby* da paz numa época em que a presidência estava nas mãos dos democratas liberais, Flacks mergulharia em um dos projetos da SDS que sobreviveriam à escassez de recursos. Trabalhando no porão da casa de Tom Hayden em Ann Arbor, Flacks assumiu o *Peace Research and Education Project* (Prep, Projeto de Pesquisa e Educação da Paz,), essencialmente um empreendimento de pesquisa destinado à coleta e à publicação de informações sobre pacifismo, desarmamento e política externa.

Além do Prep, a SDS organizou, em fins de 1962 e ao longo da primavera de 1963, grupos de discussão chefiados por Robb Burlage, em Harvard, que serviriam de ligação com membros de clubes e associações dedicados ao pacifismo ou de filiação liberal. Esses grupos debatiam ideias de pensadores como C. Wright Mills, Paul Goodman, Herbert Aptheker, David Riesman, os fabianos e até Mohandas Gandhi. O objetivo de Burlage era atrair membros dessas organizações para a SDS, alguns dos quais teriam uma longa carreira nesta última, como Richie Rothstein e Todd Gitlin.

Enquanto desenvolvia esse trabalho, Burlage organizou duas conferências da SDS, numa das quais, intitulada "O papel do estudante na mudança social", realizada em Harvard em fins de novembro de 1962, o ex-vice-presidente da NSA, Paul Potter, fez um discurso cujo tema central seria de grande importância ao longo da década: a relação das universidades com o *status quo*. Para Potter, aqueles que conseguiam perceber essa relação

> fazem parte de uma tradição diferente da vasta maioria dos estudantes e professores do país; nós reconhecemos não poder aceitar seus termos de análise, que exigimos uma abordagem mais humana, sistemática e fundamental para os problemas da humanidade. Reconhecemos que as universidades não estão atualmente preocupadas com o desenvolvimento de nenhuma dessas abordagens, e estão, na verdade, graças aos seus compromissos históricos com a alimentação do sistema existente, um compromisso intensificado em última instância pela Guerra Fria, em oposição ao seu desenvolvimento. E reconhecemos que o único caminho para nós é ficarmos fora das tradições existentes, [contando com] nossos próprios recursos humanos, políticos, econômicos e intelectuais para desenvolver alternativas ao sistema tão fortes a ponto de obterem dele concessões básicas. [...]

As decepções com o liberalismo: 1962-66

Nós devemos [...] começar a procurar um modelo revolucionário que seja suficientemente dinâmico para nos tirar dos círculos concêntricos cada vez mais apertados que definem os limites da mudança dentro da estrutura do poder político estabelecido [...]

Para [isso], os professores e estudantes preocupados terão, em sua maior parte, que sair do espectro, definido pela Universidade, de palestras, seminários e pesquisas oficialmente sancionadas. E ainda mais importante que isso, [...] eles terão que sair do espectro societalmente definido de o que é relevante, já que a relevância é definida hoje como aquilo que é voltado para o *ajuste* da estrutura de poder existente.[186]

Enquanto a *Declaração de Port Huron* via a universidade como uma possível base das transformações sociais, das quais os estudantes eram um agente importante, Potter, próximo mas ainda não devedor das ideias da SDS, sugere que ela é parte inerente do *status quo*, portanto reacionária por natureza. Essa ideia constituiria uma das muitas correntes de pensamento da SDS, como se verá adiante, e o próprio Tom Hayden, autor principal do manifesto de 1962, ao falar na outra conferência organizada por Burlage na Universidade de Brandeis, diria que "a universidade não pode ser transformada sem uma total revolução social". Embora o sentido de "revolução", nesse momento, não fosse o da concepção tradicional, fica claro que, para ele, a universidade teria de mudar a partir de fora, pois seguiria as diretrizes que a sociedade em geral lhe atribuísse, como já fazia no contexto da Guerra Fria, pondo-se a serviço de interesses militares. Mas quanto a *como* fazê-lo, a questão ainda estava para ser resolvida.

Pine Hill, 1963

De 14 a 17 de junho de 1963, a SDS realizou sua segunda convenção nacional, em Camp Gulliver, perto de Pine Hill, Nova York. Um ano após Port Huron, novas questões haviam surgido: firmados os valores e diretrizes gerais, a organização agora buscaria planos de ação e análises mais específicas da sociedade que pretendia mudar. Dessa vez, o número de participantes foi maior: cerca de 200 (contra os 59 de Port Huron), vindos de 32 instituições de ensino superior.[187]

---

[186] Sale, 1974:85.

[187] Ibid., p. 90.

Essa convenção tem importância por duas razões. A primeira foi a decisão de proibir a reeleição dos membros da cúpula nacional. Preocupados com o grau de democracia existente na organização, os membros reunidos em Camp Gulliver pretendiam evitar que as lideranças se eternizassem na direção da SDS, exercendo algum tipo de poder pessoal. Adotou-se então um sistema de rodízio nos cargos de presidente e secretário nacional, o que criou um problema: se Haber e Hayden, que já haviam passado pela presidência e pelos principais secretariados, e eram alguns dos quadros mais experientes e qualificados da organização, não podiam mais se candidatar (Hayden, eleito em Port Huron, estava findando seu mandato de presidente), quem os substituiria? Após uma demorada busca entre os participantes, a escolha recaiu sobre Todd Gitlin, 21 anos, ex-integrante do Tocsin de Harvard e filiado à SDS há pouco tempo. "Fiquei tão atônito que, quando saí para proferir o discurso de aceitação, eu nem sei o que disse", diria mais tarde em entrevista a Kirkpatrick Sale.[188] Seria a primeira de uma série de medidas descentralizadoras que seriam adotadas nos anos seguintes.

Em segundo lugar, e mais importante, estava a adoção de um novo texto fundamental, de caráter mais restrito que a *Declaração de Port Huron*, mas complementar a ela. Redigido por Richard Flacks, com "considerável ajuda" dos demais teóricos da organização (Paul Booth, Al Haber, Tom Hayden e Bob Ross), *America and the new era* viria a ser chamado de "O filho da *Declaração de Port Huron*", embora seu tema principal fosse mais restrito e apresentasse uma tese mais específica. Com pouco mais de 20 páginas, publicado numa brochura datilografada, o texto partia da premissa de que os Estados Unidos estavam entrando numa época em que não mais teriam a hegemonia de que vinham gozando desde o fim da II Guerra Mundial (daí a "nova era" do título). Consequentemente, uma crise se anunciava, e com ela novas forças sociais começavam a despontar, trazendo em si o germe de mudanças positivas para o país.

O texto começa com a afirmação do ideal de sociedade da SDS, num tom que lembra muito o do seu antecessor de um ano antes:

> Nossa esperança é a liberdade humana. Aspiramos a que todos os homens em toda parte sejam capazes de entender, expressar e determinar suas vidas em fraternidade uns com os outros. Buscamos participar da construção de uma sociedade na qual os homens tenham, no mínimo, a oportunidade de tomar

---

[188] Sale, 1974:93.

decisões que moldem suas vidas. Nossa busca é por uma ordem política e econômica na qual o poder seja usado para o benefício social mais amplo, e uma comunidade na qual os homens possam conhecer uns aos outros e a si mesmos como seres humanos no sentido mais pleno.[189]

Naturalmente, essa esperança contrastava muito com a sociedade que de fato existia. Em vez de um regime de fraternidade, o que se obteve foi a Guerra Fria, na qual "ideologias oficiais" foram delineadas para "aumentar o consenso e inspirar uma aquiescência passiva em vez de uma busca ativa pela liberdade e a fraternidade".

> A Guerra Fria tem sido uma época na qual todos os valores foram subordinados à "longa luta crepuscular" contra o comunismo, todos os objetivos se tornaram secundários em relação à "segurança nacional"; uma época em que as qualidades humanas têm sido menos valorizadas que a lealdade ao Estado, e problemas sociais e questões políticas urgentes foram universalmente evitados em prol da unidade nacional. [...]
> Todos os valores humanos foram distorcidos, todos os padrões morais parecem estranhamente irrelevantes, todas as esperanças e aspirações parecem utópicas. [A Guerra Fria] envenenou e corroeu todos os aspectos da atividade intelectual. A ela foram sacrificados os ingredientes essenciais do processo democrático — o livre debate, o direito ao dissenso, ao engajamento político e à controvérsia. E seu resultado final foi um equilíbrio de terror tão precário e infinitamente perigoso que, no fim das contas, todos os interesses e toda a segurança ficaram em risco.[190]

A premissa dessa atitude, argumenta o texto, era a ideia de que o poder norte-americano, no plano econômico ou no militar, seguiria indefinidamente sem rivais. Porém, havia vários indícios de que essa premissa estava errada e de que a supremacia americana, fundada na bipolaridade da Guerra Fria, chegaria ao fim em breve. Com a recuperação dos países europeus, a emergência de um Terceiro Mundo não alinhado com as superpotências, o agravamento das divisões no bloco comunista e a obsolescência das armas nucleares — inúteis para combater

---

[189] *America and the new era*, 1963. Disponível em: <http://digital.lib.msu.edu/collections/index.cfm?CollectionID=19>. Acesso em: 25 out. 2004.

[190] Ibid., p. 1-2.

guerrilhas como a de Cuba ou a do Vietnã do Sul —, os EUA se viam diante de um cenário internacional menos favorável ao seu domínio. E no plano nacional, duas "revoluções" de grande consequência estavam em curso: na economia, a crescente automação aumentaria os problemas do desemprego e da distribuição de renda, agravados pela explosão populacional e pela aplicação excessiva de recursos na área militar, em detrimento de programas e serviços sociais; no campo sociopolítico, novas forças despontavam, minando a estabilidade da aliança vigente entre o poder dos oligopólios industriais e as elites políticas (que viria a ser chamada de *liberalismo corporativo*). O país marchava, portanto, em direção a uma crise, e a atitude gerencial dos homens estabelecidos no poder — fundada no princípio de que todos os conflitos no seio da sociedade eram perfeitamente administráveis sem alterar as bases fundamentais da ordem social, sendo necessários, em vez disso, apenas alguns "ajustes" — já não era o bastante. E já que essa nova era estava à vista, a pergunta a fazer era: como reagir?

America and the new era analisa as diversas reações à nova fase que se anunciava, preocupando-se sobretudo com a "Nova Fronteira" prenunciada pelo governo Kennedy. Seu problema fundamental era que, embora procurasse ser flexível, racional e essencialmente "técnica" em sua abordagem dos problemas norte-americanos, a Nova Fronteira era uma política fundamentalmente comprometida com o *status quo*, portanto incapaz de grandes mudanças. Ela era denunciada por estar criando "uma sociedade em que o debate está diminuindo e as oportunidades para expressar oposição [...] estão declinando", e na qual as autoridades tentavam manipular conflitos e implementar reformas apenas a partir de cima, menosprezando os movimentos nascidos espontaneamente na sociedade civil. Além disso, a Nova Fronteira era marcada por ações reformistas de valor apenas simbólico, incapazes de lidar com os graves problemas do desarmamento, da conquista da justiça social com abundância material e, finalmente, da igualdade racial.[191]

Quanto aos sindicatos e aos liberais, tradicionais forças comprometidas com o reformismo social, estariam enfrentando um "dilema": enfraquecidos, respectivamente, pela automação industrial, que destruía empregos, e pela "apropriação da retórica e da base política liberais pelo liberalismo corporativo dos homens da Nova Fronteira", eles estavam presos aos limites do Partido Democrata (então no poder) e receosos de se tornarem irrelevantes fora dele. No caso específico

---

[191] *America and the new era*, 1963:9-10.

As decepções com o liberalismo: 1962-66   133

dos políticos de orientação liberal, isso se traduzia, na prática, pelo abandono "das correntes populistas e progressistas de sua tradição; correntes que tiveram um papel positivo e orientado para a mudança com uma retórica militante". E enquanto, nos anos 1950, os liberais começaram a se preocupar com problemas como a necessidade de lazer, a sociedade de massa e a abundância, questões tradicionalmente espinhosas e graves, como a pobreza e a opressão racial, eram postas em segundo plano.

> Um estilo de política que enfatiza coquetéis e seminários em vez de marchas de protesto, movimentos locais de reforma e bases independentes de poder não pode ter influência em relação a uma administração voltada para o sistema e uma oligarquia congressional fundamentalmente reacionária.
> A mobilização do apoio popular para novas propostas, o fomento do debate local e nacional, a organização de grupos marginalizados para o exercício efetivo de seu poder político — em suma, a recaptura da herança populista do liberalismo —, estes são os primeiros princípios da ação democrática, e são as únicas formas viáveis pelas quais os programas liberais poderiam ser implementados. [...]
> [O] impulso populista nos sindicatos e na organização do liberalismo pode ser reforçado pela emergência de novos movimentos populares, [que articulariam] seus próprios programas...[192]

Tais movimentos populares já estavam surgindo, frutos de "um novo descontentamento, uma nova raiva" que assumia a forma de uma "política de protesto insurgente". O mais importante de todos era, naturalmente, a campanha pelos direitos civis, que já estaria começando a descobrir que, por trás da segregação exercida no nível local, "há um padrão muito mais generalizado de opressão política, econômica e social no nível nacional. Lentamente, o movimento pelos direitos civis está aprendendo que a demanda por liberdade é uma demanda por uma nova sociedade".[193] A mesma percepção estava se espalhando entre ativistas pela paz, estudantes universitários e intelectuais: suas causas específicas passavam por reformas que transcendiam a política externa, a reforma universitária e a academia, tomadas em separado. Como na concepção de radicalismo defendida

---

[192] *America and the new era*, 1963:13.
[193] Ibid., p. 14.

por Haber desde os primeiros dias da SDS, Flacks reafirmava a interdependência dos diversos problemas sociais. Combatê-los individualmente seria combater apenas sintomas de uma mazela maior.

> Os novos insurgentes são geradores ativos de uma grande variedade de atividades políticas nos bairros e comunidades onde se localizam. As ações locais insurgentes incluem: a ação direta de massa e as campanhas pelo registro de eleitores entre os negros, movimentos políticos reformistas voltados contra máquinas [eleitorais] democratas entrincheiradas, a ação política pela paz, [...] tentativas comunitárias de alcançar a juventude desfavorecida, grupos de discussão, periódicos e pesquisas dirigidos para a análise e denúncia das condições políticas e econômicas locais. Ainda incipientes estão os esforços para iniciar protestos organizados em áreas decadentes e favelas urbanas, organizar trabalhadores não sindicalizados, focar clubes políticos e candidaturas reformistas em questões e programas diretamente importantes para os pobres urbanos, e envolver diretamente os moradores das favelas nos esforços políticos.[194]

No momento, esses grupos ainda careciam de uma base teórica para que pudessem dar maior eficiência às suas ações. Aí entrariam os estudantes, os acadêmicos e os intelectuais, que finalmente teriam a oportunidade de pôr suas habilidades a serviço dos "valores humanos" fora da estrutura burocratizada (e cooptada) das universidades, atuando, em vez disso, em "centros de poder" externos. Cabia a eles agarrar essa chance e dar as bases intelectuais para um "novo levante político", provendo os grupos insurgentes com informações que enriquecessem sua abordagem no âmbito local: "Por exemplo, um grupo preocupado em fazer da paz um tema central no partido político local quererá dados sobre a economia de defesa, sobre outros efeitos locais da corrida armamentista e da Guerra Fria".[195] Além disso, haveria a necessidade de análises de amplo espectro dos sistemas políticos e econômicos nacionais. Note-se, mais uma vez, a reafirmação da concepção original de Haber quanto ao papel que a SDS deveria exercer em relação aos demais grupos radicais: o de fornecer subsídios intelectuais e servir de elo de ligação entre suas diferentes causas.

---

[194] *America and the new era*, 1963:15.

[195] Ibid., p. 18.

As decepções com o liberalismo: 1962-66

O documento não se detém nessa análise, deixando para sua parte final sugestões programáticas concretas, como a adoção de cursos de reciclagem de operários "tecnologicamente desalojados", a expansão de programas públicos para as áreas economicamente decadentes, campanhas de alfabetização em massa, medidas específicas de combate à segregação racial, semana de trabalho mais curta, o uso da capacidade ociosa do parque industrial americano para o auxílio às nações do Terceiro Mundo, o fim do intervencionismo americano em outros países e a realização de acordos com o bloco comunista com vistas ao desarmamento nuclear, entre outras. Acima de tudo, porém, estava a meta de resgatar um "liberalismo populista" capaz de redefinir as prioridades norte-americanas, de modo que as reformas internas não mais fossem adiadas ou distorcidas pela lógica da Guerra Fria. Era hora de deixar as ambições de superpotência para trás e voltar-se para o âmbito doméstico.

Os pobres como agentes de mudança: o Erap

America and the new era foi aprovado consensualmente pela convenção, reafirmando a convicção de que o papel de organizações como a SDS era de cunho principalmente intelectual. Com um núcleo de líderes competentes formados nas melhores universidades do país, essa parecia uma ênfase natural para uma organização ainda pequena e dedicada a causas múltiplas. Contudo, mais uma vez a luta pela igualdade racial iria influenciar os rumos da SDS.

A campanha dos direitos civis como questão nacional

Em 1963, a campanha pelos direitos civis deu uma guinada. Até então, seu campo de ação estava principalmente confinado aos estados do Sul. Para a grande maioria da população branca do Norte, a discriminação legalizada parecia uma realidade distante, um problema eminentemente regional, ainda que a segregação *de fato* — materializada, por exemplo, na precariedade dos guetos e nas estatísticas econômicas dos negros — fosse muito comum e próxima. No Norte urbanizado não existiam os infames linchamentos do Sul,[196] mas também não havia uma consciência clara do racismo presente na sociedade. No Sul, pelo menos, a essa altura, o negro era visto como um "problema" e, a despeito das reações extremadas dos mais conservadores, havia "uma razoável e

---

[196] Para um exame da dimensão dos linchamentos na sociedade sulista — que iam muito além do que o significado do termo no Brasil implica —, ver Hale, 1999.

relutante aceitação de que uma mudança nas relações raciais estava acontecendo e continuaria a acontecer".[197]

A dificuldade de ver o racismo como um problema *nacional*, e não exclusivo do Sul, também se refletia na atitude do governo Kennedy quanto aos direitos civis. Durante sua campanha pela presidência, Kennedy fizera promessas animadoras a esse respeito, como a de que bastava "uma canetada" para pôr fim à discriminação nos programas habitacionais financiados pela União. Praticamente dois anos depois de eleito, a "canetada" ainda não havia sido dada, e ativistas indignados responderam com uma irônica campanha de "tinta para Jack", com o envio de milhares de canetas-tinteiro para a Casa Branca. Mas somente depois das eleições de 1962, que renovaram o Congresso, é que o presidente cumpriu a promessa, com pouco efeito. E quanto à Carta de Direitos Civis (*Civil Rights Bill*) prevista no programa democrata apresentado nas eleições de 1960, Kennedy também havia se recusado a submetê-la ao Congresso.[198]

A razão dessa relutância por parte de um presidente eleito sob a égide do progressismo era principalmente de ordem política. Kennedy elegeu-se em 1960 com uma vantagem muito pequena sobre seu adversário republicano, Richard Nixon, e não tinha, portanto, uma base de apoio muito ampla. No Congresso, sua situação era ainda mais precária: além de lidar com uma oposição conservadora republicana, o presidente dependia da ala sulista do Partido Democrata, ardente defensora da segregação racial (e, convém notar, avessa a leis trabalhistas e adepta fervorosa do anticomunismo, o que não escapava aos olhos da SDS). Graças à exclusão dos eleitores negros nesses estados, os *dixiecratas* reelegiam-se continuamente, ganhando os direitos de senioridade previstos nos regulamentos do Congresso, ou seja, a chefia das principais comissões da Câmara e do Senado. Formavam, portanto, um bloco poderoso no Legislativo, sem o qual qualquer governo, por progressista que fosse, encontraria dificuldades para avançar suas propostas — e o desempenho de Kennedy nessa área já não era dos melhores: dos 25 projetos de lei mais importantes em três anos de governo, apenas oito chegaram a ser aprovados.[199]

Além dessas considerações práticas, Kennedy, embora não fosse ele próprio racista, não tinha grande entusiasmo pelo tema. A política externa chamava

---

[197] Marwick, 1998:222.
[198] Patterson, 1996:474.
[199] Menandri, 2000:199.

As decepções com o liberalismo: 1962-66

muito mais a sua atenção. Mesmo uma questão interna como os direitos civis era avaliada em termos de o quanto podia afetar a imagem dos EUA no exterior e sua credibilidade na disputa ideológica com a URSS.

> Quando as jornadas da liberdade [*freedom rides*] estavam em seu início, [Kennedy] não estava concentrado nas relações raciais, mas na próxima reunião de cúpula com Khruschev em Viena. Depois que os [militantes] foram presos e espancados, ele ficou preocupado e irritado. "Diga a eles para parar", disse a seu assessor de direitos civis, Harris Wofford. "Detenha-os!" Quando os [militantes] insistiram, os Kennedy [o presidente e seu irmão Robert, então advogado-geral da União] fizeram um apelo público por um período de "esfriamento". Robert explodiu com Wofford, dizendo que os negros não conseguiam entender a necessidade de unidade nacional às vésperas da reunião. [James] Farmer [um dos ativistas que participaram das jornadas e membro do SNCC] replicou que os negros "estiveram esfriando por 150 anos. Se esfriarmos mais, vamos congelar".[200]

Mesmo quando forçado a agir, como no caso das jornadas de 1961, o governo Kennedy ainda preferia o método de negociar nos bastidores com os políticos do Sul, alegando o princípio do "federalismo": "era responsabilidade das autoridades locais, e não do governo nacional, preservar a ordem e proteger os cidadãos contra condutas ilegais. Somente quando as autoridades locais perdessem o controle é que o governo federal agiria com sua própria força".[201] O que essa concepção de federalismo não dizia era o que fazer quando as próprias autoridades locais estavam envolvidas na conduta ilegal, como frequentemente era o caso.

Do ponto de vista dos ativistas da campanha dos direitos civis, essa postura hesitante e descomprometida do governo federal era um problema grave. Ora, a intervenção das autoridades federais para fazer valer os direitos constitucionais, sobrepondo-se à legislação segregacionista de caráter eminentemente local, era um dos pilares da estratégia da campanha.[202] Foi nesse contexto que, nos primeiros meses de 1963, Martin Luther King decidiu instigar uma ação decisiva do governo federal, tendo como foco a cidade de Birmingham, no Alabama, que ele considerava "a cidade provavelmente mais segregada dos Estados Unidos". Mais

---

[200] Patterson, 1996:475.

[201] Ibid., p. 477.

[202] Ver o capítulo 2, seção "A primeira grande causa: os direitos civis".

uma vez, a ideia básica era forçar a mão dos segregacionistas e expor à opinião pública a injustiça fundamental de sua posição, "criar uma crise e promover uma tensão tais que uma comunidade que constantemente se recusou a negociar seja forçada a enfrentar o problema".[203]

Preso logo que iniciou suas manifestações na cidade, em abril — quando então escreveu um de seus textos mais memoráveis, a *Letter from Birmingham Jail* (Carta da Cadeia de Birmingham) —, King foi solto em pouco tempo. Até então, o chefe de polícia da cidade, Eugene "Bull" Connor, cujos homens eram conhecidos por aterrorizarem a população negra local, havia demonstrado um autocontrole pouco característico, sem maiores excessos, apesar das centenas de prisões que efetuou à medida que a coalizão liderada por King deu prosseguimento aos seus protestos. Em 2 de maio, quando King liderou uma passeata com cerca de mil crianças, a maioria negras, a polícia cercou e prendeu 900 delas. No dia seguinte, sabendo que uma manifestação semelhante estava para acontecer, Connor advertiu que as crianças não deveriam deixar a igreja onde os manifestantes se concentravam. Quando algumas delas deixaram o prédio,

> Connor e suas forças perderam a cabeça. Bombeiros acionaram suas mangueiras de alta pressão, a água das quais derrubou os manifestantes no pavimento e lançou alguns deles contra a parede dos edifícios. Alguns permaneceram caídos, sangrando e inconscientes. Os policiais avançaram sobre os manifestantes e lhes bateram com cassetetes. Outros mantiveram cães de ataque em longas coleiras, e pareciam se deliciar com a visão dos cães mordendo os manifestantes à medida que eles fugiam do massacre.[204]

O resultado foi a prisão de mais de 2 mil crianças, e muitos feridos. Vários dos manifestantes reagiram, lançando pedras e garrafas contra a polícia, pela primeira vez rompendo a postura não violenta característica desse tipo de protesto. Nos dias seguintes, bombas foram lançadas no motel onde King estava hospedado e numa casa de propriedade de seu irmão na cidade — atentados típicos durante os momentos mais intensos de contestação à ordem racial estabelecida. Dessa vez, entretanto, o ataque da polícia e dos bombeiros foi televisionado, levando a todo o país, e ao mundo, o tipo de violência à qual aqueles que defendiam a igualdade

---

[203] King, 1963b.
[204] Patterson, 1996:479.

As decepções com o liberalismo: 1962-66   139

de direitos muitas vezes eram submetidos. A visão dos manifestantes, muitos deles mulheres e crianças, sendo atacados por cães chocou a opinião pública, aumentando o número de simpatizantes da causa dos negros no Norte e forçando o governo federal a intervir, ameaçando mandar tropas federais a Birmingham. As negociações com autoridades municipais e empresários para o fim da segregação na cidade — havia até bebedouros exclusivos para brancos — foram dirigidas pessoalmente por Robert Kennedy, e chegaram rapidamente ao fim, com Martin Luther King anunciando formalmente uma "grande vitória".[205]

Na verdade, os choques em Birmingham foram sucedidos de uma onda de atentados contra negros não só na própria cidade como em vários pontos do Sul, e Kennedy ainda relutava em se envolver diretamente no assunto, limitando-se, como em maio, a intervenções pontuais em casos extremos. Mas, quando o governador do Alabama, George Wallace, foi em pessoa, junto com a polícia estadual, resistir à entrada de dois estudantes negros na Universidade do Mississipi, em 11 de junho (o mesmo dia do início da convenção de Pine Hill), o presidente teve de enviar a Guarda Nacional para protegê-los. À noite, Kennedy fez um pronunciamento televisivo à nação, explicando o porquê da medida: a matrícula dos estudantes havia sido garantida por uma ordem judicial federal. Em seguida, afirmou:

> [E] quando os americanos são enviados para o Vietnã ou para Berlim Ocidental, nós não pedimos que sejam apenas brancos. Deve ser possível, portanto, que estudantes americanos de qualquer cor frequentem qualquer instituição pública à sua escolha sem terem de recorrer ao apoio de tropas. Deve ser possível aos consumidores de qualquer cor receber o mesmo atendimento em locais de acomodação pública, tais como hotéis e restaurantes e teatros e lojas de varejo, sem serem forçados a recorrer a manifestações de rua, e deve ser possível aos cidadãos americanos de qualquer cor se registrar e votar em uma eleição livre, sem interferências ou medo de retaliação.

Ao fim do discurso, o presidente prometeu pedir providências ao Congresso na semana seguinte, acrescentando ainda que "temos o direito de esperar que a comunidade negra seja responsável e cumpra a lei, mas eles têm o direito de esperar que a lei seja justa". Era o tipo de compromisso inequívoco que os ativistas dos direitos civis esperavam há tempos.

---

[205] Marwick, 1998:216.

Era uma conquista, sem dúvida, mas o fato de o presidente pedir providências ao Legislativo ou mesmo desengavetar o prometido projeto para uma carta de direitos civis não significava que teria sucesso com sua aprovação. Na verdade, a própria noite do pronunciamento já anunciava o tipo de problema que poderia surgir: pouco depois da meia-noite, Medgar Evers, secretário de campo da NAACP, foi assassinado à porta de casa em Jackson, Mississipi. O fato despertou indignação entre os ativistas negros, e quase houve uma revolta em Jackson. Para eles, a carta de direitos dos Kennedy era tardia e insuficiente. Voltado para o fim da discriminação em lugares públicos, o projeto estabelecia que o Departamento de Justiça só poderia agir se uma pessoa tivesse a iniciativa de abrir um processo — algo por si já perigoso em muitas regiões; a seção sobre o direito ao voto excluía as eleições locais e estaduais; na questão da educação, proibia a segregação legal, mas não previa nada quanto à segregação *de fato* existente no Norte; finalmente, nada dizia quanto à brutalidade policial e à discriminação racial no emprego. E, como se não bastasse, ainda assim o Congresso conservador poderia fazer modificações que a enfraquecessem ainda mais.[206]

Assim, alguns dos principais líderes da campanha pelos direitos civis decidiram que era hora de fazer uma pressão direta. Liderados por A. Philip Randolph e Bayard Rustin, e contando também com o apoio de King, eles decidiram organizar uma grande marcha em Washington, agendada para 28 de agosto. Entre as suas reivindicações estava a aprovação não só de leis significativas que não apenas combatessem a discriminação como também favorecessem a geração de empregos para negros. Estava previsto ainda um *sit-in* no Capitólio, com milhares de pessoas, que lá ficariam até que o Congresso aprovasse leis satisfatórias.

A ideia alarmou o governo Kennedy. "Algumas dessas pessoas", diria o presidente, "estão procurando uma desculpa para se oporem a nós, e não quero lhes dar uma chance de dizer 'Sim, sou a favor da carta, mas nunca votarei por ela sob a mira de uma arma.'"[207] Kennedy acabaria convencendo os líderes negros a abrirem mão do *sit-in*, a restringirem a marcha a um único dia e também a procurarem atrair um número considerável de brancos. Todos os participantes deveriam se vestir de modo "respeitável" e, como medida de segurança contra distúrbios que pudessem macular a imagem dos manifestantes, as lojas que vendiam bebidas alcoólicas seriam fechadas no dia da marcha. Os assessores do presidente acom-

---

[206] Patterson, 1996:482.
[207] Marwick, 1998:228.

As decepções com o liberalismo: 1962-66   141

panharam de perto cada detalhe da organização do evento e chegaram ao requinte de pressionar pela modificação do discurso de John Lewis, o dirigente do SNCC, que acabou cedendo no último minuto. Consciente da precariedade de sua posição e da delicadeza do tema, Kennedy não estava disposto a correr riscos com oradores radicais — seus assessores estavam prontos para desligar o sistema de som da marcha se as coisas saíssem de controle. Esse microgerenciamento oficial da marcha levaria o líder negro Malcolm X, então ainda filiado à seita separatista Nação do Islã, a chamar a marcha de "Farsa sobre Washington".

A despeito das críticas, a marcha se tornou um dos eventos mais marcantes da história americana, em particular da história do movimento negro norte-americano. Cerca de 250 mil pessoas, das quais 50 mil seriam brancas, se reuniram diante do Memorial de Lincoln e ouviram discursos e apresentações musicais de celebridades como Bob Dylan, Joan Baez e Peter, Paul e Mary. Ativistas, líderes sindicais, liberais, brancos e negros, uniram-se numa multidão que marchou ao som de hinos como *We shall overcome*, um dos mais conhecidos temas da campanha dos direitos civis. O ponto alto foi o discurso de Martin Luther King, intitulado "I have a dream" (Eu tenho um sonho), uma das peças retóricas mais celebradas da história americana:

> Eu digo a vocês hoje, meus amigos, que embora nós enfrentemos as dificuldades de hoje e amanhã, eu ainda tenho um sonho. É um sonho profundamente enraizado no sonho americano.
>
> Eu tenho um sonho de que um dia esta nação se levantará e viverá o verdadeiro significado de sua crença — "Nós temos essas verdades como autoevidentes, que todos os homens são criados iguais".
>
> Eu tenho um sonho de que um dia, nas montanhas vermelhas da Geórgia, os filhos de antigos escravos e os filhos de antigos donos de escravos poderão sentar juntos à mesa da fraternidade.
>
> Eu tenho um sonho de que um dia, até mesmo o estado do Mississipi, um estado que transpira com o calor da injustiça, que transpira com o calor da opressão, será transformado em um oásis de liberdade e justiça.
>
> Eu tenho um sonho de que meus quatro filhos pequenos, um dia, viverão em uma nação onde eles não serão julgados pela cor da pele, mas pelo conteúdo de seu caráter. Eu tenho um sonho hoje![208]

---

[208] King, 1963a.

Por histórica que tenha sido, por seu tamanho, pelo congraçamento, pela celebração da fraternidade inter-racial, a Marcha sobre Washington teve poucos resultados concretos. A Carta de Direitos Civis proposta por Kennedy não foi votada com a rapidez esperada — na verdade, só o seria no ano seguinte, quando o presidente já estava morto. E a violência racial no Sul não parou, antes recrudesceu, com atentados a tiros, bombas e agressões as mais variadas contra ativistas e cidadãos negros em geral, além da formação de novos grupos racistas, que, embora sem o mesmo espalhafato da Ku Klux Klan, tinham os mesmos métodos de intimidação e retaliação. Do lado dos ativistas, depois dos eventos de maio, a não violência já não parecia uma unanimidade tão grande: dias depois da marcha, o escritor John Killens, durante o funeral de um advogado negro assassinado na própria Birmingham, disse que os negros "devem estar preparados para se defender com armas".[209] Paralelamente, os esforços de grupos como o SNCC de promover o registro eleitoral dos negros sulistas, embora contassem com quadros devotados e dispostos a arriscar a vida, não tinham obtido resultados muito expressivos. "Entre 1961 e 1963, 70 mil negros do Mississipi tentaram se registrar; somente 4.700, meros 5% dos negros em idade de votar, tiveram sucesso."[210]

Para os militantes do SNCC, ainda vivendo perigosamente nas áreas rurais do Sul, a marcha nada acrescentou de muito relevante, e a censura ao discurso original de Lewis foi um sinal de que a pressão não violenta convencional, das marchas e discursos, tinha seus limites. No texto que não foi lido, Lewis dizia claramente que não podia apoiar a carta de direitos civis dos Kennedy por ela não ter nada que protegesse "crianças e velhas de cães policiais e mangueiras de incêndio" (uma alusão a Birmingham). Afirmava também que o movimento era "uma revolução séria", embora não violenta, mas advertia: "Na próxima vez que marcharmos, não será em Washington, mas no Sul, no coração de Dixie, da forma como Sherman fez.[211] E faremos a ação dos últimos meses parecer diminuta".[212]

Novas táticas precisavam ser postas em ação.

---

[209] Hayden, 1988:113.

[210] Gitlin, 1987:147.

[211] Referência à política de terra arrasada adotada pelo gen. William T. Sherman, do Exército da União, em sua "Campanha de Savannah", durante a Guerra Civil norte-americana, de novembro a dezembro de 1864.

[212] Gitlin, 1987:146.

As decepções com o liberalismo: 1962-66

Da teoria à ação

Em setembro de 1963, numa reunião em Bloomington, Indiana, a SDS aprovou formalmente um projeto que a poria num caminho inovador. Até então, a organização de aproximadamente 600 membros pagantes havia se concentrado em protestos, principalmente nos *campi* e áreas adjacentes, em pesquisa e divulgação de informações relevantes às causas da "nova insurgência" diagnosticada por *America and the new era* (como era o caso do Prep de Dick Flacks) e na produção de literatura.

> A SDS tivera sucesso em estabelecer uma sólida reputação como o grupo estudantil mais intelectualizado, o lugar onde líderes e ideólogos de outras organizações iam de tempos em tempos forjar separadamente suas espadas nas chamas do debate e da intelectualidade; ao fim do ano letivo de 1962-63, ela tinha uma lista de literatura de quase 20 textos — Hayden sobre o papel dos estudantes nas universidades, Burlage sobre o Sul, Haber sobre o sindicalismo, Booth sobre a política eleitoral, *A Declaração de Port Huron* — que eram populares nos *campi* entre os tipos que liam.[213]

Apesar disso, a SDS não tinha uma cultura de ação. Seus membros colaboravam com entidades como o SNCC, organizavam protestos, distribuíam panfletos — mas não havia um programa contínuo e consistente de caráter positivo que *fizesse* algo além de reagir a crises e escrever. "A SDS permanecia sendo acima de tudo uma intensa subcultura de discussão", e os membros que desejavam atuar de forma mais direta simplesmente o faziam sob a chancela de outros grupos,[214] uma vez que a filiação à organização não era exclusiva. Nesse sentido, a SDS permanecia atrelada às diretrizes originais de Haber, de uma fornecedora de subsídios intelectuais aos grupos militantes e uma "rede" que integrasse as diversas causas dos novos grupos de esquerda.

Entretanto, para alguns membros, com destaque para Tom Hayden, isso era insuficiente. Desiludidos com a ideia de que a almejada mudança social viria a partir das universidades (como Paul Potter havia tão bem expressado), procuraram alternativas, e mais uma vez o SNCC e a campanha dos direitos civis foram uma referência. Afinal, enquanto os membros da SDS ainda estavam ligados à universi-

---

[213] Sale, 1974:97.
[214] Hayden, 1988:166.

dade e à busca de qualificação para a "corrida de ratos" do mercado de trabalho, os militantes negros estavam lutando no "mundo real" para fazerem valer seus ideais e despertar a nação americana para a necessidade de reformas, muito necessárias. Era o movimento negro, e o SNCC em particular, que estava "mostrando como nunca antes que os pobres e os oprimidos eram gente notavelmente sábia, generosa [...], pragmática no sentido mais básico, misericordiosa, forte, decidida, comprometida, amigável", e que, além disso, a maneira de lidar com essas pessoas não era por meio do "paternalismo liberal de cima para baixo", mas sim através de uma organização que, como o SNCC, se identificasse com elas de baixo para cima, de forma não manipuladora, fraterna e sem a pretensão de simplesmente liderá-las.[215]

Tais níveis de admiração suscitavam imitadores. O "uniforme" do SNCC — camisa social azul, *jeans*, botas militares — já era adotado por alguns dos membros da SDS, que inclusive copiavam o gestual e o modo de falar de seus modelos. Era a "mística do SNCC",[216] uma mostra do quanto a Nova Esquerda estudantil do Norte tinha sua contraparte sulista como ícone. Com todo o seu poder de fogo intelectual fundado nas instituições de ensino superior mais qualificadas do país, era nos militantes do SNCC, já nem todos estudantes, que a SDS buscava sua referência moral.

Mas havia também uma questão teórica concreta por trás da busca de um programa de ação. *America and the new era* previa que a automação industrial iria em breve provocar um aumento significativo nos índices de desemprego e, por extensão, de pobreza — tese que, em março de 1964, levaria vários intelectuais (alguns deles membros da SDS) a escrever uma carta aberta ao presidente Johnson alertando para a "revolução tripla" que estaria a caminho.[217] O país, segundo essa teoria, marchava para uma recessão que afetaria a todos, qualquer que fosse sua raça. Não seria então razoável que os *pobres* pudessem desempenhar o papel de agentes da transformação social?

> Somente os pobres têm os números, a distribuição geográfica, a raiva e a vontade de pressionar, junto com o estudantado, por uma mudança radical. Como Gitlin diria um ano depois: "Os pobres sabem que são pobres e não gostam disso"; daí que podem ser organizados de modo a exigir um fim para a pobreza e a construção de uma ordem social decente.[218]

---

[215] Sale, 1974:99.

[216] Ibid., p. 99.

[217] Cf. Ad Hoc Comission on the Triple Revolution, 1964.

[218] Ibid., p. 100.

As decepções com o liberalismo: 1962-66 145

Em 1963, esse tipo de teorização ainda não havia sido formalmente articulado, o que aconteceria no ano seguinte, quando o periódico *Studies in the Left* publicaria uma série de artigos tratando do problema dos agentes de mudança num contexto em que o operariado havia sido "assimilado" pelo sistema.[219] Nesse ponto, a SDS acabaria se antecipando ao revisionismo marxista que procurava dar conta da "nova insurgência" em marcha nos Estados Unidos.

A ideia inicial era aplicar os métodos de organização usados pelo SNCC nas comunidades rurais do Sul e nas grandes metrópoles do Norte, tendo como público-alvo os pobres e os desempregados, sem considerações de raça. Aproveitando uma verba de US$ 5 mil vinda do sindicato United Auto Workers com o objetivo de financiar "um programa de educação e ação em torno de temas econômicos", Hayden, Gitlin e Booth prepararam uma proposta para o Conselho Nacional em Bloomington. O projeto sofreria uma modificação importante, porém, quando Hayden se encontrou com Stockely Carmichael, um militante do SNCC que em breve ganharia fama por suas ideias de nacionalismo negro. Carmichael convenceu Hayden de que os negros poderiam cuidar de si, e de que a melhor maneira de a SDS ajudar a causa dos direitos civis era organizar os pobres e desempregados *brancos*, que não raro traziam em si graus consideráveis de racismo e eram vulneráveis à cooptação de políticos e movimentos da direita conservadora. Com o SNCC organizando os negros no Sul e a SDS organizando os brancos no Norte seria possível pensar numa aliança de *classe* em prol das reformas necessárias. Nascia assim o *Economic Research Action Project* (Erap) — a primeira iniciativa da SDS fora do *campus* universitário.[220]

A primeira experiência foi em Chicago, com a contratação de um organizador em tempo integral, Joe Chabot, encarregado de atuar numa área decadente habitada por trabalhadores brancos no noroeste de Chicago. Seu alvo eram os jovens desempregados. Após dois meses de trabalho, o próprio Chabot relatou o andamento de suas atividades em um relatório interno:

> Tive alguma experiência nas ruas com os desempregados em torno dos 19 anos de idade. Tentei entrar em associação com eles [...], já que eram minha melhor maneira de introdução na comunidade, mas não fui aceito por nenhum grupo de adolescentes mais velhos neste bairro. Eles não me entendem. Desconfiam

---

[219] Breines, 1989:133.
[220] Sale, 1974:101-102.

de mim e de todo mundo que tenta se relacionar com eles [...] A comunicação é difícil em todos os níveis — quase impossível quando tento fazer perguntas diretas sobre como um camarada [*fellow*] pensa sobre algo em particular. Só para entender a gíria seria uma questão de provavelmente seis meses. Se eu tentar ser aceito por alguma gangue, seria um processo que levaria provavelmente um ano, no mínimo, e é desnecessário dizer que não tenho tempo para tais luxos [...]

[...] Não há nada que os faça pensar socialmente no momento e nada para lhes dar a confiança de que com ação as suas vidas podem melhorar. Os garotos ficam completamente perplexos quando a ideia de se juntarem para pressionar por suas reivindicações é levantada. Eles aceitam sua situação, apesar de descontentes com ela, e, revoltados no momento, não têm líderes nem programa. E a esta altura é desanimador saber que não encontrei um companheiro, no grupo etário com o qual gostaria de trabalhar, que esteja pensando socialmente.[221]

Ao fim do ano, metade da verba fora gasta sem maior proveito. A ausência de resultados, entretanto, não era o único problema: a reunião do Conselho Nacional, em dezembro, marcou uma das primeiras grandes divisões no seio da SDS, a disputa entre os grupos liderados por Tom Hayden e Al Haber em torno das funções da SDS.

Como já exposto, Haber atribuíra à SDS um papel eminentemente intelectual, convicto que estava da importância de promover uma perspectiva radical no *campus*. Protestos, panfletos, seminários — essas eram as ferramentas essenciais do movimento que concebera e ajudou a moldar nos tempos anteriores a Port Huron. Na reunião de dezembro, argumentou que o Erap deveria ser "um lugar de pesquisa e escrita sobre os problemas dos pobres, um 'centro independente de pesquisa radical', formulando os programas em torno dos quais outras pessoas" organizariam as comunidades pobres. Ele, que colaborava com o projeto levantando dados em Ann Arbor, alertou que os estudantes não deveriam perder de vista a sua condição discente, que era preciso evitar o "culto do gueto" e que suas habilidades de organização e militância poderiam ser usadas no próprio *campus*. Segundo Haber, se a SDS tentasse abranger a universidade e o gueto ao mesmo tempo, poderia acabar dispersando suas forças sem qualquer resultado concreto.[222]

---

[221] Sale, 1974:103.

[222] Ibid., p. 105.

As decepções com o liberalismo: 1962-66   147

Hayden, porém, contava com o apoio da maioria dos participantes do conselho (além do seu próprio carisma de veterano do Sul e autor da *Declaração de Port Huron*) e obteve uma vitória retumbante sobre Haber (20 a seis). "Para mim, ele representava um intelectualismo inconclusivo que frustrava o nascimento da SDS como uma força ativa. O conceito do Erap estava longe de ser um salto no 'ativismo desmiolado', como ele acusou", rememora.[223] Na época, sua retórica foi dura. No relato de Sale (grifos do original):

> A SDS, disse ele, tem de ser *relevante*, tem de deixar toda a besteira [*crap*] acadêmica para trás, tem de sair da intelectualidade e entrar em contato com as bases populares da nação. O ERAP, ao sair dos *campi* para os guetos, chegaria às bases, chegaria onde o *povo* está. Lá podemos ouvi-lo, aprender com ele, organizá-lo para dar voz às suas queixas legítimas, mobilizá-lo para exigir da sociedade a vida decente que é dele por direito. O ERAP pode ser a ação insurgente que verdadeiramente impulsionaria a SDS para uma "trajetória revolucionária" (como *America and the new era* tinha dito). *Aqui finalmente havia algo para a SDS fazer.*

Decidiu-se que o Erap, que seria reestruturado, funcionaria paralelamente às atividades já estabelecidas no *campus*. Porém, ficou claro que o projeto, aprovado por 20 votos contra seis e defendido por alguns dos principais líderes, seria a nova ênfase da SDS.

As bases do Erap reformado foram lançadas no documento *An interracial movement of the poor?*, de autoria de Tom Hayden e Carl Wittman, datado do inverno de 1963. Wittman, estudante do Swarthmore College, era o líder de um projeto similar ao Erap atuante na cidade de Chester, Pensilvânia. Nele, porém, o público-alvo, majoritariamente formado por negros, era de todas as idades, e não só jovens, e a realização de manifestações, *sit-ins* e petições às autoridades para a realização de melhorias na vizinhança vinha obtendo bons resultados. Essa experiência acabaria se refletindo no novo documento. Nele, a abordagem monorracial foi abandonada, havendo um retorno à ideia de unir negros e brancos num movimento único, uma aliança "frouxa" mutuamente benéfica em torno de questões econômicas que afetavam indivíduos de todas as raças. O papel dos negros seria central nesse movimento, uma vez que constituíam a "força

---

[223] Hayden, 1988:125.

148 A Nova Esquerda americana

de mudança mais experiente", mas, ainda assim, não poderiam dar conta disso sozinhos, ao contrário do que pregavam as "ideologias negras" que despontavam no movimento. "[N]ós acreditamos que a ideologia negra, sozinha, é incapaz de levar a melhorias no dia a dia do povo negro. Ela pode ser vital na mobilização das pessoas para a participação, mas não pode eliminar a pobreza." Para dar conta desta última, era preciso pôr em ação "todo o poder das 75 a 100 milhões de pessoas que sofriam com ela ou por ela".[224] O papel dos brancos, "enquanto brancos", deveria ser, primeiro, mostrar aos negros que havia brancos que se interessavam genuinamente por seus problemas e, segundo, "ajudar a fazer conexões entre aqueles no movimento negro interessados em questões econômicas e quaisquer outros segmentos da sociedade americana com preocupações similares".[225]

Apesar disso, o documento é muito pragmático ao admitir que "muitos brancos deveriam voltar suas habilidades de organização para os brancos na 'Outra América'", ainda que essa atividade não fosse tão promissora no curto prazo quanto seria a organização dos negros. No que toca especificamente à participação dos estudantes, o texto diz:

> Nossa principal preocupação não é com o valor imediato dos estudantes para o negro e os movimentos econômicos, embora os estudantes estejam hoje entre os principais catalisadores da mudança. Estamos preocupados também com a melhoria da qualidade do nosso trabalho e a criação de oportunidades para as vocações para a vida radical. *Quer os estudantes permaneçam na faculdade, quer a deixem para trabalhar no movimento*, eles precisarão de uma constante imersão no conteúdo, pelo menos, das ciências sociais e humanas. Muito disso pode ser realizado em grupos de estudo ou conferências ligadas intimamente aos problemas do movimento. Além disso, os estudantes podem desenvolver várias habilidades técnicas e administrativas preciosas no trabalho com o movimento. Finalmente, o núcleo universitário ou grupo trabalhando na Outra América é uma oficina valiosa, ao relacionar os empreendimentos acadêmicos aos problemas humanos reais, construindo um entendimento de liderança coletiva, cooperativa, e ganhando uma experiência importante em política e organização. Portanto, essa é uma necessidade educativa que devemos encarar constantemente [...]. O resultado de aperfeiçoar deliberadamente a base

---

[224] Hayden e Wittman, 1967:205.
[225] Ibid., p. 207.

estudantil pode ser a criação, nos próximos anos, da presença independente de um novo radicalismo.[226]

Abria-se, portanto, a opção de uma atividade que não requeria o laço formal com o *campus*, ainda que suas exigências teóricas favorecessem a presença de estudantes. Quanto à relação desse "movimento econômico" inter-racial e os grupos que ainda atuavam exclusivamente no ambiente estudantil, a orientação era de que a SDS "ainda precisa ter em mira um amplo movimento social, com espaço para preocupações morais e estéticas, o trabalho na reforma da educação, e outras atividades que dialogam com a estrutura normativa prevalecente na sociedade".[227] Havia, pois, espaço para todos — inclusive para os que, como Haber, preferiam se dedicar a labores acadêmicos. Entretanto, os autores reconheciam que havia um risco:

> É provável, no caso da SDS, que o nosso trabalho tradicional relacionado ao *campus* sofra cada vez mais com (1) o peso da "velha guarda", (2) a ênfase em movimentos políticos nacionais e locais em detrimento de certos programas voltados para os estudantes. Esses perigos podem ser evitados, no entanto, se formos capazes de descobrir novas formas organizacionais que permitam o início natural de um movimento centrado no povo, em vez de centrado nos estudantes. [...]
>
> Por exemplo, na SDS: o ERAP e o [PREP] poderiam facilmente se tornar formas separadas e sobrepostas abertas aos estudantes e também aos "adultos", mantendo simultaneamente uma conexão operacional com um programa da SDS centrado nos estudantes. Isso permitirá uma maior integração de muitas pessoas e grupos que se mantiveram até aqui "fora" de nossa comunidade por causa de sua identidade estudantil.[228]

Além da autonomia dos dois principais projetos da SDS naquele momento, Hayden e Wittman levantam a hipótese de um movimento mais integrado para o futuro, um "movimento para uma sociedade democrática", que poderia chegar a incluir fusões com outros grupos dedicados aos direitos civis, à paz, ao trabalhismo e aos estudantes. Mais do que isso, "devemos estar preparados para

---

[226] Hayden e Wittman, 1967:208, grifos meus.

[227] Ibid., p. 208.

[228] Ibid., p. 210.

mudar radicalmente, ou mesmo dissolver, a nossa organização, se as condições favorecerem um novo movimento mais amplo". E embora não fosse o momento de criar esse movimento, a SDS deveria manter-se aberta à possibilidade.[229]

Apesar da linguagem cuidadosa, *An interracial movement of the poor?* não dirimiu a tensão entre os defensores do "*campus*" e os da "comunidade", que se manteria ao longo de anos. Os primeiros acusavam os últimos de "anti-intelectualismo", de terem um fetiche pela ação, enquanto estes não disfarçavam bem, nas palavras de Steve Max, sua noção de que "o *campus* é na verdade desimportante se comparado ao gueto",[230] e de que, como se vê no documento de Hayden e Wittman, a SDS era só um meio para o fim que era o Erap. A tensão era tanto maior porque, fora a questão de princípio quanto a qual deveria ser a função precípua da SDS, o Erap de fato consumia uma parte considerável dos já parcos recursos da organização, tanto materiais quanto humanos. Em pouco tempo, Tom Hayden, Rennie Davis (nomeado coordenador do projeto), Todd Gitlin (presidente), Paul Potter, Sharon Jeffrey, entre outros nomes de peso, estavam abandonando suas atividades usuais para levar uma existência precária em bairros pobres, isolados da base da SDS, que ainda eram, afinal, os estudantes universitários. Enquanto isso, o Escritório Nacional afundava na penúria, sofrendo com o déficit da LID, com gastos maiores do que as entradas e funcionários vivendo no nível de subsistência.[231]

O dia a dia na organização comunitária

O Erap renovado teria início de fato no verão de 1964, época das férias estudantis. Planejou-se o estabelecimento de 10 projetos em 10 cidades, cada um com 10 a 20 voluntários, com a meta mínima de durarem o verão. Se obtivessem sucesso, poder-se-ia pensar em prolongá-los pelo outono, o que demonstra a expectativa de resultados no curto prazo (o relatório de Chabot, ao que parece, não fora levado em conta, ou se pretendia compensar suas dificuldades com um maior número de organizadores). A escolha das cidades foi feita a partir dos mais diversos critérios, alguns deles práticos (como a presença de organizações voltadas para os pobres) e outros apenas circunstanciais (o projeto de Cleveland deveu sua existência a um amigo de Wittman que queria começar lá). No fim, foram

---

[229] Hayden e Wittman, 1967:211.
[230] Breines, 1989:128.
[231] Sale, 1974:121.

As decepções com o liberalismo: 1962-66   151

escolhidas Baltimore, Boston, Chester, Hazard, Louisville, Filadélfia, Trenton, abrigando Chicago, Cleveland e Newark o maior número de organizadores.

Ao chegarem ao novo campo de trabalho, os estudantes — a maioria dentro do perfil de classe média branca da Costa Leste — alojavam-se num mesmo imóvel alugado, que passava a ser dormitório e base de operações. O dinheiro era pouco e a rotina, espartana. Nas palavras do membro da SDS Lee Webb:

> De pé pela manhã às 8 horas, para o escritório às 9, tentar fazer um monte de telefonemas, ir para as casas das pessoas, as pessoas que vieram ao escritório, combinar reuniões para a noite — esse é o estilo de vida, *todo santo dia...* *Ninguém* bebia, eu não consigo lembrar de um garoto que tivesse bebido uma garrafa de cerveja durante o verão inteiro; nós podíamos conseguir o dinheiro, dinheiro não seria problema — tipo, sempre havia dinheiro para Coca-Cola... *Ninguém* sabia nada sobre drogas, drogas eram para doidos. Sem bebidas, sem drogas, sem sexo, e acho que era assim em todos os projetos. Em certo sentido, aquele verão foi como a expressão de uma qualidade muito significativa daquela geração — quase monástica, ou ascética, ou algo assim. Porque toda a ética da organização comunitária tinha como base aqueles princípios, sabe: você *trabalha*.[232]

De maneira geral, e segundo a orientação de *An interracial movement of the poor?*, por *organização comunitária* os voluntários da SDS entendiam a formação de grupos da própria comunidade que fariam pressão das mais variadas maneiras para a obtenção de melhorias, no nível local, e a constituição, em um prazo mais longo, de um movimento político dos desempregados. Os métodos variavam de um projeto para outro, mas um procedimento típico foi descrito por Rennie Davis no *SDS Bulletin*:

> Um organizador pode gastar duas horas ou mais com um único indivíduo. Por meio de centenas de conversas, aos poucos, bolsões de contatos desempregados são estabelecidos e identificados nos mapas da cidade. Uma pessoa de uma área com grande desemprego é indagada quanto à [sua disponibilidade para] a ida a uma reunião: ela concorda, mas não tem tempo para contatar os vizinhos. En- tão o [organizador] liga para cada desempregado da redondeza ou os encontra pessoalmente. Trinta pessoas são contatadas; oito aparecem. Um é racista, mas

---

[232] Sale, 1974:131.

seus argumentos são derrubados pelo grupo. Um outro está (talvez) disposto a trabalhar e tem alguma noção do que precisa ser feito. Os outros ficam girando em torno de seus problemas pessoais. O trabalho é lento.[233]

Porém, essa abordagem inicial (chamada de Join, *Jobs or Income Now*, seguindo o projeto homônimo de Chicago) em pouco tempo mostrou-se problemática. Nas palavras de Paul Potter (1971:145), que trabalhava no projeto de Cleveland, "não fomos recebidos por um exército de desempregados brancos, e os desempregados que encontramos eram um grupo extremamente diverso de pessoas". Além disso, ao contrário do que previam os analistas da SDS, "o desemprego estava realmente diminuindo na maioria das cidades em que estávamos trabalhando".[234]

Em pouco tempo se percebeu que seria mais fácil atuar não contra o desemprego — um problema difícil de minorar com os recursos disponíveis e no prazo estipulado —, mas em favor de demandas locais como a instalação de um sinal de trânsito, a coleta regular de lixo (daí o apelido dado a essa abordagem: Groin, *Garbage Removal or Income Now*), uma maior agilidade no funcionamento das agências de bem-estar social, o protesto contra despejos e aumentos de aluguéis. Se fosse possível formar um movimento reivindicatório ativo e eficaz nessas áreas empobrecidas, capaz de ligar os problemas locais aos nacionais, ter-se-ia uma base para reforçar a nova insurgência analisada em *America and the new era*, e, de fato, a SDS teria demonstrado que seria possível aplicar os métodos do SNCC no Norte.

Porém, havia dificuldades consideráveis, como apontou Potter. Muitos dos voluntários não tinham experiências relevantes com a pobreza: "Nosso único contato com a pobreza era através de Michael Harrington (*A outra América*) ou, em alguns casos, através do garoto pobre e sua família que conhecemos acidentalmente na escola secundária".[235] A escolha das cidades onde o projeto começaria a funcionar nem sempre fora feita com base em dados verdadeiros, de modo que os estudantes mandados para Newark, como Tom Hayden, por exemplo, achavam que encontrariam no bairro-alvo, Clinton Hill, uma comunidade inter-racial e somente ao chegarem lá é que descobriram se tratar de um gueto negro.[236] Além

---

[233] Sale, 1974:132.
[234] Potter, 1971:145.
[235] Ibid., p. 143.
[236] Hayden, 1988:128.

As decepções com o liberalismo: 1962-66

disso, o objetivo inicial de criar um movimento de massa acabou sendo prejudicado e abandonado com a mudança de ênfase para a abordagem "Groin": "Mais do que antes, as pessoas começaram a pensar em seu trabalho como um experimento pragmático divorciado de quaisquer proposições ideológicas",[237] ou seja, limitado às reivindicações imediatas e sem a ênfase desejada na conscientização política. Como se não bastasse, para atrair as pessoas para o projeto, era preciso ter algum resultado para mostrar, e isso já era suficientemente difícil mesmo com o apoio da comunidade local, quase sempre reduzido.

Persistir em um objetivo de longo prazo, num projeto formado em sua maior parte por estudantes ainda ligados aos seus cursos e que apresentava dificuldades maiores do que as previstas, era um desafio a que os voluntários do Erap não estavam, em sua maioria, prontos para enfrentar.

> [D]e dentro de um projeto do ERAP, o sentimento mais imediato era de que havia uma corrente imensa de problemas práticos, tanto para nós quanto para as pessoas com quem trabalhávamos na comunidade. [...] Um dia eram policiais assediando as pessoas do bairro associadas ao projeto. Como se lida com isso? Em seguida, era a briga entre duas pessoas críticas no prédio que se estava tentando organizar nos últimos dois meses para uma greve de aluguéis, cada um dizendo que vai desistir se a outra ficar. O que se faz a respeito? Além disso, descobre-se que o motivo da briga foi uma discussão sobre a própria natureza do projeto. Uma mulher insistia que éramos todos comunistas, vivendo juntos em pecado e tentando explorar o sofrimento das pessoas do bairro, e insistia que devíamos ser postos para fora do prédio. A outra apontava que nada teria acontecido no prédio se não tivéssemos aparecido em primeiro lugar, e insistia que éramos apenas garotos decentes tentando ajudar as pessoas menos favorecidas. A mulher que nos "ataca" entende melhor o que queremos fazer do que a que nos "defende"; o que se faz sobre isso? Então há o homem cuja família está recebendo auxílio-desemprego, que quer trabalhar com você, mas está com medo porque tem um trabalho clandestino de meio expediente, e uma [funcionária pública indicada para cuidar de seu caso] que quer tirá-lo do auxílio-desemprego, e receia que qualquer envolvimento aberto conosco chamará a atenção para o seu caso, levando à descoberta de seu trabalho e à remoção das listas de auxílio; o que fazer a respeito? Então, claro, existe a

---

[237] Potter, 1971:146.

tensão extraordinária entre dois dos membros mais eficientes da equipe, que ninguém consegue entender ou tratar abertamente, mas que deixa todos tensos e torna as reuniões insuportáveis. Ou, enfim, há o fato muito básico de que o aluguel está atrasado, a despensa está reduzida a manteiga de amendoim e feijões, e há somente dez dólares no banco, sem previsão de mais dinheiro pelas próximas duas semanas. O que se faz a respeito — além de desenvolver o senso de humor?[238]

A partir de janeiro de 1965, sobretudo, quando ficou constatado que o projeto precisava de reformulações e que as expectativas iniciais não estavam sendo alcançadas (principalmente a de um movimento inter-racial dos pobres), vários questionamentos começaram a ser feitos.

Nós precisamos de líderes? Os líderes, por definição, não manipulam, e nós não somos fundamentalmente contra a manipulação? Mas não estamos todos manipulando, apenas por estarmos nos projetos? Suponha que você convença um homem a vir a uma reunião — isso não é manipulá-lo? A organização dos guetos não é uma expressão de esnobismo, de paternalismo? Estaríamos nos guetos se não pensássemos ter alguma sabedoria superior que precisávamos passar para essa gente? Isso não é simplesmente tentar cooptar essas pessoas para a nossa maneira de fazer as coisas, para nosso tipo de movimento?[239]

Por trás desses questionamentos, nota-se a preocupação com o princípio da democracia participativa. Os organizadores do Erap não queriam apenas um movimento político, queriam também testar novas formas de relacionamento e organização que não reproduzissem as relações antidemocráticas de poder vigentes na sociedade em geral. Assim, não havia líderes, e os organizadores procuravam ao máximo que os habitantes das comunidades conseguissem chegar às suas próprias soluções sem dependerem deles — daí o lema "Deixe o povo decidir" (*Let the people decide*). Por exemplo, todos tinham direito à palavra sem serem interrompidos.

Hoje uma união comunitária do ERAP é provavelmente a única instituição no mundo na qual um alcoólatra indigente pode se levantar e dar uma palestra,

---

[238] Potter, 1971:139.
[239] Sale, 1974:137.

As decepções com o liberalismo: 1962-66

ocasionalmente brilhante mas em geral incoerente, a respeito de estratégia política e ser ouvido com total respeito.[240]

Os escritórios frequentemente eram abertos a todos, e os organizadores chegavam a distribuir chaves pela vizinhança. Em um projeto na Pensilvânia, em Bellefonte, adotou-se uma política permanente de portas abertas, visando a atrair os jovens das redondezas (o que, aliás, causou uma série de problemas que culminariam na extinção do programa pouco tempo depois).[241] As decisões eram sempre tomadas em grupo, não por votação, mas por *consenso*, não importando quanto tempo levasse (daí a frase que ficaria célebre entre os ativistas: "A liberdade é uma reunião sem fim"). Havia uma "ênfase no processo [e a visão] de que o processo é parte do objetivo", ou seja, a própria dinâmica interna dos projetos comunitários — falta de hierarquia, distribuição rotativa de função, não utilização até mesmo de palavras e expressões que sugerissem autoridade[242] — já era uma conquista. A criação de uma nova sociedade a partir de valores mais humanos e democráticos, o ideal apresentado em Port Huron, não era algo para um futuro indeterminado, mas sim uma construção a partir do agora, da vivência cotidiana — a vivência política andava de mãos dadas com a vivência pessoal (o que Wini Breines chamaria de *política prefigurativa*). Em depoimento a James Miller sobre sua experiência no projeto de Cleveland, Sharon Jeffrey explica como isso funcionava na prática, por vezes até o excesso:

> Nós trabalhávamos *sete dias por semana*. [...] As reuniões-maratona se tornaram rotineiras. Tínhamos longas, longas discussões — doze horas. Dezoito horas. Por seis ou sete semanas no verão, tínhamos uma discussão de vinte e quatro horas para decidir se podíamos tirar *um* dia de folga e ir à praia. Isso era uma grande coisa: tirar um dia de folga e ir à praia. [...]
> Eu nunca ia ao cinema. [...] Nunca saía para jantar. Nunca ia à praia. Nunca fazia nada relaxante. Eu não fazia nada sozinha. Tudo era com o grupo. [...] Em meio ao individualismo, estávamos tentando ser muito *grupais*. E mesmo assim éramos independentes. O pensamento independente era encorajado e apoiado. Nunca se impôs qualquer limite sobre o que poderia ser discutido.[243]

---

[240] Rothstein, s.d., apud Breines, 1989:136.

[241] Sale, 1974:141.

[242] Cf. Miller, 1987:198.

[243] Apud Miller, 1987:207, grifos do original.

Além da questão da mobilização dos pobres, os projetos comunais da SDS foram uma das suas primeiras tentativas concretas de estabelecer a "comunidade amada" (*beloved community*), um espírito de união pessoal entre os membros do grupo que fosse, ao mesmo tempo, eficaz na reforma da sociedade e enriquecedor no plano pessoal, afetivo. Essa busca, inspirada no movimento negro e sobretudo no SNCC, marcaria os experimentos democráticos da SDS por anos, até que finalmente, como se verá adiante, suas metas e prioridades mudassem.

A despeito da dedicação elevada de voluntários como Jeffrey, o Erap teve vida curta. Em fins de 1964, três projetos haviam sido abandonados: Hazard, Louisville e Trenton. No ano seguinte, com o acúmulo de problemas e a deserção de alguns voluntários, adotou-se a noção de que a eficácia de cada projeto dependia de informações muito específicas sobre sua área de atuação, prescindindo de um comando central. Com isso, a estrutura formal do Erap, dirigida por Rennie Davis em Ann Arbor, foi dissolvida, e os projetos remanescentes ganharam autonomia. Entretanto, essa mesma medida isolou-os uns dos outros e impediu a troca de experiências, ao mesmo tempo em que criou uma série de problemas adicionais. Dos 13 projetos que foram criados nesses dois anos, apenas cinco chegaram ao fim de 1965: Baltimore, Cleveland, Chicago, Newark e Oakland (este, criado mais tarde que os outros). Somente Chicago e Newark durariam até 1967.[244]

Tendo em vista os ambiciosos objetivos originais, o experimento do Erap foi um fracasso, obtendo apenas "duas concessões da 'estrutura do poder'. Em Cleveland, um programa de almoço grátis foi estabelecido para as crianças das pessoas que recebiam ajuda e que frequentavam uma escola pública", enquanto em Newark "um comitê da guerra à pobreza, eleito localmente, foi capaz de obter fundos para um centro recreativo".[245] Fora isso, o que se obteve foram pequenas vitórias de cunho eminentemente local, insuficientes para formar um movimento de peso.

Entretanto, o Erap foi importante no desenvolvimento da SDS. Além de acusar uma mudança no caráter da organização — de uma prolífica fonte de aná-

---

[244] Para um detalhado relato factual, ver Sale, 1974, cap. 9. Porém, a melhor análise sobre os problemas internos do Erap é o artigo de Richard Rothstein, também veterano da SDS, "Evolution of the ERAP organizers", em Long, 1970. Para o caso específico de Newark, ver Hayden, 1988, cap. 6; para Cleveland, ver Miller, 1987, cap. 10 (baseado nos depoimentos de Sharon Jeffrey e Paul Potter). A questão do poder e da democracia no Erap é estudada em Breines, 1989, cap. 7.

[245] Rothstein, s.d.:279.

As decepções com o liberalismo: 1962-66 157

lises intelectuais, baseada no *campus*, para uma entidade envolvida diretamente em projetos comunitários fora das tradicionais questões estudantis —, o projeto ajudou a dar visibilidade à organização. Tom Hayden chegou a ser convidado por funcionários da Casa Branca para treinar voluntários para os Corpos da Paz na América Latina e, após recusar, manteve algumas negociações quanto à colaboração do Erap de Newark (oficialmente chamado de *Newark Community Union Project*, ou NCUP) na formação dos voluntários do programa federal Vista (*Volunteers in Service to America*). A ideia acabou sendo abandonada, mas foi um sinal do reconhecimento que a SDS obteve com o Erap, no contexto da "guerra à pobreza" anunciada pelo governo Johnson em 1964.

No campo mais estritamente ideológico, o Erap permitiu aos seus organizadores, que incluíam boa parte das lideranças da SDS, uma experiência direta com a "Outra América", o lado mais sombrio da prosperidade norte-americana. A dura realidade do gueto — brutalidade policial, demagogia política, miséria, insuficiência e rigidez das instituições governamentais, racismo, criminalidade, preconceito por parte das classes mais abastadas — foi uma experiência marcante e que enriqueceu a compreensão muitas vezes apenas acadêmica que esses estudantes de classe média tinham dos problemas de seu país. Nas palavras de Richard Rothstein, escrevendo em 1969:

> A estrutura do ERAP foi estabelecida para testar determinadas hipóteses sobre a sociedade americana. Sua conclusões após um período muito curto de testagem são agora lugares-comuns no movimento — que as forças sindicais-liberais estabelecidas provavelmente não irão ativar seus membros agora passivos para uma ação radical de massa; que as classes governantes locais e nacionais na América são demasiado rígidas para responder a demandas populares por reforma, mesmo se estas demandas forem racionais para a manutenção do poder dessas classes no longo prazo; e que uma aliança significativa entre brancos e negros de classe baixa está muito distante.[246]

Enquanto a SDS se dividia entre o *campus* e o gueto, desiludindo-se no processo, sua contraparte e inspiração, o SNCC, também passava por modificações que seriam cruciais na trajetória da Nova Esquerda.

---

[246] Rothstein, s.d.:287.

O SNCC: do verão da liberdade ao poder negro

Em 1964, o SNCC deu início ao seu projeto mais ambicioso. Mais uma vez, o foco era o registro de eleitores negros, mas com dois diferenciais: nessa campanha, haveria o uso de voluntários brancos do Norte numa escala muito maior do que antes; e, mais do que apenas aumentar o peso eleitoral da população negra, agora haveria um *partido* voltado para ela. Batizada de "Verão da Liberdade", a nova campanha visava a atacar os segregacionistas na maior manifestação de sua força: o poder político.

A campanha era produto de uma nova visão do SNCC a respeito de seu papel e do que era preciso para obter a desejada integração racial. Depois de alguns anos combatendo as formas mais cotidianas de discriminação — balcões de lanchonetes, restaurantes, terminais rodoviários, banheiros públicos —, ampliou-se a percepção de que era preciso mais. A simples integração de estabelecimentos públicos, por exemplo, embora representasse um grande ganho simbólico, não tinha muito efeito prático sobre o cotidiano das populações com que o SNCC trabalhava: os negros pobres das pequenas cidades do "Sul Profundo", de pouca ou nenhuma instrução, levando vidas precárias no campo e excluídos de qualquer representação política. O direito de comer um hambúrguer sem ser discriminado tinha pouca utilidade quando não se tinha o dinheiro para pagá-lo em primeiro lugar.

Mudar essa situação, contudo, era difícil sem um fator que desse aos negros uma forma de contrabalançar a discriminação que sofriam — e que significava, além das humilhações e agressões rotineiras, educação e empregos inferiores. A segregação tinha também bases econômicas e políticas, não apenas culturais, e leis em prol da igualdade formal dificilmente teriam resultado se esse desequilíbrio entre brancos e negros não fosse sanado. No entendimento adotado pelo SNCC, a conquista de uma representação política era um passo fundamental para uma igualdade *efetiva*, e isso era impossível, eles sabiam, enquanto racistas ardorosos controlassem a maior parte das comissões mais importantes do Legislativo e tivessem a influência que tinham dentro do partido então no poder, o Democrata.

Para isso, o SNCC decidiu seguir uma sugestão dada por Tom Hayden a Bob Moses. Aproveitando que a convenção nacional do Partido Democrata seria realizada em agosto, com a formalização dos candidatos à eleição presidencial no mesmo ano e grande cobertura da imprensa, o SNCC ia desafiar publicamente a delegação democrata do Mississipi. O pretexto era simples: uma vez que esse estado tinha uma expressiva população negra privada do pleno exercício de seus

As decepções com o liberalismo: 1962-66

direitos políticos, os delegados estaduais na convenção — todos brancos — não tinham legitimidade para representá-lo. Em vez deles, seria apresentada uma delegação racialmente integrada (mas com maioria negra) que reclamaria o lugar dos delegados oficiais em nome do Mississippi Freedom Democratic Party (Partido Democrático da Liberdade do Mississipi), o MFDP.[247]

Cerca de 700 voluntários (a grande maioria branca) atenderam ao chamado do SNCC por "vintenas de estudantes, professores, técnicos, enfermeiras, artistas e conselheiros legais", tão qualificados quanto fosse possível, para auxiliar nos seus diversos programas do Verão da Liberdade (o registro eleitoral era apenas uma das atividades previstas, embora a mais importante).

> Esses trabalhadores [...] se envolverão em um esforço para encorajar tantos negros quanto possível a tentarem se registrar. Eles ajudarão em uma campanha, iniciada em fevereiro, para registrar mais de 400.000 negros em livros de registro da Liberdade. A campanha de registro da Liberdade vai estabelecer registradores locais em cada distrito do Mississipi com livros de registro os mais parecidos possíveis com os livros oficiais do estado. [Eles] servirão como base para desafiar os livros oficiais do estado e a validade das eleições federais "oficiais" deste outono. Finalmente, os trabalhadores do registro eleitoral auxiliarão nas campanhas de verão dos candidatos que estarão concorrendo ao Congresso (candidatos da Liberdade).[248]

Como anteriormente, a presença de brancos era importante por motivos táticos: acreditava-se que sua presença inibiria um pouco a violência racista que estava novamente em alta depois da marcha de 1963, já que qualquer agressão sofrida por eles poderia atrair mais atenção dos meios de comunicação e do governo federal do que os ataques cotidianos feitos aos negros. Como sempre era o caso nos projetos do SNCC, a violência por parte da população branca local era um dado; a questão era apenas como minimizá-la. Cleveland Sellers, militante do SNCC que contava então 19 anos, relata em suas memórias algumas das regras de sobrevivência ensinadas aos voluntários:

---

[247] Hayden, 1988:116.

[248] *Memorandum: on the SNCC Mississippi Summer Project Transcript.* Civil Rights in Mississippi Digital Archive. M320 Zeman (Zoya) Freedom Summer Collection. Box 1, Folder 14. Disponível em: <http://anna.lib.usm.edu/~spcol/crda/ellin/ ellin062.html>. Acesso em: 25 nov. 2006.

Todos deveriam estar em seu trabalho às oito e meia da manhã; ninguém faria qualquer viagem até a cidade ou condado sem deixar sua hora de partida e da expectativa de retorno na lista de saída no escritório; ninguém ficaria do lado de fora depois de escurecer, exceto em se tratando de assunto oficial; todas as persianas seriam puxadas assim que o sol se pusesse, e ninguém deveria se tornar um alvo projetando sua sombra nelas; os brancos locais e a polícia deveriam ser evitados sempre que possível e nunca deveriam ser provocados desnecessariamente.[249]

Além dessas normas elementares, havia outras menos óbvias que levavam em consideração os costumes e as sensibilidades locais, como a proibição expressa de romances inter-raciais entre os membros da equipe, principalmente aqueles envolvendo mulheres brancas e homens negros (o que era um tabu no Sul). "Relações inter-raciais darão aos brancos locais a iniciativa de que precisam para vir aqui e matar todos nós", alertou o chefe de projeto de uma reunião descrita por Sellers. "Quem violar qualquer uma dessas regras pode arrumar suas coisas e sumir da cidade. Estamos aqui para trabalhar. O tempo para baboseiras já passou."[250]

Antes que a reunião terminasse, alguém distribuiu uma cópia de uma publicação da COFO[251] intitulada "A condição geral do negro do Mississipi". Apesar de minha exposição prévia à pobreza e à privação, eu a achei muito perturbadora.

A publicação revela que 66% de todos os negros do Mississipi viviam em habitações "dilapidadas ou em deterioração"; que havia cerca de um terço de negros morrendo mais que os brancos a cada ano; que as chances de um bebê negro morrer em seu primeiro ano de vida eram o dobro das de uma criança branca; que metade das escolas estaduais para negros não tinha equipamento algum; que mais de 90% das bibliotecas públicas recusavam a admissão de negros; que a taxa estadual de desemprego dos negros era duas vezes a dos brancos e que a renda anual dos negros era 71% menor que a dos brancos.

"Vai ser mesmo um verão longo e quente", resmunguei para ninguém em particular antes de jogar o panfleto fora e ir para a cama.[252]

---

[249] Sellers e Terrell, 1990:95.

[250] Ibid., p. 96.

[251] Council of Federated Organizations, uma coalizão criada em 1962 e chefiada pelo SNCC, com o auxílio do Core e o apoio nominal da NAACP.

[252] Sellers e Terrell, 1990:97.

As decepções com o liberalismo: 1962-66

A previsão de Sellers foi certeira. Ainda em junho, dois organizadores do Core, James Chaney e Michael Schwerner, de 21 e 24 anos, desapareceram junto com o voluntário Andrew Goodman, de 20 anos, perto da cidade de Filadélfia. Seus corpos foram encontrados mais de 40 dias depois, numa represa, crivados de balas e com sinais de espancamento. Apurou-se que, num procedimento típico do Sul, os três haviam sido detidos numa delegacia sob acusações falsas e liberados à noite, o horário favorito para os ataques raciais. O caso teve ampla repercussão nacional — um sinal de que a tática de usar os brancos como chamariz em caso de problemas fora bem-sucedida — e forçou a intervenção das autoridades federais, que prenderam 18 pessoas ligadas à Ku Klux Klan, inclusive o xerife substituto do condado de Neshoba. Três anos depois, apenas sete seriam condenados por um júri branco, e o líder da iniciativa, o pastor batista Edgar Ray Killen, só viria a ser condenado em 2005, 41 anos após os assassinatos.[253]

A morte de Chaney, Schwerner e Goodman foi apenas parte de uma rotina de violência e temor que se estendeu ao longo de todo o verão e prejudicou a consolidação do MFDP. "Todos sabiam que os três homens desaparecidos tinham alguma associação com o partido. Também sabiam que todos os que assistissem às reuniões de distrito estavam se arriscando ao mesmo destino que eles."[254]

> Estas estatísticas sombrias relatam apenas uma pequena parte do horror: mil prisões, trinta e cinco incidentes com tiros, trinta casas e outros edifícios bombardeados; trinta e cinco igrejas queimadas, oitenta espancamentos e pelo menos seis pessoas assassinadas. Embora a maioria tenha conseguido sair do Mississipi, nenhum de nós escaparia sem terríveis cicatrizes.[255]

Apesar das dificuldades, em agosto o MFDP havia obtido o impressionante número de 80 mil filiados, havendo 17 mil preenchido formulários eleitorais — dos quais apenas 1.600 conseguiriam realmente entrar nas listas oficiais de votação. Foram escolhidos 68 delegados (quatro deles brancos), que rumaram para a convenção democrata, em Atlantic City, Nova Jersey, em caravanas de ônibus e carros (não havia recursos para viagem aérea). "Três quartos dos delegados

---

[253] Mississipi em chamas: Killen condenado a 60 anos. UOL Últimas Notícias, 23 jun. 2005. Disponível em: <http://noticias.uol.com.br/ultnot/afp/2005/06/23/ult34u128712.jhtm>. Acesso em: 25 nov. 2006.

[254] Sellers e Terrell, 1990:100.

[255] Ibid., p. 94.

eram pequenos fazendeiros",[256] e os organizadores haviam se preparado para potencializar ao máximo o impacto de sua presença no evento.

> Nós sabíamos que haveria resistência às nossas demandas, mas estávamos preparados. Levamos inúmeros itens para serem usados como símbolos e provas da opressão sistemática dos negros do Mississipi. Eles incluíam testemunhos registrados em cartório de vítimas de discriminação, fotos das condições nas quais os negros eram forçados a viver, relatórios sobre a precariedade econômica dos negros do Mississippi e uma lista de todas as igrejas que haviam sido queimadas ou bombardeadas. Também levamos o carro que Chaney, Goodman e Schwerner dirigiam na noite em que foram assassinados.[257]

Enquanto os militantes e voluntários do Verão da Liberdade tentavam alcançar sua meta sem morrerem no caminho, em julho o Congresso aprovou a Lei dos Direitos Civis (*Civil Rights Act*), prometida por Kennedy ainda em 1963 e fortalecida por algumas emendas. Entre outras determinações, a lei proibia o uso de critérios desiguais para o registro de eleitores (embora não incluísse os testes de alfabetização frequentemente usados para excluir os negros, só proibidos em uma lei do ano seguinte), bem como a discriminação em acomodações públicas envolvidas no comércio interestadual (hotéis, teatros e restaurantes, por exemplo, mas abrindo exceção para "clubes privados", que não foram definidos). Além disso, o governo federal estava autorizado (não obrigado) a cortar as verbas de programas que praticassem a discriminação, que também estava proibida em qualquer negócio que excedesse 25 funcionários. Criava-se também uma Comissão de Oportunidades Iguais de Emprego, encarregada de examinar queixas e denúncias — sem, contudo, o poder para punir. A dessegregação escolar, decidida pela Suprema Corte em 1954, era encorajada.[258]

Um marco na história legislativa dos EUA no século XX, a Lei dos Direitos Civis não significou qualquer alteração nos planos do SNCC e de seus aliados. A mera afirmação legal de direitos não significava sua efetivação, como a sua

---

[256] Gitlin, 1987:152.

[257] Sellers e Terrell, 1990:108.

[258] "Major features of the Civil Rights Act of 1964". Disponível em: <http://www.dirksencenter.org>. Acesso em: 25 nov. 2006. O texto integral da Lei de Direitos Civis pode ser encontrado no site do Departamento de Estado dos Estados Unidos: <http://usinfo.state.gov/usa/infousa/laws/majorlaw/civilr19.htm>. Acesso em: 25 nov. 2006.

As decepções com o liberalismo: 1962-66   163

vivência mostrava todos os dias. A convenção democrata é que provaria se era possível, afinal de contas, abrir espaço para que as vítimas da segregação tivessem a parcela de poder político que lhes cabia como cidadãos.

A chegada dos delegados à convenção, em 22 de agosto, foi dramática, e recebeu ampla atenção da imprensa. No entanto, o presidente Lyndon Johnson, preocupado com sua indicação para as eleições do fim do ano e o apoio do Sul, não colaborou, chegando mesmo a improvisar uma entrevista coletiva na Casa Branca para desviar as atenções do depoimento ao vivo que uma das delegadas do MFDP, Fannie Lou Hamer, estava dando aos repórteres de televisão em Atlantic City. (O depoimento de Hamer, sobre os sofrimentos de uma equipe do MFDP liderada por ela na cidade natal de um dos dixiecratas mais influentes, o senador James O. Eastland, acabaria sendo transmitido na íntegra nos noticiários da noite.) O MFDP chegou mesmo a apelar para técnicas de protesto, como um *sit-in* nas cadeiras destinadas aos delegados oficiais do Mississipi, e as delegações de outros estados sulistas ameaçaram deixar a convenção se o MFDP fosse admitido. Ao fim de tensas negociações de bastidores, tudo o que as lideranças democratas ofereceram foram apenas dois assentos simbólicos na convenção e a promessa de que delegações segregadas não seriam aceitas nas eleições de 1968, uma proposta que contou com o apoio dos líderes negros liberais, como Martin Luther King e Roy Wilkins, da NAACP. Os delegados do MFDP recusaram, recolheram suas coisas e foram embora. Johnson obteve sua chapa para a reeleição com o apoio do Sul, como previsto.[259]

Atlantic City foi um ponto de virada na história do SNCC, a última grande tentativa de operar dentro dos marcos do sistema político norte-americano. A recusa dos democratas liberais em atender à reivindicação do MFDP, pondo suas conveniências eleitorais acima do que era uma forte demanda moral baseada nos próprios princípios do partido, foi a demonstração cabal, aos olhos dos militantes, de que o sistema estabelecido não ia se arriscar às concessões necessárias para a melhoria das condições do negro. Essa constatação deu força a uma corrente mais extrema dentro do SNCC, para a qual a adesão à não violência era uma questão *tática*, não um princípio inviolável, e que, portanto, não tinha o mesmo compromisso com *meios* e fins com o qual a organização fora fundada. Em outras palavras, para os adeptos dessa corrente, os meios adotados pelo SNCC deviam ser julgados pela eficácia prática, não mais pelas diretrizes fortemente religiosas que haviam levado

---

[259] Gitlin, 1987:151-162.

à adoção da não violência em primeiro lugar. E se o critério de seleção dos meios mudavam, os fins a que se destinavam também. "Depois de Atlantic City, nossa luta não era pelos direitos civis, mas por libertação", escreveu Sellers. "Nossa mais importante conclusão foi que não era possível para os negros pobres resolver seus problemas dentro da estrutura do sistema bipartidário. Concordamos que havia a necessidade de estruturas políticas alternativas ou paralelas."[260]

Em janeiro de 1965, o SNCC tentou evitar a posse de cinco deputados do Mississipi. A base jurídica era um artigo da Constituição que determinava que a Câmara dos Deputados deveria ser o juiz das eleições e qualificações de seus membros, e o argumento era que esses cinco deputados haviam sido eleitos por distritos onde os negros eram excluídos sistematicamente das eleições. Provas foram apresentadas, o que não era difícil de conseguir a essa altura. Apesar disso, o Congresso, por 228 a 143, votou a favor dos deputados. "Lançamos o Desafio [como foi chamada a iniciativa] para provar que o sistema não funcionaria para os negros pobres. Nossa meta era refutar a noção de que os negros, se jogassem pelas regras, poderiam obter igual justiça perante a lei."[261]

Em 7 de março de 1965, após alguns problemas com autoridades locais, a SCLC de Martin Luther King realizou uma marcha em Selma, Alabama. A marcha iria até a capital do estado, Montgomery, e havia sido proibida pelo governador George Wallace. O resultado foi descrito em matéria assinada por Roy Reed e publicada no dia seguinte pelo *New York Times*:

POLÍCIA DO ALABAMA USA GÁS E CASSETETES PARA DISPERSAR NEGROS

[...]

A polícia estadual do Alabama e oficiais voluntários do escritório do xerife do Condado de Dallas investiram contra uma coluna de manifestantes negros com gás lacrimogêneo, cassetetes e chicotes [...] para fazer valer as ordens do governador George C. Wallace contra uma marcha de protesto de Selma para Montgomery.

Pelo menos 17 negros foram hospitalizados com ferimentos e cerca de 40 receberam tratamento de emergência por ferimentos leves e efeitos do gás lacrimogêneo.

---

[260] Sellers e Terrell, 1990:111.

[261] Ibid., p. 116.

As decepções com o liberalismo: 1962-66

Segundo relatos, os negros revidaram com tijolos e garrafas num determinado ponto, quando foram empurrados de volta para a comunidade negra, longe da maior parte de um esquadrão de repórteres e fotógrafos que haviam sido bloqueados pelos oficiais.

[...]

Cerca de 200 policiais e milicianos com armas de controle de multidão, pistolas, bombas de gás lacrimogêneo e cassetetes perseguiram mais tarde os residentes negros da área da Igreja Metodista Browns Chapel até seus apartamentos e casas. Eles então patrulharam as ruas por uma hora antes de partirem de carro.

[...]

John Lewis, diretor do Student Nonviolent Coordination Committee, estava entre os feridos. Ele foi recebido no Hospital Good Samaritan com uma possível fratura craniana.

[...]

O Sr. Lewis e Hosea Williams, um auxiliar do Dr. [Martin Luther] King, conduziram os participantes de volta à igreja após o encontro com os policiais. Antes de ir para o hospital, o Sr. Lewis fez um discurso para a multidão que se espremia, raivosa e em lágrimas.

[...]

"Não vejo como o presidente Johnson pode mandar tropas para o Vietnã, — eu não vejo como ele pode mandar tropas para o Congo — eu não vejo como ele pode mandar tropas para a África e não pode mandar tropas para Selma, Ala.", disse ele. A multidão rugiu de aprovação.

"Na próxima vez que marcharmos", ele disse, "podemos ter de continuar andando depois que chegarmos a Montgomery. Podemos ter de ir a Washington."

A matéria segue descrevendo como foi a saída dos manifestantes da igreja, 525 pessoas de todas as idades, marchando em duplas. Quando alcançaram uma ponta, a polícia estadual e os milicianos de Dallas os esperavam num dos extremos, com máscaras de gás e cassetetes. Quando os manifestantes estavam a cerca de 16 metros, foi dada uma ordem para que retornassem, pois aquela era uma reunião "ilegal". Hosea Williams ainda tentou negociar, mas o oficial responsável recusou-se e deu um prazo de dois minutos para que os manifestantes se dispersassem. Quando, passados "alguns segundos", ninguém se moveu, o oficial deu a ordem para que seus homens avançassem.

As tropas avançaram, seus uniformes azuis e capacetes brancos formando uma cunha voadora enquanto elas se moviam.

A cunha se movia com tanta força que parecia quase passar por cima da coluna estática [de manifestantes], em vez de através dela.

Os primeiros 10 ou 20 negros foram varridos ao chão gritando, braços e pernas voando, pacotes e sacolas deslizando pelo canteiro divisório e nos dois lados do pavimento.

Aqueles ainda de pé recuaram.

Espectadores ovacionam

Os policiais continuaram empurrando, usando tanto a força de seus corpos quanto as pontas de seus cassetetes.

Ovações vieram dos espectadores brancos que se alinhavam no lado sul da estrada.

Os milicianos montados esporearam seus cavalos e cavalgaram rápido na direção da massa em retirada. Os negros gritavam enquanto se juntavam em busca de proteção, e os brancos no acostamento gritavam e ovacionavam.

Os negros deram uma pausa em sua retirada pelo que talvez tenha sido um minuto, ainda gritando e se espremendo uns contra os outros.

Subitamente, [...] uma nuvem cinza envolveu os policiais e os negros.

"Gás lacrimogêneo", gritou alguém.

A nuvem começou a cobrir a estrada. Os repórteres, confinados por quatro policiais a um canto a cerca de 100 jardas de distância, começaram a perder a ação de vista.

Mas antes que a nuvem finalmente encobrisse tudo, houve vários momentos em que a visão estava desobstruída. Quinze ou vinte cassetetes podiam ser vistos através do gás, golpeando as cabeças dos participantes da marcha.[262]

Dois dias depois, Martin Luther King, que estava em Atlanta quando houve a primeira marcha, comandou uma outra pelo mesmo trajeto, mas não a concluiu por conta de uma decisão judicial federal que a proibia. Na mesma noite, o espancamento de um pastor unitariano ligado aos direitos civis — ferido com barras de ferro e que morreria dois dias depois — levaria o presidente Johnson a se manifestar, dizendo: "Não são apenas os negros, mas na verdade somos todos

---

[262] Reed, 1965.

As decepções com o liberalismo: 1962-66

nós que devemos superar o legado paralisante do fanatismo e da injustiça". Algum tempo depois, em 25 de março, King concluiu uma terceira marcha de cinco dias, agora com a proteção da Guarda Nacional e de helicópteros do Exército, encontrando na capital do Alabama as efusivas boas-vindas de uma multidão. Entre eles estavam também os militantes do SNCC.[263]

> Quando a grande marcha finalmente começou às 12h47min de 21 de março, éramos parte dela. Nós nos juntamos porque era a única opção. [...]
> Fizemos tudo que pudemos durante a jornada de 54 milhas para sermos úteis. Contudo, ainda acreditávamos que a marcha era um desperdício gigantesco: em termos de dinheiro, recursos humanos e vidas humanas. Pelo menos três pessoas foram mortas durante a sangrenta e divisa campanha...[264]

As palavras de Sellers revelavam a divisão que se acentuava não só dentro do SNCC, mas entre os militantes negros em geral. A estratégia tradicional de líderes como Martin Luther King não era mais vista como eficaz ou a única possível. Ao comentar sua reação ao anúncio da marcha de Selma no início de 1965, Sellers explica as diferenças de abordagem entre o SNCC e a SCLC:

> A ênfase [do SNCC] era posta no desenvolvimento de organizações de base popular dirigidas por pessoas da comunidade local. Nós chamávamos isso de democracia participativa, gente local trabalhando para desenvolver o poder de controlar os eventos significativos que afetavam suas vidas. Trabalhar, comer, dormir, ir aos cultos religiosos e organizar em meio às pessoas — por anos, se necessário — esse era o jeito do SNCC.

Palavras que poderiam ter sido ditas por um voluntário do Erap da SDS, e que mostram que não eram só os estudantes nortistas que eram influenciados pelos militantes do Sul.

> A abordagem da SCLC era radicalmente diferente. Em vez de permanecer em uma comunidade desenvolvendo organizações autônomas, ela iria organizar manifestações dramáticas, calculadas para atrair a atenção da nação. Após conseguir essa atenção, [...] a SCLC iria submeter uma lista de reivindicações

---

[263] Marwick, 1998:568-569.
[264] Sellers e Terrell, 1990:129.

à estrutura de poder local, obter pequenas concessões, proclamar uma grande vitória moral e ir embora da cidade.

[...] Os membros do SNCC estavam convictos de que os negros somente seriam livres quando tomassem seus destinos em *suas próprias* mãos e forçassem uma mudança no *status quo*.

Os membros da SCLC, por outro lado, acreditavam que os negros seriam livres quando o governo federal tomasse medidas que garantissem que seus direitos não seriam violados. A SCLC organizava marchas e manifestações enormes para ativar a opinião pública em prol de seus objetivos. A ideia era que a opinião pública mobilizada resultaria em leis de direitos civis e ações federais.

Essa abordagem invariavelmente tinha um efeito desastroso no movimento local das comunidades onde a SCLC trabalhava. Embora elas ficassem edificadas e inspiradas com o drama ao redor das manifestações gigantescas, os negros locais tinham pouco a mostrar por seus sacrifícios quando o pessoal da SCLC deixava a cidade.[265]

Além dessa divergência estratégica, o SNCC se afastou ainda mais da corrente majoritária da campanha dos direitos civis quando o nacionalismo negro começou a ganhar corpo na organização, principalmente graças a Stokely Carmichael. Carmichael não era o criador dessa ideia, que já tinha antecedentes, por exemplo, no pan-africanismo do sociólogo W. E. B. DuBois e nas ideias de Marcus Garvey, que nos anos 1920 pregara a ideia do retorno dos negros norte-americanos à África. Essencialmente, o que os adeptos desse nacionalismo racial tinham em comum era a ideia da separação entre negros e brancos — econômica, política e eventualmente cultural — como a melhor, se não a única, solução para os conflitos raciais entranhados na sociedade americana.

Nessa metade da década, o mais conhecido representante do nacionalismo negro era Malcom X. Nascido Malcolm Little, X era filho de um pastor adepto das ideias de Marcus Garvey e que fora cruelmente assassinado por uma milícia racista nos moldes da Ku Klux Klan. Ainda garoto, Malcolm foi separado da família quando a mãe começou a manifestar distúrbios psiquiátricos. Acabou indo parar no Harlem, em casa de parentes, onde se envolveu com o crime e foi preso após formar uma quadrilha de assaltos a residências. Na cadeia, entrou em contato com os ensinamentos de Elijah Muhammad, líder da Nação do Islã, um

---

[265] Sellers e Terrell, 1990:117.

As decepções com o liberalismo: 1962-66   169

autoproclamado grupo muçulmano com crenças muito heterodoxas: de acordo com ele, a humanidade seria originariamente negra e os brancos teriam sido criados por um cientista perverso, há milhares de anos, com o propósito explícito de corromper o mundo. Daí a escravização, a segregação racial, a inoculação de um senso de inferioridade nos negros e a incorporação da cultura do dominador em detrimento da cultura africana original.

Convertido a essa variedade de islamismo, Malcolm (que renunciou ao "Little", "um nome de escravo", e adotou o "X" em referência a um ignorado nome africano original) saiu da prisão e rapidamente ascendeu na Nação do Islã, tornando-se um dos braços direitos de Muhammad. Orador carismático, logo ganhou fama por suas ferozes invectivas contra o racismo, que fizeram dele um contraponto ao integracionismo de Martin Luther King, considerado por Malcolm um "Pai Tomás" subserviente aos interesses escusos dos brancos.[266] Durante a Marcha de Washington de 1963, por exemplo, enquanto King proferia seu célebre discurso "Eu tenho um sonho", Malcolm dizia:

> Quem é que já ouviu falar de revolucionários irados harmonizando *We shall overcome* [canção-símbolo dos direitos civis]... *suuum day*, enquanto andam para lá e para cá de braços dados com a mesma gente contra a qual deveriam estar iradamente se revoltando? Quem já ouviu falar de revolucionários irados balançando seus pés descalços junto com o opressor em chafarizes branquinhos, com evangelhos e violões e discursos de "Eu tenho um sonho"?[267]

Malcolm se tornou o porta-voz daqueles que desconfiavam ou simplesmente não acreditavam na abordagem pacifista predominante no movimento pelos direitos civis, e que era essencialmente otimista quanto à possibilidade de igualdade racial na sociedade americana. "Ele não tinha programa político, radical ou não, e sua economia era uma variação negra da ética protestante", mas ainda assim tornou-se uma espécie de herói porque,

> sem sombra de medo e antes de quase qualquer outra pessoa, ele ousava confrontar os demônios de olhos azuis [como chamava os brancos] e acusá-los de seus crimes. Para negros cheios de vergonha, Malcolm pregava o orgulho racial; para os desesperançados em uma América racista, ele clamava inequivocamente

---

[266] Cf. Malcolm X e Haley, 1987.
[267] Matusow, 1984:356.

170   A Nova Esquerda americana

pela separação do homem branco, fosse pelo retorno à África ou pela ocupação exclusiva de um território no interior dos Estados Unidos. [...] Enquanto a polícia batia em trabalhadores do SNCC no Mississipi, Malcolm dizia: "Se alguém puser a mão em você, mande-o para o cemitério". Enquanto o SNCC ponderava o significado de Atlantic City, Malcolm dizia, "Nós precisamos de um Mau Mau [alusão a um levante colonial contra o domínio britânico no Quênia na década de 1950]. Se eles não querem lidar com o Partido Democrático da Liberdade do Mississipi, então vamos lhes dar outras coisas com que lidar".[268]

A posição de Malcolm sobre a natureza maligna dos brancos começou a mudar depois que ele fez uma peregrinação a Meca e pela primeira vez entrou em contato com o islamismo ortodoxo, que não faz distinção de raça entre seus seguidores. Não obstante, ele continuou um nacionalista convicto de que o racismo estava demasiadamente entranhado em grande parte dos brancos americanos, e de que a solução era a autodeterminação dos negros. Para alcançar esse fim, era preciso empregar "todos os meios necessários" — uma frase que se tornaria célebre e era largamente entendida como um eufemismo para o emprego da violência armada.

Assassinado em 1965, aos 40 anos de idade, Malcolm X viria a se tornar um dos ícones do movimento negro norte-americano, e a encarnação de uma abordagem alternativa (e mais atraente, na opinião de alguns) das possibilidades a serem exploradas pelo movimento negro.

Assim, ideias como as de Stokely Carmichael não eram totalmente estranhas aos olhos de outros radicais. O nacionalismo negro era uma das correntes disponíveis no pensamento americano a respeito das relações raciais, e a popularidade de figuras como Malcolm X indicava que ele havia encontrado um ambiente favorável após tantos choques entre os militantes e a ordem racial estabelecida. Mas, no que dizia respeito à sua adoção pelo SNCC, era preciso que houvesse um fator interno que desse a Carmichael a oportunidade de fazer valer seu ponto de vista. Isso aconteceu em 1965, ainda sob o impacto de Atlantic City.

Já de algum tempo o SNCC havia se polarizado entre duas "facções", ou melhor, entre dois tipos diferentes de militantes. O primeiro, fiel ao espírito original do SNCC, tinha um cunho mais místico, via os vários projetos de luta contra o racismo como parte de uma busca interior, uma jornada espiritual que implicava

---

[268] Matusow, 1984:356-357.

o exame constante dos próprios sentimentos e atitudes para que não reproduzissem em si o mal que combatiam. Avessos a um controle institucional estrito, não tinham o perfil do militante político tradicional, pois eram mais preocupados com a experiência da vida comunitária entre os oprimidos e suas implicações filosóficas do que com o tipo de planejamento estratégico mais voltado para resultados. Em meio a uma reunião de militantes, por exemplo, achavam perfeitamente legítimo que se debatesse o significado do conceito de líder, a legitimidade das lideranças, como cada um se sentia a esse respeito e se a organização promovida pelo SNCC não tinha um caráter manipulador (atitudes e indagações também encontrados no Erap). Tais questionamentos davam ao que poderia ser um encontro convencional de planejamento um caráter que nos dias de hoje se poderia chamar de "terapia de grupo". Chamados de *floaters* (flutuadores), "existencialistas", "embriagados de liberdade", esses militantes davam mais importância aos ditames da consciência do que a controles hierárquicos, e defendiam uma maior partilha de poder no seio da organização. Suas contrapartes eram os *hardliners* ("linhas duras"), como Carmichael e Sellers, que desejavam um SNCC centralizado e hierarquizado, mais ao estilo de uma organização política tradicional, e que tinham como prioridade o desenvolvimento de estratégias e programas, sem dar margem para sessões de introspecção e divagação filosófica.

No segundo semestre de 1965, em uma reunião do SNCC, a adoção de medidas mais estritas de controle por parte da direção e discussões sobre a adesão a procedimentos organizacionais quase levaram militantes dos dois grupos a um embate físico, culminando com a expulsão dos *floaters*. O cisma fez o SNCC perder a maior parte de seus membros, pois os *floaters* constituíam a maioria. Note-se que, nesse momento, a maioria tanto dos *floaters* quanto dos *hardliners* já não era de estudantes. A referência ao caráter estudantil do SNCC agora era apenas nominal.

Livres para moldar o SNCC à sua imagem e semelhança, a facção remanescente decidiu que era hora de criar organizações negras independentes e capazes de estabelecer uma base de poder, começando no nível local, em condados onde os negros fossem maioria. Assim, aproveitando brechas na lei estadual do Alabama, foi possível estabelecer um partido próprio no condado de Lowndes, que lançaria candidatos paralelamente aos esforços de registro eleitoral do SNCC. Seu símbolo, uma pantera negra.[269]

---

[269] A iniciativa, porém, acabaria esbarrando em fraudes eleitorais que implicaram a derrota dos candidatos patrocinados pela organização.

A essa altura, em 1966, o SNCC havia desenvolvido o conceito de "consciência negra".

> O que é Consciência Negra? Mais do que qualquer outra coisa, é uma atitude, uma forma de ver o mundo. Aqueles dentre nós que a possuíam estavam envolvidos em uma busca perpétua por significados raciais. A Consciência Negra, admitida como uma consequência do fracasso do movimento até aquele ponto, forçou-nos a iniciar a construção de um novo sistema de valores, negro. Um sistema de valores voltado para a experiência cultural e política singular dos negros neste país.[270]

A consciência negra permitiu ao SNCC um senso de solidariedade para com movimentos do Terceiro Mundo, tanto na África quanto fora dela, numa leitura internacionalista sobre a qual se falará no próximo capítulo. No curto prazo, porém, a consciência negra significou também o fim da participação dos brancos na organização, uma vez que eles, por definição, não poderiam tê-la. Na visão do novo SNCC, algo que Carmichael já havia antecipado a Tom Hayden quando o Erap ainda estava em formação, os brancos que quisessem auxiliar os negros deviam se concentrar em organizar e mobilizar os outros brancos; os negros cuidariam de si mesmos.

"Cuidar de si" implicava também a autodefesa no sentido mais básico. Os *hardliners* não tinham qualquer compromisso com a não violência por princípio; ela era uma postura cada vez mais vista como inadequada diante da persistente brutalidade racista. Por conseguinte, nesse período de fins de 1965 e 1966, os militantes do SNCC passaram a admitir o uso de armas como forma de defesa contra os ataques dos brancos, coisa que alguns outros grupos negros, como os Diáconos da Defesa, do estado da Louisiana, e antes deles o advogado e ativista da NAACP, Robert F. Williams,[271] já propunham. Essa flexibilização era apenas um

---

[270] Sellers e Terrell, 1990:156-157.

[271] Williams (1925-1996), dirigente da NAACP em sua cidade natal, Monroe, na Carolina do Norte, foi o pivô de uma controvérsia na organização, em 1959, ao defender a "autossuficiência armada" da população negra em resposta ao terrorismo praticado pela Ku Klux Klan. Ele e os demais membros do núcleo da NAACP de Monroe defendiam suas casas com armas e sacos de areia. Em 1961, durante as represálias causadas pelas Jornadas da Liberdade, Williams e sua esposa se exilaram em Cuba, onde escreveu um livro intitulado *Negroes with guns* (Negros com armas), e depois na China. Cf. Tyson, 2001.

As decepções com o liberalismo: 1962-66   173

desenvolvimento natural da mudança de diretrizes e referências da organização. Afinal, "nós não acreditávamos que estávamos lutando para criar uma América 'moralmente reta'. Estávamos essencialmente preocupados com o poder. A integração nunca foi nada além do que um meio para um fim", sendo a grande meta a "redistribuição de riqueza e poder".[272] Tal objetivo, aliado à perda da confiança no sistema político vigente e ao ceticismo quanto às estratégias predominantes no movimento negro, abria espaço para uma perspectiva revolucionária.

Essa perspectiva se reforçou quando o SNCC passou a fazer uma leitura das condições dos negros na sociedade norte-americana em termos de uma relação *colonial*. Essa visão seria recorrente no discurso dos radicais negros na segunda metade da década de 1960, e seria também incorporada pela esquerda radical branca: o racismo como uma forma de *imperialismo*. Os negros americanos viviam como viviam porque, apesar de estarem na nação mais poderosa da Terra, eram também colonizados, explorados, vistos sempre como cidadãos de segunda classe, cuja subalternidade era importante para a manutenção do *status quo* político, econômico e social — um "Terceiro Mundo" dentro do "Primeiro Mundo". Partindo-se dessa premissa, nada mais natural que encarar o fim da opressão racial não mais como uma questão de *integração* à sociedade em geral, algo a se pedir com marchas, protestos e petições, na esperança de que as autoridades constituídas viessem em socorro da minoria negra. Entre colonizado e colonizador não havia real igualdade possível, mas apenas uma relação de exploração que só terminaria quando o primeiro abandonasse sua condição subordinada — enfim, quando o colonizado obtivesse sua *libertação* nacional.

Não por acaso, a essa altura, uma das leituras favoritas dos membros do SNCC era *Os condenados da Terra*, de Frantz Fanon, publicado em 1961. Nascido na Martinica em 1925, Fanon formou-se em psiquiatria na França e trabalhou na Argélia durante a revolta contra a dominação francesa. Foi a partir de suas experiências com os pacientes argelinos que Fanon escreveu um dos mais célebres tratados sobre as repercussões psicológicas do colonialismo, em particular as dos métodos repressivos então usados pelos franceses na luta contra os rebeldes argelinos (que incluíam a tortura e o assassinato). "A violência da conquista", diz ele, "desumanizou o nativo e só a contraviolência pode fazê-lo inteiro de novo."[273] Fanon argumenta ainda que a violência empregada

---

[272] Sellers e Terrell, 1990:147.
[273] Coser, 1970:121.

na luta contra o opressor é "uma força purificadora. Ela liberta o nativo de seu complexo de inferioridade e de seu desespero e sua inação; ela o faz destemido e restaura seu autorrespeito [...] Para o nativo, a vida pode emergir outra vez do cadáver putrefato do colonizador". Essa violência de que Fanon fala, deve-se acrescentar, não era empregada apenas na autodefesa diante de uma agressão clara — do tipo preconizado, por exemplo, por Robert F. Williams e mesmo Malcolm X. Tendo em mente a libertação nacional argelina, Fanon se refere à violência *ativa*, não apenas *reativa*, contra o poder colonial. Em uma guerra de libertação nacional, atos que de outra forma seriam considerados terroristas são táticas válidas para pôr fim à opressão do colonizador e regenerar, por assim dizer, a psique do povo colonizado.

Essa orientação revolucionária do SNCC — "revolução" agora entendida não mais necessariamente como mudança estritamente pacífica — ganharia mais força com a eclosão de uma série de levantes nos guetos de várias cidades do país, que se repetiriam a cada verão a partir do ano de 1964, estendendo-se principalmente até 1967. O primeiro começou em 18 de julho de 1964, no Harlem, o famoso bairro negro de Nova York. A morte de um rapaz negro de 15 anos por um policial branco levou a um quebra-quebra, com a morte de uma pessoa, cerca de 100 feridos e centenas de prisões. Porém, talvez o levante paradigmático dessa segunda metade da década tenha sido o de Watts, em Los Angeles, Califórnia. Pelas suas causas, duração e gravidade, Watts ilustra o nível do descontentamento dos negros urbanos e o grau de destrutividade a que poderia chegar uma comunidade vitimada por décadas de discriminação e desigualdade.

Uma região pobre e decadente, Watts representava o que um gueto tinha de pior, rivalizando em miséria com as cidades do Sul. Além das condições econômicas precárias, havia ainda o problema da brutalidade policial — uma queixa frequente em guetos de todo o país. Em 11 de setembro de 1965, o patrulheiro (branco) Lee Minikus deteve o motorista (negro) Marquette Frye, alegando que ele estaria dirigindo embriagado; seu irmão e sua mãe, também presentes, protestaram (Minikus diria, décadas depois, que eles o agrediram fisicamente) e acabaram sendo presos também. Após a partida da polícia, uma multidão se formou, o que atraiu mais policiais. O que se seguiu foram seis noites de violência, com atos de vandalismo, saques e tiroteios, numa batalha campal que deixaria 34 mortos, cerca de mil feridos, 4.200 presos, 600 edifícios danificados ou destruídos, a ponto de exigir a intervenção de 21 mil soldados da Guarda Nacional e a im-

As decepções com o liberalismo: 1962-66

posição de um toque de recolher em Los Angeles, declarada "área de desastre".[274] Uma das maiores confrontações raciais da história americana, muito maior que a ocorrida no Harlem, a revolta de Watts seria explicada, segundo um relatório oficial, pelas péssimas condições socioeconômicas de seus habitantes — também encontradas, como já foi dito, em muitas outras cidades, fato que não escapava aos militantes do SNCC. Após Watts, e outras rebeliões que se seguiram, eles começaram a procurar um "meio de fazer do descontentamento nos guetos urbanos uma vantagem revolucionária".[275] Na leitura fanoniana que se difundia na organização, os levantes eram um sinal claro de que as "colônias" internas dos EUA estavam rumando para uma guerra de libertação.[276]

A transformação do SNCC chegaria ao grande público em junho de 1966, em uma marcha organizada por James Meredith, ativista que foi também o primeiro negro a se matricular — com proteção de agentes federais — na Universidade do Mississipi, em 1962. Meredith pretendia estimular a participação negra nas eleições primárias estaduais, e, com o apoio do Core, da SCLC e do SNCC, iniciou uma caminhada de 220 milhas pelo Mississipi. Apesar de sua hospitalização em decorrência de um tiro que levou no segundo dia da empreitada, a marcha continuou a seu pedido, contando com Martin Luther King e Stokely Carmichael entre os participantes, e protegida pelos Diáconos da Defesa. A cada cidade por que passava, a marcha — e sobretudo a fama de King — atraía a atenção da população negra, e comícios eram organizados. Em 17 de junho, na cidade de Greenwood, diante de 3 mil pessoas, um deles entraria para a história do movimento negro norte-americano quando Stokely Carmichael, saído da cadeia local há apenas alguns minutos, apresentou seu discurso.

> Quando Stokely avançou para falar, a multidão o saudou com um enorme grito. [...] "Esta foi a vigésima sétima vez que eu fui preso — e eu não irei mais para a cadeia!" A multidão explodiu em ovações e aplausos.
>
> "A única forma de fazermos os homens brancos pararem de arrebentar conosco é tomar o controle. Falamos de liberdade por seis anos e não conseguimos nada. O que vamos começar a dizer agora é Poder Negro!"
>
> A multidão estava com ele. Eles entenderam o que ele pensava imediatamente.

---

[274] Reitmann e Landsberg, 2005.

[275] Sellers e Terrell, 1990:147.

[276] Matusow, 1984:358.

"PODER NEGRO!", eles gritaram em uníssono.

Willie Ricks [...] entrou em ação. Pulando para a plataforma com Stokely, ele gritou para a multidão, "O que vocês querem?"

"PODER NEGRO!"

"O que vocês querem?"

"PODER NEGRO!"

"O que vocês querem!?"

"PODER NEGRO! PODER NEGRO! PODER NEGRO!"[277]

O que era esse poder negro? Quando Willie Ricks propôs o *slogan*, ele era apenas uma contração daquilo que o SNCC pregava: "poder negro" significava "poder para os negros pobres", isto é, exatamente o público-alvo do SNCC em todas as suas campanhas. Também não significava, em princípio, um programa de empoderamento diferente daquele que o SNCC havia iniciado com sua ofensiva em Lowndes. Entretanto, mesmo como um *slogan*, ele teve repercussão imediata, e deixava muito claro que agora o que se queria não era tão somente a integração ("a frase 'movimento dos direitos civis', há muito moribunda, morreu para sempre com o nascimento do Poder Negro", diria um dos líderes do SNCC, James Forman[278]). Mas faltava uma definição mais precisa, que seria dada em um artigo de Stokely Carmichael publicado no *New York Review of Books*, de setembro de 1966:

> Politicamente, o poder negro significa o que sempre significou para o SNCC: a reunião do povo negro para eleger representantes e *forçar esses representantes a atender às suas necessidades*. Ele não significa simplesmente pôr caras negras no cargo. Um homem ou uma mulher negra vinda da favela não pode automaticamente atender às necessidades do povo negro. [...] O poder deve vir de uma comunidade, e emanar dela.
>
> [...]
>
> Em última instância, os fundamentos econômicos deste país devem ser partilhados se os negros forem controlar suas vidas. As colônias dos Estados Unidos — e isto inclui os guetos negros dentro de suas fronteiras, no norte e no sul — devem ser libertadas. Por um século, esta nação tem sido um polvo de exploração, com tentáculos indo do Mississipi e do Harlem à América do

---

[277] Matusow, 1984:166-167.

[278] Forman, 1985:458.

As decepções com o liberalismo: 1962-66   177

Sul, ao Oriente Médio, à África setentrional e ao Vietnã; a forma de exploração varia de uma área para outra, mas o resultado final tem sido o mesmo — uns poucos poderosos mantidos e enriquecidos à custa das massas pobres e sem voz. Este padrão deve ser rompido. Para o racismo morrer, uma América totalmente diferente deve nascer.

Isto é o que a sociedade branca não quer encarar; é por isso que ela prefere falar de integração. Mas a integração não trata do problema da pobreza, só do da negritude. A integração hoje significa o homem que "se dá bem", deixando para trás, no gueto, os seus irmãos negros, tão rápido quanto o seu novo carro esporte puder levá-lo. Ela não tem importância para o bêbado do Harlem ou o colhedor de algodão que ganha três dólares por dia. [...]

A integração, além disso, trata do problema da negritude de forma desprezível. Como uma meta, ela tem se baseado na completa aceitação do fato de que, *a fim de obter* uma casa ou uma educação decentes, os negros devem se mudar para um bairro branco e mandar seus filhos para uma escola branca. Isso reforça [...] a ideia de que "branco" é automaticamente melhor e que "negro" é por definição inferior. É por isso que a integração é um subterfúgio para a manutenção da supremacia branca. Ela permite que a nação se concentre em um punhado de crianças sulistas que entram nas escolas brancas, com grande custo, e ignore os 94% que são deixados para trás em escolas totalmente negras sem qualquer melhoria. [...]

Só os negros podem dar apoio à ideia revolucionária de que são capazes de fazer as coisas por si mesmos. Somente eles podem ajudar a criar na comunidade uma consciência negra desperta e contínua, que dará a base da força política. [...] Os negros devem fazer as coisas sozinhos [...]. É por isso que a África é tão importante: a realidade de negros governando suas próprias nações dá aos negros de outros lugares um senso de possibilidade, de poder, que no momento eles não têm [...][279]

Foi sob a inspiração dessas ideias ainda em elaboração por Carmichael que, ainda em 1966, Huey P. Newton e Bobby Seale fundaram o Partido Pantera Negra para a Autodefesa, em Oakland, Califórnia. Seu primeiro programa: a criação de milícias armadas nos bairros negros (o porte ostensivo de armas era legal na Califórnia), que fiscalizassem a atuação da polícia. Mais importante que

---

[279] Carmichael (1966), apud McCarthy e McMillian, 2003:394-395.

178 **A Nova Esquerda americana**

esse objetivo preventivo, contudo, era o fato de os Panteras Negras encarnarem a aplicação da ideologia do poder negro à defesa do mais básico dos direitos, e também um dos mais violados pelo racismo: o direito à integridade física. Agora, porém, não mais com cânticos de *We shall overcome* e passeatas não violentas — fariam isso com armas.

O caminho para a revolução negra estava aberto.

O levante no campus

Enquanto a SDS dedicava a maior parte de suas energias às comunidades urbanas pobres do Norte e o SNCC marchava do ativismo ético-religioso para a revolução nacionalista negra, um terceiro fenômeno era gestado nos *campi* universitários. Não planejado por nenhuma organização em particular e independente de qualquer programa ou manifesto ideológico, ele abria uma nova frente de batalha para a Nova Esquerda, ao mesmo tempo que ilustrava o quanto o "Movimento", como se dizia, ia além das siglas e lideranças particulares, apresentando-se muitas vezes como um movimento concreto.

O *campus* da Universidade da Califórnia, em Berkeley, era um dos colossos da educação superior nos Estados Unidos. Exemplo máximo do ideal da "multiversidade" de Clark Kerr, era, em 1964, dirigida por ninguém menos que ele mesmo, o prestigiado reitor liberal de uma instituição que contava 25.454 alunos matriculados, um terço dos quais na pós-graduação e se aproximando dos 30 anos. Detentor, na década de 1950, do recorde mundial de vencedores do Prêmio Nobel, o *campus* de Berkeley gozava também dos mais estreitos laços com o governo, financiador de parte considerável das pesquisas empreendidas ali pela universidade, e tinha no seu corpo de regentes um selecionadíssimo grupo de notáveis que facilmente daria a um leitor de C. Wright Mills uma noção do que seria a versão californiana da "elite do poder": John E. Canaday, presidente da corporação Lockheed, expoente na fabricação de armamentos; Edwin Pauley, empresário do petróleo; Catherine Hearst, das empresas de comunicação homônimas, entre outros, incluindo o governador da Califórnia. Berkeley também enfrentava problemas, como a queda no valor real da remuneração docente, a insuficiência no número de professores e a desproporção entre o número de alunos e o espaço físico disponível. Ainda assim, era uma das instituições mais cobiçadas pelos estudantes.[280]

---

[280] Rorabaugh, 1990:10-11, 18.

As decepções com o liberalismo: 1962-66 179

Tendo um número tão grande de alunos, Berkeley tinha sua cota de estudantes politizados. Ainda nos anos 1950, surgiu o Slate, partido estudantil que defendia a criação de uma livraria cooperativa, o fim da participação compulsória no Reserve Officers' Training Corps (ROTC, programa universitário que oferece cursos de treinamento militar visando à formação de oficiais) e da política praticada pelos membros das fraternidades estudantis. Constituído de esquerdistas e "moderados" logo após o fim do macarthismo, o Slate criou certa controvérsia por sua rejeição ao anticomunismo, e, após algumas vitórias, uma manobra fraudulenta da administração universitária o excluiu permanentemente da Associated Students of the University of California (Asuc). Com isso, destruiu-se "qualquer mecanismo de comunicação entre os pós-graduandos sem direitos políticos e não representados e a administração". Curiosamente, a mesma universidade que, no auge da caça às bruxas, havia voltado atrás na exigência de juramentos de lealdade para os professores, não dava espaço para a representação formal de dissidentes, mesmo moderados, no governo estudantil.[281]

Os limites à atividade política no *campus*, porém, vinham de muito tempo, pelo menos na forma. A emergência de um movimento estudantil influenciado pelo comunismo, na década de 1930, havia levado a universidade à proibição de qualquer atividade política no *campus*. Panfletagem, abaixo-assinados, venda de broches, pedidos de doações e até discursos de candidatos a cargos públicos — tudo era vetado. Tanto era assim que, em 1956, o candidato democrata à presidência, Adlai Stevenson, teve de discursar para milhares de estudantes de um carro estacionado numa esquina nos limites do *campus*. Mais tarde permitiu-se que grupos não políticos convidassem pessoas de fora (que não candidatos políticos) para palestras, até mesmo comunistas, *desde que*, se o assunto em pauta fosse "controverso", houvesse alguém para defender o ponto de vista contrário e um professor estabelecido na universidade fizesse a mediação. Para desgosto dos estudantes, quem decidia se um assunto era ou não polêmico eram os burocratas universitários; e, na ausência do opositor e do docente mediador, o evento tinha de ser cancelado ou feito fora dos limites da universidade.[282]

Quando a proibição foi instituída, tudo que os ativistas políticos fizeram foi sair do *campus* e se dirigirem ao sul do Portão Sather, na esquina da via Bancroft com a avenida Telegraph, uma área movimentada, com várias lojas e livrarias, por

---

[281] Rorabaugh, 1990:15.

[282] Ibid., p. 14-15.

onde milhares de estudantes eram obrigados a transitar. Estabeleceu-se, assim, uma área específica onde o ativismo proibido no *campus* era praticado livremente. Anos mais tarde, o *campus* se expandiu e anexou também a maior parte dessa área. Entretanto, como era lugar-comum que a esquerda estava "morta" e o ativismo estudantil havia declinado nas últimas décadas, nada foi feito para desencorajar as atividades políticas ali. Os poucos militantes remanescentes continuaram usufruindo de liberdade de ação.

Os problemas surgiram quando o ativismo estudantil começou a renascer no início da década de 1960, em grande parte devido à campanha dos direitos civis. E foi então que a atividade crescente perto de um dos principais portões do *campus* começou a incomodar.

> Em 1964, uma das primeiras coisas que um visitante via, na esquina da [via] Bancroft e da [avenida] Telegraph, era um estudante, possivelmente com *jeans* azul, de barba e sandálias, operando uma mesa de papelão, balançando uma caneca e pedindo uma doação em prol dos direitos civis.

Essa visão parecia imprópria para o vice-chanceler de Assuntos Estudantis, Alex C. Sherrifs, preocupado com que a universidade pudesse ser vista como um "santuário para excêntricos e revoltados". Por sua iniciativa, pouco depois do reinício das aulas, em meados de setembro de 1964, a universidade proibiu especificamente qualquer atividade política na tradicional esquina dos militantes. A alegação técnica foi a "descoberta" de que a área em questão era de propriedade da universidade e não, como se pensava, da cidade de Berkeley (tempos depois, seria constatado que a área era, sim, jurisdição municipal, como se pensava).[283] Seria apenas mais uma regra, antipática mas efetiva, dentre tantas outras instituídas ao longo dos anos. O que fez a diferença nesse caso é que Berkeley estava recebendo de volta algumas dezenas de alunos que acabavam de participar do Verão da Liberdade no Mississipi. Pegos de surpresa pela proibição, esses jovens pediram explicações à administração e, exceto por uma decana sem poder para revogar a medida, foram ignorados. Sendo assim, decidiram desafiar a proibição e montar de novo as mesas de papelão, e foram ainda mais além, ao pô-las na área conhecida como Sproul Plaza, já no terreno anexado pelo *campus* anos antes. Cinco ativistas foram intimados a uma audiência disciplinar em 29 de setembro;

---

[283] Rorabaugh, 1990:19.

As decepções com o liberalismo: 1962-66

em vez de cinco, apareceram 500, liderados por um estudante de filosofia de 21 anos e veterano do Verão da Liberdade, Mario Savio. Quando as autoridades acadêmicas anunciaram a suspensão indefinida dos cinco e também de três líderes da manifestação do dia da audiência, a tensão aumentou. Finalmente, como as mesas continuaram montadas, em 1º de outubro, a polícia do *campus* dirigiu-se à Sproul Plaza para prender o militante do Core e ex-aluno Jack Weinberg, na presença dos estudantes. Essa demonstração de força foi respondida à altura: quando Weinberg foi posto no carro dos policiais, alguém gritou "Sentem-se!" e os oficiais se viram cercados por centenas de pessoas que se sentaram ao redor do carro e impediram sua partida. Ameaças não surtiram efeito — o fato não tinha precedentes. "Por trinta e duas horas, Weinberg ficou sentado na traseira do carro da polícia. Embora os estudantes viessem e fossem, havia sempre pelo menos algumas centenas cercando o carro." Houve reação dos estudantes que apoiavam a administração (muitos de fraternidades exclusivistas), que faziam provocações e lançavam objetos nos manifestantes. A resposta vinha na forma de canções dos direitos civis. Enquanto isso, o carro-refém servia de plataforma para discursos contra a postura autoritária da administração de Berkeley. Embora inflamados, tais discursos não excluíam regras elementares de cortesia — escolhido como líder do protesto, Savio retirava os sapatos todas as vezes que subia no carro.[284] Estava lançado o Free Speech Movement (Movimento da Livre-Expressão), ou FSM, a primeira grande rebelião estudantil dos anos 1960.

O que se seguiu, por mais de dois meses, foi uma acirrada disputa entre a administração de Kerr e os estudantes. Os acordos feitos eram sempre precários, em boa parte devido às notórias tentativas de Kerr e seus chanceleres de manipular os processos disciplinares dos oito alunos suspensos em setembro, enquanto o FSM exigia que eles fossem julgados por uma instância independente de professores. Cônscios do pouco poder que os estudantes tinham na multiversidade burocratizada, os líderes do FSM optaram pela estratégia da mobilização contínua, a ponto de realizar "comícios quase todos os dias, ao meio-dia, nos degraus do Salão Sproul [na Sproul Plaza]. Grande número de estudantes passava pela praça, e os dias de sol rendiam uma grande audiência. Chegavam a ir, às vezes, até cinco mil estudantes".[285] Tendo reunido em seu apoio membros de todas as organizações presentes no *campus*, e também um bom número de estudantes

---

[284] Rorabaugh, 1990:21.

[285] Ibid., p. 28.

não filiados a qualquer grupo político, era preciso conquistar também o apoio dos docentes e da opinião pública. Esse esforço chegou a níveis de sofisticação inusitados para um protesto estudantil:

> Durante os comícios, os líderes do FSM frequentemente conduziam o canto em massa de músicas dos direitos civis ou dos sindicatos dos anos 30. O FSM também criava suas próprias canções, publicou um songbook, e fez gravações, que se tornaram uma grande fonte de recursos. A maioria das canções expressava alienação. Em uma delas, Malvina Reynolds, uma compositora profissional de música popular e esquerdista de muito tempo em Berkeley, chamava a universidade de "fábrica de robôs". Outra canção, com a melodia de *The streets of Laredo*, mostrava o chanceler infeliz porque os estudantes não agiam como crianças. [Outra, de Dan Paik] sugeria que o presidente Kerr queria trocar as fraldas dos estudantes. [...] Um número de músicas satirizava canções natalinas; o FSM vendeu 15.000 gravações de Natal.[286]

Entretanto, as manobras de Kerr e a manutenção da proibição de atividades políticas no *campus* levaram o FSM a perder a confiança na administração. Nem mesmo a velha tática de acusar o movimento de comunista, o famigerado *red-baiting* dos tempos do senador McCarthy, foi dispensada — o que era particularmente ofensivo para os líderes estudantis, quase todos judeus e com algum histórico familiar de militância política de esquerda. As escaramuças seguiam crescendo. Quando os estudantes perceberam que o comitê encarregado de reavaliar a proibição de atividades políticas no *campus* havia chegado a um impasse — novamente, pelas tentativas de manipulação da administração universitária —, resolveram remontar suas mesas de campanha. Um dos decanos resolveu retaliar e citou 65 estudantes para sanções disciplinares. A resposta foi que mais de 100 assinaram declarações de cumplicidade no "delito", e receberam cartas informando que seriam punidos. Mais uma vez, houve resposta: foram enviadas 835 cartas ao escritório do decano denunciando a violação de direitos constitucionais por parte da administração de Berkeley.[287]

Mais do que um testemunho da determinação de estudantes dispostos a protestar por seus direitos, episódios como esse mostram que a administração de

---

[286] Rorabaugh, 1990:28-29.
[287] Ibid., p. 29.

As decepções com o liberalismo: 1962-66   183

Berkeley não sabia como proceder em relação ao FSM. Cada tentativa de punir alunos criava uma reação ainda maior, e as tentativas de resguardar o *status quo* e ao mesmo tempo manter uma fachada de procedimentos democráticos não eram bem-sucedidas. Em fins de novembro, os líderes do movimento concluíram de vez que a administração não era confiável e não cederia sem um nível maior de pressão. Decidiram, então, aplicar um golpe definitivo, uma "armadilha" que levasse o corpo docente, até então dividido, para o lado de sua causa, e também pusesse em xeque a credibilidade de Clark Kerr, desmascarando o autoritarismo de sua administração. Para isso, apelaram para a mais poderosa das técnicas aprendidas com os militantes negros do Sul: o *sit-in*.

Em 2 de dezembro, ao meio-dia, mais de mil estudantes se reuniram em Sproul Plaza, em mais um comício, agora agraciado com a presença da cantora Joan Baez. Ali, Mario Savio proferiu um discurso que se tornaria célebre, altamente emocional, que explicava o que estava realmente em jogo em Berkeley e, numa escala maior, nos movimentos da Nova Esquerda em geral:

> Agora, há no mínimo duas maneiras de os *sit-ins* e a desobediência civil [...] ocorrerem. Uma, quando uma lei existe, é promulgada, [e] é totalmente inaceitável para as pessoas e elas a violam de novo e de novo e de novo, até que ela seja revogada [...]. Tudo bem, mas existe outra forma. Existe outra forma. Às vezes, a forma da lei é tal que torna impossível a sua violação efetiva [...] como método para repeli-la. Às vezes, as queixas das pessoas são mais [...] se estendem a mais que uma lei, se estendem a toda uma forma de poder arbitrário, toda uma forma de exercício arbitrário de poder arbitrário.
>
> E é isso o que nós temos aqui. Temos uma hipocrisia que [...] dirige esta universidade. [...]
>
> Bem, eu lhes peço que considerem [...] se isto é uma firma, e se os Regentes são uma Diretoria, e se o presidente Kerr é de fato o gerente, então eu lhes digo: os professores são um bando de empregados e nós somos a matéria-prima! Mas somos um bando de matérias-primas que não querem ser [...] ter qualquer processo aplicado a nós. Que não querem ser transformadas em um produto! [...] Que não querem acabar sendo compradas por alguns clientes da universidade, sejam eles o governo, a indústria, o trabalho sindicalizado, ou qualquer um! Nós somos seres humanos! [Aplausos.]
>
> E isso... isso me leva ao segundo modo de desobediência civil. Existe uma hora em que a operação da máquina se torna tão odiosa, desperta tamanha repulsa

nos nossos corações que não podemos tomar parte! Não podemos tomar parte passivamente! E temos de pôr os nossos corpos nas engrenagens e nas rodas, nas alavancas, em todo o aparato [...] e temos de fazê-la parar! E temos de indicar às pessoas que a controlam, às pessoas que a possuem [...] que a menos que sejamos livres, a máquina não poderá funcionar de jeito nenhum!

Isso não significa [...] que tenhamos de quebrar nada. Mil pessoas sentando em algum lugar, não deixando ninguém passar, nem nada acontecer, podem parar qualquer máquina! E ela vai parar![288]

E parar a máquina eles foram, centenas de estudantes, a grande maioria da multidão, que entrou serenamente no Salão Sproul — um prédio construído por ordem do próprio Kerr — e começou a ocupar seus cômodos, prontos para uma longa permanência. O ato chocou a cúpula da administração de Berkeley e, como previsto, levou-a a recorrer à força. Na madrugada de 3 de dezembro, o chanceler Strong, um dos braços-direitos de Kerr, foi pessoalmente ao Salão Sproul, anunciar com um megafone que os estudantes deveriam se retirar ou seriam presos. (Cerca de 200 já tinham se retirado espontaneamente desde o início do protesto.) Em seguida, centenas de policiais invadiram o prédio. Os estudantes, previamente instruídos, resistiram deitando-se e soltando o corpo (técnica também aprendida no Sul). A intenção era retardar ao máximo as prisões, de modo que os estudantes que chegassem ao *campus* pela manhã testemunhassem a ação policial.

A princípio, as remoções foram gentis. Então, com os policiais se cansando, elas se tornaram menos cuidadosas. Eles torceram alguns braços e bateram a cabeça de alguns estudantes nos degraus das escadas enquanto os arrastavam. Tal tratamento dispensado pela polícia aos estudantes ainda era uma experiência pouco familiar. No total, foram necessárias doze horas para evacuar o prédio, mas pelo meio da tarde 773 dos ocupantes tinham sido presos e fichados por invasão de propriedade. A maioria foi enviada para a prisão rural do condado em Santa Rosa, onde um prisioneiro que pertencia aos Muçulmanos Negros, Huey Newton, olhava tudo com estupefação: todos os prisioneiros foram liberados sob fiança no dia seguinte para retornarem a Berkeley. Era a maior prisão em massa da história da Califórnia.[289]

---

[288] Savio, 1964. O texto é baseado no áudio do discurso, também disponível em <http://www.americanrhetoric.com/speeches/mariosaviosproulhallsitin.htm>.

[289] Burner, 1996.

As decepções com o liberalismo: 1962-66

Enquanto os estudantes eram retirados à força do Salão Sproul, alguns outros milhares assistiam à ação do lado de fora. No mesmo dia, 800 docentes se reuniram para discutir os acontecimentos, muitos indignados com a presença da polícia no *campus*. Eles condenaram a ação, defenderam a suspensão das medidas disciplinares contra os estudantes e alguns chegaram a ir pessoalmente pagar a fiança dos manifestantes presos. Os que não foram presos deram início a uma greve estudantil, que contou com o apoio de aproximadamente 900 dos 1.200 professores de Berkeley. Kerr marcou uma reunião pública no anfiteatro da universidade, de modo que todas as propostas pudessem ser ouvidas. Apareceram 16 mil pessoas. Kerr leu uma declaração dos chefes de departamento aceitando a suspensão das sanções disciplinares contra os estudantes e exortando-os a retomarem as aulas; porém, recebeu vaias de parte da plateia, pois agora eles queriam também que a universidade intercedesse nos tribunais, já que, afinal, a repressão ao *sit-in* fez com que a justiça comum se envolvesse. Ainda assim, parecia que a proposta conquistara a simpatia de parte do público, até que, durante um intervalo, Mario Savio subiu ao palco para tentar falar também. O que se seguiu foi chocante: numa audiência pública para discutir o fim de uma greve envolvendo a liberdade de expressão, o líder do movimento foi agarrado por dois policiais do *campus* e arrastado para os bastidores, diante dos olhos estupefatos de alunos, funcionários e professores. A multidão começou a gritar para que deixassem Savio voltar e, quando isso aconteceu, ele exortou a todos para que saíssem dali e fossem discutir os assuntos em pauta na Sproul Plaza. A tentativa de Kerr de negociar com os estudantes havia sido desmoralizada.

No dia seguinte, 8 de dezembro, o conselho universitário aprovou por ampla maioria as reivindicações do FSM. A decisão, contudo, foi rejeitada pelos regentes, que não reconheciam o direito do conselho universitário de legislar sobre a disciplina acadêmica. Somente em janeiro de 1965, um mês depois do *sit-in*, Kerr acabaria substituindo o chanceler Strong — usado para assumir muitas das medidas repressivas que ele mesmo, Kerr, decidia — e nomeou para o seu lugar um decano simpático ao FSM. O resultado foi o restabelecimento das mesas dos ativistas na esquina da via Bancroft com a avenida Telegraph, e a permissão adicional de que atividades políticas pudessem ser feitas em outros pontos determinados do *campus*. O FSM havia vencido.[290]

---

[290] Burner, 1996.

O FSM foi uma reafirmação do poder de mobilização que as questões estudantis podiam ter. Grandes mobilizações no *campus* não aconteciam desde os anos 1930, e foi surpreendente, em sua época, que logo uma universidade regida por um *liberal* prestigiado como Kerr produzisse um movimento dessa escala — movimento, ressalte-se, iniciado espontaneamente, fora do âmbito de qualquer organização, e liderado por pessoas que, embora tivessem a experiência comum do Verão da Liberdade, não se conheciam anteriormente. Sem que o soubesse, o FSM abriu o caminho para uma longa série de grandes protestos estudantis, que seriam realizados nas universidades americanas pelo restante da década de 1960 e nos primeiros anos da seguinte. Em 1964, porém, o pivô da mobilização ainda era, basicamente, a manutenção de um direito que a administração queria cassar — embora, como o discurso de Savio demonstra, outras questões acerca da estrutura das universidades também servissem de catalisadores de protesto. Essas questões transversais, que incluíam a postura dos estudantes e dos jovens em geral diante de uma "máquina" desumana que ia muito além dos portões do *campus*, seriam um tema crucial nos anos seguintes. Foi só a partir da segunda metade dos anos 1960 que outro fator, agora externo, incendiaria os *campi* e faria convergir a oposição dos mais variados movimentos da Nova Esquerda. Pois foi apenas um mês depois do triunfo do FSM, em fevereiro de 1965, que os Estados Unidos começaram a escalada militar no Vietnã.

4

A virada revolucionária

A violência é tão americana quanto a torta de cereja.
H. Rap Brown, SNCC

O que eu estou fazendo aqui? Nós não ganhamos terreno. Também não o
cedemos. Apenas mutilamos corpos. O que diabos estamos fazendo aqui?
De um soldado americano no Vietnã*

Ho, Ho, Ho Chi Minh! NLF is gonna win!
Slogan de estudantes radicais, 1968/69

As muitas guerras de Lyndon Johnson

Quando Lyndon Baines Johnson assumiu a presidência dos Estados Unidos em novembro de 1963 foi por obra de uma bala. Na verdade, de duas, alegadamente disparadas por um atirador de 24 anos, ex-fuzileiro naval e militante do movimento Fair Play for Cuba, chamado Lee Harvey Oswald. Num dos eventos mais chocantes da história política americana — o primeiro de uma série de assassinatos que marcariam a década —, Oswald pôs fim à carreira de John Kennedy e abriu caminho para que o senador do Texas chegasse ao auge da sua.

Tendo assumido a presidência nessas condições trágicas, Johnson se comprometeu a levar adiante os programas de seu antecessor: "Vamos continuar", dizia

---

* Patterson, 1996:619.

ele. Apesar disso, LBJ, como ficaria conhecido, acabaria dando seu toque pessoal ao mandato que herdara. Sempre atribuindo seus planos à memória de Kennedy, o novo presidente logo deu sinais de que pretendia, ao contrário de JFK, enfatizar as questões domésticas do país. "Educação para todas as crianças", "empregos para os que os procuram", "cuidado para com nossos idosos", "direitos iguais para todos os americanos a despeito de raça ou cor", esses foram compromissos assumidos por Johnson em seu primeiro discurso ao Congresso, cinco dias após a morte de Kennedy. Na ocasião, a recepção da audiência não poderia ter sido mais calorosa: Johnson foi "aplaudido entusiasticamente", no que parecia ser o início, trágico, sim, mas ainda impregnado de esperança, de mais uma presidência democrata liberal.[291]

Político com mais de duas décadas de experiência nos corredores do Congresso, Johnson chegou à presidência com mais do que o desejo de fazer valer o legado de Kennedy. Em uma de suas primeiras mensagens aos congressistas, em março de 1964, Johnson propôs uma Lei de Oportunidade Econômica que estabelecia vários programas de bem-estar social voltados para a população mais pobre. Era o início da "guerra à pobreza", um dos pilares do projeto da "Grande Sociedade" de Johnson — uma série de iniciativas federais que ampliariam a rede de proteção social nos EUA, atuando nas esferas da educação, da habitação, do treinamento de trabalhadores desempregados, da saúde pública, do combate à discriminação racial, entre outras. Conhecedor dos meandros da política norte-americana, das negociações de bastidores, das técnicas de cooptação e da administração das variadas sensibilidades dos políticos de seu tempo, Johnson — nascido numa família modesta no interior do Texas — ambicionava entrar para a história como o presidente que mais fez pelos oprimidos. A "redescoberta" da pobreza no início da década — em parte impulsionada pelo livro de Michael Harrington, *A outra América* — parecia lhe oferecer a oportunidade política propícia para levar adiante uma agenda liberal de expansão do bem-estar social.

Porém, Lyndon Johnson não herdou apenas alguns dos projetos domésticos da política de Kennedy. O falecido presidente, como se mostrou no capítulo anterior, era um "guerreiro frio" tenaz, como demonstraram suas tentativas de interferir em Cuba, e havia deixado também certos problemas pendentes na política externa norte-americana. Entre eles, o Vietnã.

A história do envolvimento americano com esse pequeno país do Sudeste asiático estava diretamente relacionada à Guerra Fria. O Vietnã, que passou a

---

[291] Patterson, 1996:524-525.

A virada revolucionária   189

fazer parte da Indochina francesa, havia estado sob o domínio francês desde fins do século XIX. Durante a II Guerra Mundial, o país foi invadido pelos japoneses enquanto a própria França estava submetida aos nazistas. Essa situação estimulou o aparecimento de movimentos de libertação nacional, que antes da guerra já vinham sendo gestados à sombra da eficiente repressão francesa. Entre esses grupos, os comunistas liderados por Ho Chi Minh se destacavam, e acabaram assumindo a frente de uma ampla coalizão nacionalista, o Vietminh. Com o fim da II Guerra, em 1945, e antes do retorno dos franceses, os comunistas, contando com uma base sólida de apoio popular, declararam a independência nacional e iniciaram negociações com a potência colonial. Não sendo possível chegar a um acordo, os vietnamitas resistiram à restauração dos dominadores e iniciou-se uma guerra. Em 1954, depois de perdas consideráveis, os franceses, que haviam recebido um significativo apoio financeiro americano, concordaram em se retirar, deixando o Vietnã provisoriamente dividido em duas partes, o Vietnã do Norte, governado pelo partido de Ho Chi Minh, e o Vietnã do Sul, capitalista, cujo governo, chefiado pelo imperador Bao Daí, fora instalado pelos ex-colonizadores em 1949.[292] Os termos da paz e da retirada francesa foram discutidos em uma conferência em Genebra, ainda em 1954, com a participação de diplomatas americanos, soviéticos e chineses. Foi estabelecido um acordo que previa a realização de eleições em todo o território vietnamita, norte e sul, em 1956, para a escolha de um governo único e a consequente reunificação do país. Como garantia de sua lisura, o pleito seria supervisionado por uma comissão internacional.[293]

Do ponto de vista americano, porém, esse arranjo era indesejável. Principal responsável pela derrota francesa, o Vietminh, representado por seu Partido dos Trabalhadores (Lao Dong), era um fortíssimo candidato em qualquer eleição popular, e não havia dúvidas de que sua vitória significaria a implantação de um regime comunista no país. Coerentes com as diretrizes da Doutrina Truman, que prescrevia a contenção do comunismo fosse onde fosse, e temendo que um Vietnã comunista acabasse levando os países vizinhos pelo mesmo rumo (o que se chamaria de "teoria do dominó"), os Estados Unidos pressionaram Bao Daí a nomear como seu primeiro-ministro o anticomunista e nacionalista Ngo Dinh Diem, que se recusou, juntamente com os observadores americanos, a assinar os acordos de Genebra. No ano seguinte, Diem realizou eleições de honestidade

---

[292] Debenedetti e Chatfield, 1990:82.
[293] Atwood, 2006.

duvidosa e se tornou o líder máximo do Vietnã do Sul, com 98,2% dos votos. Uma vez nessa posição, Diem declarou o Vietnã do Sul uma nação independente, chamada de República do Vietnã, com capital em Saigon. Como apoio, ele contava com a Organização do Tratado do Sudeste Asiático, um pacto internacional criado pelos Estados Unidos logo após a conferência de Genebra com o objetivo de deter o avanço comunista na região.[294]

Essa manobra de Diem, embora encontrasse algum apoio entre os segmentos não comunistas da população, criou também problemas internos. Afinal, quando os combates cessaram em 1954, muitos membros do Vietminh retornaram a suas vilas nativas no sul, aguardando a reunificação próxima. Agora, eles, que haviam lutado pela autodeterminação de *todo* o Vietnã, se viram alienados de seus companheiros no interior de um Estado autoritário de legitimidade questionável. Lançados na oposição, esses veteranos logo viram sua base aumentar entre a população majoritariamente camponesa do país à medida que o governo de Diem adotava políticas impopulares como: a reversão da reforma agrária implantada nas áreas ocupadas pelo Vietminh antes de 1954, tirando as terras cultivadas pelos camponeses e devolvendo-as aos antigos proprietários; a relocação forçada de aldeões para prevenir atividades comunistas e o alistamento obrigatório de seus filhos no Exército; a discriminação oficial contra os seguidores do budismo; e, finalmente, a perseguição aos membros do Vietminh ainda presentes no país (a quem Diem chamava de "vietcongues", uma forma depreciativa de "comunistas"). Representante dos católicos urbanos, uma minoria que não passava de 10% da população total do Vietnã, o governo de Diem não foi muito feliz na ampliação de sua base popular.

Em 1960, o descontentamento com o governo ganhou nova força com o surgimento da Frente de Libertação Nacional do Vietnã do Sul, ou simplesmente Frente de Libertação Nacional (FLN), um movimento guerrilheiro criado com as bênçãos do Vietnã do Norte e que só não surgira antes porque a ala nortista do Vietminh temia uma intervenção americana. Embora liderada por comunistas, a FLN era na verdade uma frente ampla, admitindo qualquer um que se opusesse ao governo de Diem e tivesse como objetivo a reunificação do país.

Como inicialmente previsto pelo Vietminh, o governo americano reagiu ao nascimento da oposição armada no Vietnã do Sul, mas não como o esperado. Pouco depois do fracasso da operação na baía dos Porcos, em abril de 1961, o

---

[294] Atwood, 2006.

A virada revolucionária

presidente Kennedy autorizou o envio de 400 membros das forças especiais do Exército para o Vietnã do Sul, onde atuariam como "conselheiros militares" das forças armadas locais. Também estava autorizada a "expansão do assédio e da sabotagem clandestina contra o Vietnã do Norte por agentes sul-vietnamitas sob a direção da CIA".[295] A ideia era utilizar o próprio Exército sulista nas principais operações de combate, ficando os americanos encarregados do planejamento e do apoio, inclusive no que dizia respeito a veículos bélicos. Uma medida do sucesso dessa iniciativa (ou da falta dele) foi o aumento constante do número de tropas americanas estacionadas no Vietnã do Sul: em dezembro de 1961, os "conselheiros" haviam aumentado para 3.164 homens; um ano depois, eram 11.326; em 1963, na época da morte de Kennedy, eram 16.700; em fins de 1964, cerca de 23 mil. E isso considerando que o Exército sulista contava com 526 mil homens em 1962, ao passo que a FLN não tinha mais que 17 mil.

O grande problema americano, não resolvido por esse aumento de tropas, e que se alongaria pelos anos seguintes, era a viabilidade do governo do Vietnã do Sul. Para garanti-la, o governo Eisenhower autorizara, entre 1955 e 1960, uma assistência econômica e militar estimada em US$ 1 bilhão, que só fez crescer depois disso. Entretanto, um governo viável não se constrói apenas com armas e empréstimos, e a legitimidade precária do regime de Saigon seria um dos grandes desafios para o estabelecimento de um Vietnã de Sul capitalista e estabilizado. Como dizia Bernard Fall, um dos conselheiros de Kennedy e especialista no Vietnã, o conflito entre o norte e o sul era "uma guerra revolucionária, isto é, uma operação militar com fortes tons políticos. Vencer a batalha militar, mas perder a guerra política, bem poderia ser o destino dos EUA no Vietnã".[296] A própria intensificação da presença norte-americana agravava esse problema, uma vez que impunha à população medidas tão ou mais alienantes que aquelas tomadas inicialmente por Diem. Por exemplo, a política de "aldeias estratégicas", pela qual os habitantes de uma localidade eram obrigados, não raro sob a mira de armas, a deixarem suas vilas ancestrais e a se assentarem em novas aldeias fortificadas para prevenir a infiltração da FLN (o que os críticos viriam a chamar de "campos de concentração glorificados"); o uso de desfolhantes químicos como o "agente laranja", que visavam a privar os guerrilheiros de seus esconderijos na selva e de fontes de alimentação, e teriam sido responsáveis pela intoxicação (entre outras

---

[295] Debenedetti e Chatfield, 1990:83.

[296] Ibid., p. 84.

sequelas) de milhares de pessoas; e o emprego da arma química napalm, um composto incendiário de efeitos assustadores quando atingia seres humanos.[297]

Nesse contexto, a FLN florescia, enquanto o malpreparado e pouco motivado Exército da República do Vietnã (ERV) colecionava derrotas e perdas desproporcionais à sua superioridade numérica sobre o inimigo. Em janeiro de 1963, por exemplo, um grupo de 2 mil soldados sul-vietnamitas encontraram um outro, de 350 guerrilheiros, em Ap Bac, uma vila ao sul de Saigon, já no delta do rio Mekong.

> As tropas do ERV estavam equipadas com caças a jato, helicópteros e transportes blindados, enquanto as forças da FLN só tinham armas pequenas. No entanto, 61 soldados do ERV foram mortos, assim como 3 conselheiros militares americanos. Em contraste, as forças da FLN perderam apenas 12 homens. Alguns conselheiros militares americanos começaram a relatar que Saigon estava perdendo a guerra, mas o oficialato e os assessores de imprensa da embaixada relataram Ap Bac como uma vitória significativa do ERV.[298]

Foi exatamente nesse ano que o Vietnã começou a receber atenções um pouco maiores fora dos círculos da Casa Branca. Um punhado de críticos apareceu, incluindo o acadêmico e conselheiro de Kennedy, Hans Morgenthau, o líder socialista Norman Thomas, o jornalista Walter Lippmann, o pacifista A. J. Muste e líderes negros como Bayard Rustin e A. Philip Randolph. Muito dispersos (e certamente ainda não tão engajados) para constituírem um movimento, eles mostravam que a relativa invisibilidade do Vietnã aos olhos do grande público tendia a diminuir com o tempo. Ainda uma questão conhecida apenas pelos cidadãos mais informados ou envolvidos com o pacifismo — há uma referência ao Vietnã na *Declaração de Port Huron* —, o Vietnã aos poucos iria ganhando importância.

Coube a Lyndon Johnson tirar a guerra vietnamita do campo dos especialistas e levá-la às manchetes. No primeiro dia de agosto de 1964, o destroier americano *Maddox* teve um breve enfrentamento com torpedeiros norte-vietnamitas no golfo de Tonkin. O presidente foi informado, mas nada repassou ao Congresso ou ao público. Em vez disso, Johnson mandou um segundo destroier, o *C. Turner Joy*,

---

[297] Atwood, 2006.

[298] Ibid.

para auxiliar o *Maddox* em suas operações. Quando chegou um relatório informando a respeito de um novo confronto, em 4 de agosto, o presidente anunciou que o Vietnã do Norte tinha disparado contra as duas embarcações e retaliou com um ataque aéreo de cinco horas contra bases torpedeiras inimigas e depósitos de combustível (o que resultou na morte de um aviador americano). Em seguida, LBJ usou os incidentes para pedir ao Congresso que o autorizasse a empregar "todas as medidas necessárias" para "repelir quaisquer ataques armados às forças dos Estados Unidos e a prevenir futura agressão" na área. Em resposta, um Congresso patrioticamente excitado aprovou a Resolução do Golfo de Tonkin, com votações de 416 a zero na Câmara dos Deputados e 88 a dois no Senado (os dois opositores solitários foram Ernest Gruening, do Alasca, e Wayne Morse, de Oregon). A resolução dava amplos poderes ao presidente para levar a intervenção em um distante país rural do Sudeste asiático até onde fosse preciso — além, inclusive, do que os congressistas imaginavam na época.[299]

O incidente de 4 de agosto em Tonkin fora, na verdade, mais nebuloso do que LBJ dera a entender ao se dirigir ao Congresso. Não se tinha realmente certeza de que os norte-vietnamitas haviam feito disparos contra os destróieres, não houve danos, ferimentos ou mortes; o relatório de ataque se baseava unicamente em sinais de radar que os próprios militares admitiam que poderiam ter outras causas, inclusive meteorológicas. Ainda assim, Johnson e seu secretário de Defesa, Robert McNamara, preferiram usar os relatórios para fins mais políticos do que propriamente militares: "mostrar aos norte-vietnamitas que os Estados Unidos estavam dispostos a revidar", e aos americanos que Johnson "era tão durão, ou mais, que Barry Goldwater, seu oponente na campanha política" pela presidência. Esse tipo de manobra insincera envolvendo os fatos da guerra seria recorrente ao longo de seu período na presidência.

Apesar disso, Johnson não começou uma grande escalada, pelo menos não imediatamente. O que ele fez foi aproveitar os ganhos políticos de sua demonstração de firmeza diante da "provocação" do inimigo, refletida nos 85% de aprovação popular à sua reação aos incidentes de Tonkin, segundo pesquisas de opinião realizadas logo depois.[300] Com isso, LBJ tirou do candidato republicano Barry Goldwater — famoso por declarações como a de que empregaria armas nucleares no Vietnã — o monopólio da imagem de líder altivo e determinado na defesa

---

[299] Patterson, 1996:603.
[300] Debenedetti e Chatfield, 1990:98.

dos valores americanos contra a agressão comunista. Ao mesmo tempo, diante de um anticomunista extremado como Goldwater, LBJ podia se apresentar como o candidato da moderação, da busca de soluções pacíficas sempre que possível. E isso incluía evitar que a guerra envolvesse grandes efetivos americanos, já que os milhares de soldados no Vietnã exerciam apenas a função de "conselheiros" e não passava pela cabeça do presidente "mandar garotos americanos para 9 a 10 mil milhas de distância de casa para fazer o que os garotos asiáticos deveriam estar fazendo sozinhos".[301] Aos olhos dos eleitores, declarações como essa deixavam claro que escaladas significativas estavam fora de questão. O que eles não tinham como saber era que, já na época em que essa declaração de Johnson foi dada, em outubro de 1964, "havia um consenso secreto na administração de que a guerra teria de ser ampliada pelos ataques aéreos dos EUA no começo do novo ano" — justamente a plataforma anunciada por Goldwater.[302]

E assim foi. Eleito com ampla vantagem em 1964, Johnson anunciou a escalada em fevereiro de 1965, na forma de um bombardeio sistemático de alvos no Vietnã do Norte, chamado de operação "Trovão Rolante". Teoricamente uma resposta a um ataque da FLN a tropas americanas, ocorrido no início do mês, a operação era o começo de um grande e veloz aumento nos recursos materiais e humanos empregados na luta pelo Vietnã do Sul. Em março, os fuzileiros navais americanos passaram a entrar regularmente em operações de combate e, no fim de 1965, a presença militar norte-americana no Vietnã do Sul havia alcançado o surpreendente número de 184 mil pessoas. No ano seguinte, seriam 450 mil e, em 1968, havia um efetivo astronômico, superior a meio milhão. As baixas aumentaram proporcionalmente: entre mortos, feridos, hospitalizados e desaparecidos, elas foram, cumulativamente, de 2.500 em 1965 para 33 mil em 1966, 80 mil em 1967 e 130 mil em fins de 1968, ano em que o envolvimento americano chegou ao ápice.[303] O total em 10 anos de guerra (1965-75) seria de mais de 58 mil mortos e 300 mil feridos, a metade destes com lesões graves.[304] Além disso, os "aviões americanos lançaram mais bombas, muitas delas com napalm, sobre o Vietnã entre 1965 e 1967 do que em todos os teatros da II Guerra Mundial", de modo

---

[301] *The Columbia world of quotations 1996*. Disponível em: <http://www.bartleby.com/66/71/31071.html>. Acesso em: 20 dez. 2006.

[302] Debenedetti e Chatfield, 1990:98.

[303] Patterson, 1996:595.

[304] Atwood, 2006.

A virada revolucionária 195

que, apenas em 1970, a carga de explosivos usada nessa guerra excedeu aquela "de todas as guerras anteriores na história humana".[305] Números impressionantes por si mesmos, mas que empalidecem comparados às perdas e aos prejuízos de toda ordem que acometeriam os combatentes e sobretudo os civis tanto ao norte quanto ao sul da fronteira entre os dois Vietnãs. Por décadas após o fim da guerra, em 1975, o governo vietnamita viria a admitir *apenas* 1,5 milhão de mortos, até que documentos revelados em 1995 aumentaram essas cifras para 1 milhão de combatentes e 4 milhões de civis, tomando a população vietnamita (Sul e Norte) como um todo.[306]

Com a escalada — iniciada, ressalte-se, sem uma declaração formal de guerra —, o que era um assunto marginal de política externa entrou para a pauta do dia. Pesquisas de opinião indicavam que a grande maioria dos cidadãos americanos apoiava a intervenção na Ásia. Os meios de comunicação "confiavam pesadamente em comunicados dos líderes políticos e militares americanos, e os jornais imprimiam milhares de matérias com estatísticas grandemente infladas sobre a contagem de corpos dos inimigos e outras supostas realizações" das forças americanas no Vietnã.[307] Entretanto, após o anúncio dos bombardeios no Vietnã do Norte, a Casa Branca passou a receber centenas de telegramas por semana, dos quais os que condenavam a medida superavam os de apoio numa razão de seis a 12 para um.[308] Era o primeiro sintoma de que, se havia um apoio majoritário, a Guerra do Vietnã estaria longe de contar com um consenso. Como Johnson em pouco tempo iria descobrir, a guerra na Ásia teria uma segunda frente de batalha, e esta seria na própria América.

O movimento antibelicista: tendências gerais

Com o anúncio de um maior engajamento na guerra, a oposição ganhou novas dimensões. Até então, o que se tinha era uma

> significativa base de dissenso da política para o Vietnã, mas ainda não uma oposição organizada. No geral, os críticos ainda não estavam tão alienados das autoridades a ponto de estarem preparados para apoiar um protesto mais ativo,

---

[305] Patterson, 1996:595.

[306] *Vietnam War*. Disponível em: <http://www.vietnam-war.info/>. Acesso em: 20 jan. 2007.

[307] Patterson, 1996:620.

[308] Debenedetti e Chatfield, 1990:106.

concentrado e constante. Mas o dissenso já tinha adquirido quatro características duradouras. Primeira, ele era frágil mas amplo, formalmente desorganizado mas expressando o variado sentimento antibelicista no país. Segunda, a oposição era animada (mas não dominada) por ativistas do movimento pela paz e era legitimada (mas não liderada) por membros da elite tomadora de decisões do país. Terceira, a despeito de sua manifestação essencialmente moderada, o desafio à política oficial tinha começado a ter um sabor esquerdista por várias razões, incluindo o declínio do ativismo liberal pela paz depois de 1962, a convergência de uma esquerda radical sobre a questão da guerra em 1964, o surgimento de uma questão decisiva sobre a "retirada imediata" [das tropas americanas no Vietnã] e a mudança cultural e a polarização social na vida americana no início dos anos sessenta.

Por fim, o dissenso antibelicista era fragmentado por uma divisão incipiente [...], [pois] cada facção antibelicista tinha suas próprias razões para protestar contra a política de Washington.[309]

A oposição à guerra seguia essencialmente quatro linhas de raciocínio, para as quais havia colaborado a observação de situações parecidas em guerras anteriores, como a dos franceses na Argélia e na Indochina e a dos próprios americanos na Coreia. Eram as seguintes:

A primeira, que teria ampla repercussão nos círculos estudantis e na Nova Esquerda em particular, era de natureza moral: os Estados Unidos não tinham o direito de "lutar até o último vietnamita em prol de um regime não comunista em Saigon contra uma revolução liderada pelos comunistas à sombra da China", uma vez que isso poderia significar uma guerra tremendamente custosa para a população do Vietnã. O uso de armas químicas e de "aldeias estratégicas" só fez reforçar esse argumento, convencendo muita gente de que a luta contra a FLN era muito mais brutal e desumana do que um governo comunista poderia vir a ser. Também entrava nesse tipo de consideração se valia a pena sacrificar a vida de jovens americanos em uma guerra questionável que não visava a combater qualquer ameaça direta aos Estados Unidos.

A segunda era de caráter prático: a intervenção militar no Vietnã era inútil, pois seria impossível estabilizar o Sul, dada a sua fragilidade política. Consequentemente, mesmo uma ocasional vitória militar seria vã diante de um desastre

---

[309] Debenedetti e Chatfield, 1990:101.

A virada revolucionária 197

político. Além disso, o esforço necessário para obter essa vitória excederia qualquer interesse concreto que o Vietnã pudesse ter para os EUA. Essa era uma linha argumentativa frequente entre críticos de elite como Walter Lippmann.

A terceira, de caráter geopolítico, era de que a guerra era contraproducente e mesmo prejudicial aos interesses americanos no mundo, e que seria melhor buscar soluções negociadas. Implícita nesse argumento estava a ideia de que a grande ameaça à segurança norte-americana e o alvo real da intervenção no Vietnã era a China, que, num cenário de guerra no país vizinho, poderia intervir numa escala ainda maior do que na ocasião da Guerra da Coreia. Uma variante era a defesa de conversações com Ho Chi Minh, visando a estimular seu nacionalismo e a afastá-lo da influência de Pequim, de modo a torná-lo uma espécie de marechal Tito da Ásia.

Finalmente, a quarta linha de crítica, relacionada com a primeira, dizia respeito aos ideais americanos. Além de acusações de sonegação de informações por parte do governo e a suspeita diante da falta de propostas alternativas por parte do Congresso e de outras instituições políticas, havia uma questão ético-ideológica: era legítimo, em nome da liberdade e da democracia, intervir no país alheio para deter uma insurreição popular autêntica, embora liderada por comunistas? E ainda por cima recorrendo a métodos como o da relocação forçada de aldeias inteiras, enquanto era tão difícil, por exemplo, conseguir as devidas medidas federais no combate à violência racial no Sul?[310]

> Moralmente errada, imprudente e inviável, contraproducente para os interesses nacionais na estabilidade regional e mundial, e antitética aos ideais americanos — [seria] nestas linhas [que] a intervenção no Vietnã seria contestada na década seguinte.[311]

Ao longo de todo o conflito, os estudantes universitários seriam a grande base do movimento antibelicista. A princípio isentos, em sua maioria, do serviço militar, mudanças nos critérios de recrutamento tornariam a guerra no Vietnã uma questão muito concreta também para eles: em 1966, autorizou-se que os universitários com baixo rendimento fossem passíveis de recrutamento, para o que as universidades teriam de repassar as notas para o órgão encarregado do

---

[310] Debenedetti e Chatfield, 1990:87-91.

[311] Ibid., p. 91.

alistamento e seria aplicado um exame nacional para testar o desempenho intelectual dos graduandos;[312] em 1968, quando o número de tropas no Vietnã chegava ao auge, estudantes de pós-graduação que ainda não tivessem completado dois anos de estudo também passaram a ser recrutáveis, bem como quem já estivesse formado e ainda não tivesse alcançado a idade-limite de 26 anos. Essa preferência por graduados fora explicitada pelo próprio presidente Johnson:

> "Comecem com a idade de vinte e três anos", disse ele. "Se não for o bastante, vão para vinte e dois, vinte e um, vinte, e finalmente dezenove". Pela primeira vez, parecia, os filhos diplomados da classe média poderiam enfrentar os terrores da selva.[313]

Constituindo a parte mais culta da população na faixa etária do serviço militar, não chega a surpreender que a primeira manifestação de repercussão nacional contra a guerra tenha sido o *teach-in* na Universidade de Michigan em Ann Arbor, e que teve entre seus organizadores ninguém menos que Arnold Kaufman. Na noite de 24 para 25 de março de 1965, e apesar da oposição de vários políticos do estado, mais de 3 mil estudantes, professores e funcionários administrativos ocuparam o Salão Angell, no *campus*, e promoveram palestras, debates e grupos de discussão a respeito da guerra. Apesar de o salão ter sido evacuado duas vezes por conta de falsos alertas de bomba, o protesto transcorreu sem maiores problemas. Para muitos de seus participantes, "foi o destaque de seus anos na universidade, uma noite 'em que as pessoas realmente se deram ao trabalho de falar de coisas que realmente importavam'". Em uma semana, já havia outros 35 *teach-ins* em diferentes universidades, e seriam 120 até o fim do ano letivo.[314] Embora eventualmente houvesse conflitos com manifestantes *pró-guerra* (incluindo ocasionais embates físicos), essa nova modalidade de protesto acadêmico indicava o interesse que a guerra despertava nos *campi* americanos. Ela também revelava uma premissa que seria a ênfase do movimento antibelicista, pelo menos do ponto de vista de radicais como os da SDS, entre 1965 e 1967: a de que era possível pôr fim à guerra por meio do suficiente esclarecimento da população a respeito do que ela significava, do que realmente estava por trás da decisão da maior potência militar do mundo de interferir numa questão interna

---

[312] Sale, 1974:253.

[313] Patterson, 1996:632.

[314] Debenedetti e Chatfield, 1990:108.

de um pequeno país atrasado no outro lado do planeta. Desafiar os representantes do governo para debates públicos, desmascarar seus pretextos, denunciar sua manipulação das informações, levar os cidadãos a pressionar os políticos para que favorecessem negociações de paz, ensinar os jovens a se valerem dos meios legais disponíveis para não serem recrutados para uma guerra que não era justificável: essas eram as tônicas desses primeiros anos. Tudo isso para mostrar que a intervenção militar no Vietnã era uma *política equivocada*, e, portanto, os cidadãos conscientes deveriam buscar corrigi-la por meio dos canais existentes, ou pelo menos sem quebrar seus vínculos com um sistema político que permanecia legítimo em seus fundamentos.

Nessa fase, os protestos eram majoritariamente não violentos, e, mesmo quando envolviam dezenas de milhares de pessoas, ainda era apenas uma pequena percentagem da população universitária que tomava parte neles. Devido, porém, à grande expansão dos estudantes de nível superior nos anos 1960, mesmo uma minoria já podia formar uma multidão bastante visível e barulhenta, no interior do *campus* ou fora dele. A violência, quando havia, era esporádica, não raro envolvendo brigas com manifestantes pró-guerra (que, no *campus*, costumavam se concentrar em fraternidades, equipes esportivas e em determinados cursos fora da área de ciências humanas e sociais).[315] Mas ocorriam ações mais radicais: em 1965, o quacre Norman Morrison incendiou o próprio corpo em frente ao Pentágono, em protesto contra a escalada da guerra, a apenas 50 metros do escritório do secretário de Defesa, Robert McNamara; no ano seguinte, o mesmo McNamara teve o carro cercado por estudantes de Harvard que queriam questioná-lo sobre a guerra e precisou sair carregado pela polícia;[316] mas eram ações excepcionais.

Apesar disso, desde cedo estabeleceu-se uma divisão crucial e crescente entre liberais/moderados e radicais dentro do movimento antibelicista. *Grosso modo*, os primeiros tinham uma perspectiva de "oposição leal": seu objetivo era mudar uma política específica, e não toda a organização da sociedade. Como diria o líder socialista Norman Thomas: "Eu estou interessado na paz, [e isso] não requer que odiemos a América" e que fosse preciso transformá-la radicalmente.[317] Em geral, defendiam uma paz negociada no Vietnã, sem a retirada imediata das tropas, atentos à imagem internacional dos EUA como defensores do mundo livre. Já

---

[315] Cf. Heineman, 1993.

[316] Berger, 2006:34.

[317] Debenedetti e Chatfield, 1990:116.

para os radicais, fossem esquerdistas ou apenas pacifistas, a guerra no Sudeste asiático era uma agressão americana que só poderia terminar com a retirada imediata dos soldados. Mas, embora tivessem suas próprias discordâncias, eles iam além dessa exigência objetiva.

> Concluindo que os Estados Unidos eram uma fonte importante de injustiça e violência globais, os pacifistas radicais procuravam revolucionar o país em combinação com os negros, estudantes e outros descontentes que rejeitavam a autoridade em vigor e procuravam[, por sua vez,] construir uma oposição extraparlamentar através de instituições paralelas em uniões comunitárias, novos partidos políticos e, ocasionalmente, "um novo congresso continental".[318] Os radicais de *Liberation* [revista do pacifista David Dellinger] acreditavam que a América só poderia ser salva mediante uma revolução de resistência individual não violenta e uma ação coletiva democrática, e que o Vietnã só poderia ser salvo da América por meio da resistência dos vietcongues. Os pacifistas liberais argumentavam, por outro lado, que o problema não era tanto a América quanto a guerra em si, e propunham atacar o sistema bélico promovendo a não violência imparcial em vez de uma revolução. Os pacifistas devem visar, dizia [Robert] Pickus, "não a polarizar, mas a permear a sociedade" com valores alternativos. Eles não devem apoiar um lado ou outro, mas opor-se à guerra.[319]

No entanto, a Guerra do Vietnã era um produto da Guerra Fria, uma situação que muitos americanos ainda viam em termos de um enfrentamento entre o bem e o mal. Consequentemente, essas nuances do movimento antibelicista nem sempre eram compreendidas pelo público em geral. Para muitos, os ativistas pela paz eram tolos ou inocentes úteis, servindo inadvertidamente à causa do comunismo, na melhor das hipóteses; na pior, eram simplesmente comunistas. Por causa de sua oposição a um conflito oficialmente apresentado como o auxílio a um país aliado sob ataque comunista, esses militantes eram "rotineira e indiscriminadamente desqualificados como idiotas articulados [...]. Editorialistas

---

[318] Essa era uma proposta de Tom Hayden rejeitada em uma reunião da SDS, e que aludia aos congressos continentais estabelecidos pelos então colonos americanos, em 1774 e 1775, para decidirem como agir ante o endurecimento das normas britânicas para as Treze Colônias. Formalmente ilegais pelas leis britânicas, foi no Segundo Congresso Continental que se decidiu empreender a guerra pela independência.

[319] Debenedetti e Chatfield, 1990:117.

reclamavam que, ao encorajarem os vietcongues a calcularem mal a vontade da nação, os críticos estavam prolongando a guerra, quando não promovendo o comunismo".[320] Esse tipo de acusação era levado tão a sério que o senador Dodd, encarregado do Subcomitê de Segurança Interna, prometeu que investigaria as fontes comunistas dos *teach-ins*; dois anos mais tarde, em 1967, o próprio LBJ pediria à CIA que procurasse provas de que o movimento antibelicista era orquestrado por comunistas. Nada foi encontrado.[321]

Naturalmente, havia comunistas e simpatizantes no movimento antibelicista, mas eram uma minoria, longe de ter condições para organizar um movimento tão descentralizado e diverso. Entretanto, o antibelicismo militante, na versão gradualista liberal ou na da retirada imediata dos radicais, crescia continuamente a cada ano, embora jamais chegasse a constituir mais que um movimento minoritário. E para esse crescimento colaboravam muito mais os atos do próprio governo, com sua escalada contínua e intensificação do recrutamento, do que qualquer conspiração ideológica. Sobretudo para os radicais, e aí se pode incluir toda a Nova Esquerda estudantil, um fator particularmente exasperante era a aparente inutilidade da escalada de protestos em produzir efeitos sensíveis na política do governo Johnson. Petições, marchas, protestos de rua, panfletos, audiências públicas no Congresso promovidas pelos poucos políticos que se opunham à escalada — todo o arsenal não violento seria largamente experimentado nos primeiros três anos após Tonkin sem que o governo de LBJ diminuísse o número de tropas em um único homem. Embora o próprio presidente ficasse cada vez mais exaurido e emocionalmente desgastado à medida que a situação no Vietnã se prolongava sem uma perspectiva concreta de vitória,[322] a guerra ganhou cada vez mais prioridade em sua agenda de governo, inclusive em prejuízo dos programas da Grande Sociedade. Tendo procurado conciliar a guerra com as reformas sociais pelo tempo que pôde, Johnson acabaria tendo de optar por uma ou outras, dado o considerável aumento nas despesas representado pela escalada; em 1968, a opção foi feita: os EUA tinham 515 mil homens no Vietnã, e o presidente concordou em diminuir as despesas domésticas em US$ 6 bilhões, reduzindo consideravelmente a verba de vários dos itens da Grande Sociedade.[323]

---

[320] Debenedetti e Chatfield, 1990:118.

[321] Patterson, 1996:633.

[322] Ibid., p. 629-636.

[323] Matusow, 1984:171-173.

Foi em fins de 1967, com a Semana de Parar o Alistamento e a marcha sobre o Pentágono, que a ala radical do movimento antibelicista iniciou sua segunda fase — a da *resistência*, que para setores importantes da Nova Esquerda seria o prólogo da adoção de um discurso francamente revolucionário. Esse foi o padrão seguido pela SDS, numa trajetória que seria profundamente marcada pela guerra.

A nova SDS

Desde sua fundação, a SDS entendeu que uma organização radical comprometida com a reforma da sociedade norte-americana deveria privilegiar os problemas internos do país. Aliás, um dos pilares de sua crítica à Velha Esquerda e à política estabelecida nos anos da afluência era justamente o de que a política externa (leia-se: a Guerra Fria) tinha uma importância desproporcional na agenda da nação, ao passo que questões domésticas prementes, como os direitos civis dos negros, eram tratadas com circunlóquios e medidas simbólicas. Na *Declaração de Port Huron*, já se lia que "um anticomunismo irracional tem se tornado um grande problema social para aqueles que querem construir uma América mais democrática", e por isso o "debate político é restrito, padronizado, a ação é inibida por demandas de 'unidade' e 'comunhão' em face do perigo declarado".[324] A SDS tinha como premissa que a melhor maneira de combater os excessos americanos na Guerra Fria era desfazer o monopólio da "elite do poder" apontada por C. Wright Mills e aumentar o grau de democracia na sociedade, incentivando a participação real e eficaz dos cidadãos na tomada das decisões que os afetavam. Em outras palavras, aplicando a democracia participativa.

Portanto, era natural que assuntos de política externa fossem de interesse secundário na pauta da organização, enquanto causas como o combate à segregação no Sul tivessem máxima prioridade. Embora o desarmamento e a paz mundial recebessem menções em seus textos (inclusive no manifesto de 1962) e fizessem parte dos muitos tópicos previstos pela abordagem multitemática da SDS, nunca foram o foco principal. Mesmo quando surgiu uma emergência nacional como a Crise dos Mísseis, a organização encontrou-se muito desestruturada para coordenar qualquer ação significativa. Por ocasião da Resolução do Golfo de Tonkin, a SDS, já um pouco mais organizada e com mais pessoal, estava com a maior parte de seus melhores quadros e recursos envolvidos com os projetos de organização comunitária. Nada levava a crer que uma guerra

---

[324] *The Port Huron Statement*, apud Miller, 1987:350.

A virada revolucionária

distante e provavelmente rápida iria se tornar o seu principal foco de atuação nos anos seguintes.

O primeiro contato com a questão do Vietnã veio por meio do *Peace Research and Education Project* (Prep, Projeto de Educação e Pesquisa da Paz), o centro de pesquisa de um homem só criado por Richard Flacks e que fora assumido por Todd Gitlin e Paul Booth. De caráter essencialmente acadêmico, e longe de ter o prestígio do Erap entre os membros da organização, o Prep foi o responsável pela introdução de questões internacionais na pauta de manifestações da SDS em nível nacional. Foi por sua iniciativa que o jornalista I. F. Stone foi convidado para uma reunião do Conselho Nacional da SDS em 29 de dezembro de 1964. Stone "apresentou uma história lúcida do envolvimento da América no Sudeste asiático", explicou as razões da guerra e por que os EUA deveriam sair.[325] No dia seguinte, após longas discussões e duas votações, o Conselho Nacional aceitou a proposta de Gitlin de realizar uma marcha em Washington protestando contra a intervenção americana no Vietnã. Segundo a proposta de um dos delegados presentes, também submetida a votação e aprovada, a justificativa do projeto era que a SDS "advoga que os Estados Unidos saiam do Vietnã pelas seguintes razões: a) a guerra fere o povo vietnamita; b) a guerra fere o povo americano; c) a SDS se preocupa com o povo vietnamita e o povo americano". Apesar da oposição de vários dos presentes, particularmente o pessoal do Erap, para quem uma marcha era algo pouco impressionante, e dos temores de envolver a organização em um grande evento de tema único, decidiu-se que a marcha seria realizada nas férias de primavera, em abril.

Foi ainda nessa mesma reunião do Conselho Nacional que a SDS apresentou o que Paul Booth definiria como "o primeiro exemplo de sectarismo". Além dos já citados Erap e Prep, existia um terceiro projeto, liderado por Steve Max e Jim Williams, chamado *Political Education Project* (PEP, Projeto de Educação Política). O PEP trabalhava com uma das propostas inclusas na *Declaração de Port Huron*, a de que era possível "realinhar" o Partido Democrata à esquerda, tornando-o de fato um partido progressista e distinto do Republicano. Para isso, diziam seus membros, era preciso trabalhar dentro do sistema eleitoral — por exemplo, através de pressão a favor de leis no Congresso e do engajamento (com ressalvas) na campanha de Lyndon Johnson à presidência, e que tinha como lema *Part of the way with LBJ* (Parte do caminho com LBJ). Um motivo adicional para

---

[325] Sale, 1974:170.

esse apoio era o temor em relação a uma possível vitória de Goldwater e a consequente guinada da política nacional para a direita mais reacionária. Entretanto, o afastamento da SDS em relação a liberais como Johnson era tão grande nesse momento que figuras de peso na organização, como Al Haber, faziam campanha contra o voto alegando que uma grande vitória de LBJ significaria o triunfo de uma política centrista em detrimento dos extremos, "o extremo de Goldwater e também o nosso".[326] Quando Max e Williams compareceram ao Conselho com uma elaborada proposta de pesquisa e promoção de legislação progressista e um projeto de registro de eleitores na cidade de Cairo, Illinois, encontraram um ambiente hostil. Em meio a acusações e insinuações de que fariam apologia ao liberalismo corporativo, os dois foram "sangrados"[327] no Conselho. A proposta legislativa foi cortada até se reduzir a um esforço de propaganda a favor da contestação que o Partido Democrático da Liberdade do Mississipi propunha, e o projeto de registro eleitoral foi tirado deles e entregue ao Erap, que o abandonou em dois dias. Era o fim da linha para o PEP. Dois meses depois, na correspondência de trabalho enviada aos membros-chave da organização, Max comunicou oficialmente a extinção do projeto, acrescentando:

> Na maior parte do tempo, houve gente espumando e gritos de "vendidos" toda vez que as palavras "Nova Coalizão" [realinhamento] foram usadas. Como um substituto para um debate real, circularam noções sobre complôs contra a organização e complôs para organizar uma facção para a Convenção [anual, a se realizar em meados de 1965].
>
> Vamos esperar que, agora que o PEP se dissolveu e sua equipe se dispersou, não haja mais desculpas para a falta de diferenças políticas abertas e legítimas na SDS, e que aqueles que lidaram com a situação em termos faccionais sejam agora forçados a se mostrar e a defender uma posição política real.

Essa rejeição das formas representativas tradicionais do sistema político, o próprio campo de ação do PEP, expressava o medo de "cooptação" pelo liberalismo no poder, que havia se tornado corrente na maior parte dos membros da SDS. Para eles, especialmente depois da experiência do MFDP com a convenção democrata em Atlantic City, o liberalismo se tornara quase um sinônimo de

---

[326] Sale, 1974:156.

[327] Ibid., p. 157.

"conservadorismo sofisticado", que, aparentando boas intenções, procurava levar os radicais a concessões que punham em risco os princípios de honestidade e igualdade que esposavam. A própria guerra à pobreza do presidente Johnson, por exemplo, era vista como uma ameaça.

> O perigo desses programas liberais, como dizia um *paper* preparado para a convenção de 1964 da SDS, era que "o liberalismo corporativo pode produzir programas econômicos que *parecem* iguais aos dos movimentos insurgentes". Para distinguir programas radicais genuinamente igualitários das reformas liberais "simbólicas" projetadas apenas para cooptar o dissenso e firmar o sistema, a SDS se sentiu impelida a pôr cada vez mais ênfase "na questão do poder e da participação". Ao mesmo tempo, a SDS tornou-se cada vez mais crítica das estruturas e normas liberais — os conflitos políticos na América eram "estéreis, retóricos e desprovidos de significado", as eleições tinham "uma aura de irrealidade sem escolha significativa", e a liberdade intelectual era uma farsa. O liberalismo americano do século vinte estava "comprometido com uma política antidemocrática e manipuladora". Para muitos membros da SDS, definir sua própria identidade cada vez mais significava rejeitar, até demonizar, o liberalismo.[328]

Esse antagonismo era particularmente nítido nos círculos do Erap, que, como já foi dito, incluía boa parte dos principais quadros da organização. Para eles, o liberalismo no poder se fazia sentir mais diretamente por meio de "assistentes sociais, equipes do departamento de bem-estar social, sindicatos, organizações religiosas",[329] que muitas vezes constituíam um empecilho à mobilização e à conscientização radical que os organizadores comunitários tentavam promover. Fora os conflitos habituais que os próprios habitantes das comunidades tinham com os funcionários públicos encarregados de lhes entregar os benefícios e fiscalizar o seu merecimento, havia a questão ideológica de se deixar envolver pelo sistema. Afinal de contas, o objetivo do Erap não era simplesmente obter melhorias materiais imediatas (embora, como se demonstrou, este acabasse sendo o seu resultado prático para as comunidades envolvidas), mas iniciar um movimento de massa. Ao oferecer formas mais "fáceis" para ganhos de curto prazo, o liberalismo e o

---

[328] Ellis, 1998:129.
[329] Ibid., p. 129.

206   A Nova Esquerda americana

aparato governamental que ele comandava ameaçavam atenuar o radicalismo dos organizadores e desmobilizar as comunidades em que estes atuavam.

Essa era a tendência da organização, ainda relativamente obscura, quando o ano de 1965 a catapultou para a fama.

A "descoberta" da SDS: março-abril de 1965

> Em uma recente noite de sábado, um grupo de estudantes da Universidade de Chicago se reuniu em um apartamento para uma festa. Não havia bebida nem dança, nem conversas sobre basquetebol, política estudantil ou sexo.
>
> Em vez disso, os rapazes, em casacos esportivos sem gravata, e as moças, de saias e meias pretas, sentaram-se no chão e conversaram sobre coisas como "organização comunitária", "falta de poder" e "democracia participativa".

Assim começava um artigo de Fred Powledge publicado na primeira página do jornal *The New York Times* de 15 de março de 1965. Era uma das primeiras reportagens do jornal a respeito da "Nova Esquerda estudantil".[330] Não por acaso, o dono da festa mencionada era Bob Ross, e os convidados sentados no chão, todos membros da SDS. Powledge fizera uma pesquisa de meses para compor um retrato adequado do movimento, entrevistando mais de 70 ativistas em Nova York, Chicago, Atlanta, Newark, São Francisco, Louisiana e Austin. Sua descrição segue, após um breve resumo dos protestos em que os estudantes tomaram parte, dizendo:

> Eles acreditam que o movimento pelos direitos civis, a emergência da pobreza como uma causa nacional e a possibilidade de extinção nuclear tornam imperativa uma mudança fundamental.
>
> **Letras minúsculas preferidas**
>
> Eles não negam que parecem muito com os jovens radicais dos anos trinta em suas aspirações. Alguns deles, que comparam seu movimento a uma "revolução", querem ser chamados de radicais.
>
> A maioria, contudo, prefere ser chamada de "organizadores". Outros replicam que são "democratas com 'd' minúsculo" ou "socialistas com 's' minúsculo". Uns poucos gostam de ser chamados de marxistas.

---

[330] Gitlin, 1980:26-27.

A maioria despreza quaisquer rótulos específicos, e não se importam em ser chamados de cínicos. Poucos se permitiram desenvolver um senso de humor a respeito de seu trabalho; eles funcionam à base de crises.

[...]

Jeff Shero, um texano de 23 anos, [...] [explica] seu cinismo particular:

"Esta geração tem testemunhado a hipocrisia como nenhuma outra. As igrejas não estão fazendo o que deviam fazer. Há uma mentira após a outra na televisão. A própria sociedade é gerida e composta por mentiras.

"As pessoas são manipuladas. O tipo de ética que nossos pais pregavam não é praticado, pois agora nós vemos como nossos pais realmente vivem.

"Nós somos a primeira geração a crescer com a ideia de aniquilação. Numa situação como esta, você tem de sair e criar sua própria religião."

[...]

Embora uns poucos exibissem a tendência de defender a União Soviética como um exemplo do tipo de sociedade que querem criar, a grande maioria dos que foram questionados dizem ser tão céticos a respeito do comunismo quanto de qualquer outra forma de controle político.

Suas conversas mostram que eles não são nem dirigidos nem inspirados pelo comunismo, como alguns de seus críticos têm alegado. "Você pode dizer que somos acomunistas", disse um deles, "assim como pode dizer que somos amorais e a-quase qualquer outra coisa."

[...]

Eles acreditam que a única solução para os problemas da nação é a criação de uma nova esquerda. Rejeitam muitos dos heróis velhos esquerdistas, descritos como "vendidos"; querem escrever sua própria filosofia e criar uma aliança entre os milhões de americanos brancos e negros que não têm poder econômico.

A maioria é cética a respeito de suas próprias chances de êxito, mas desejam investir o resto de suas vidas na causa.

Um deles [é] Richard Rothstein, um trabalhador de 21 anos de um distrito de Chicago que contém pobres brancos, negros, mexicanos e porto-riquenhos.

[...]

"Nós rejeitamos a ideia de que você pode trazer mudanças se elegendo para a legislatura e então concedendo a mudança a partir de cima", disse ele. "De alguma forma, nesse sistema, os pobres ainda são tratados de maneira pobre."[331]

---

[331] Powledge, 1965.

208   A Nova Esquerda americana

O texto menciona ainda outras organizações estudantis, como o SNCC e os clubes DuBois (estes, de filiação socialista e comunista). Em geral, o tom é respeitoso, simpático até, embora cometa um erro factual: o presidente da SDS é apresentado como sendo Todd Gitlin, quando, no período de junho de 1964 a junho de 1965, era Paul Potter. Começava a celebridade para a SDS, que o repórter informava ter 1.700 filiados em 44 núcleos, mais 50 funcionários. Esse número seria mais do que triplicado até o fim do ano.

Cinco dias depois, novamente o *The New York Times* mencionaria a SDS, dessa vez informando o nome certo do seu presidente. Porém, as circunstâncias eram menos favoráveis agora: Paul Potter havia sido preso no dia anterior, com outras 48 pessoas, na porta da sede do Chase Manhattan Bank, em Nova York. Motivo: um *sit-in*, ou melhor, um *sitdown* nos degraus do prédio, em protesto contra os empréstimos do Chase ao governo racista da África do Sul. Envolvendo 400 pessoas ("a maioria estudantes brancos", o repórter não deixou de notar), o protesto era uma iniciativa do Prep, com a colaboração de outras organizações, depois que um comentário casual levou Todd Gitlin a investigar as relações entre o banco e o regime sul-africano. "A questão era moralmente instigante e intelectualmente interessante, levantando a questão do empresariado americano na política externa", diria ele, duas décadas depois.[332] A matéria informava ainda que Potter e os demais cinco líderes do protesto resolveram se sentar na entrada do prédio depois de manter uma conversa de cerca de uma hora com seu vice-diretor, exigindo que os empréstimos cessassem. Em vão.[333]

A pesquisa que levou a SDS à porta de um dos maiores bancos norte-americanos não reuniu uma grande multidão e talvez tenha passado relativa-mente despercebida da maioria dos leitores da época. Afinal, protestos desse tipo, especialmente depois da campanha dos direitos civis, estavam longe de ser raridade no noticiário americano. Porém, a SDS havia sido pioneira ali: tratava-se, segundo Gitlin, da primeira "manifestação distintamente anti-imperialista dos anos sessenta". Mais ainda: núcleos da SDS em vários pontos do país haviam liderado protestos semelhantes contra diversas companhias e bancos envolvidos com o governo sul-africano. "Um repórter inquiridor que não se prendesse a uma cobertura centrada na polícia poderia ter descoberto isso entrevistando a equipe da SDS ou lendo seus numerosos relatórios."[334]

---

[332] Gitlin, 1987:179.
[333] Jones, 1965.
[334] Gitlin, 1980:43.

Assim, o primeiro ato oficial de desobediência civil[335] organizado pela SDS foi minimizado pela imprensa. Fosse como fosse, um mês depois a organização voltaria às manchetes.

A marcha de Washington foi marcada para o dia 17 de abril. Aguardava-se inicialmente um público de aproximadamente 3 mil pessoas. Na primeira vez que a SDS participara (mas não liderara) de uma manifestação pela paz no Vietnã, ali mesmo em frente à Casa Branca, em 20 de fevereiro, o público fora de 400 pessoas, com direito a uma contramanifestação de estudantes de direita.[336] Para a sua própria marcha, porém, a SDS concentrou todas as forças, chegando a aumentar o número de funcionários em tempo integral do Escritório Nacional de quatro para nove (todos com salários de subsistência). Foram impressas 150 mil convocações para a marcha e preparados 15 mil broches, além de se abrir um escritório em Washington apenas para acertar os detalhes locais. Às vésperas do evento, a expectativa de público aumentou para 10 mil pessoas.

Nos bastidores, surgiram conflitos. Era comum em manifestações pela paz que a responsabilidade (e o crédito) fosse dividida entre mais de uma organização, uma vez que as entidades envolvidas com essa causa costumavam ser pequenas e com recursos modestos. A SDS, porém, não abriu mão de centralizar a organização da marcha sob a sua égide. E por isso mesmo recusou-se peremptoriamente a seguir uma outra tradição entre os grupos pacifistas: ela não ia discriminar comunistas ou quem quer que fosse. Sua convocação simplesmente se dirigia a "todos aqueles que concordam conosco que a guerra fere tanto os vietnamitas quanto os americanos, e deve ser parada".[337] Correram boatos de que alguém ia erguer a bandeira da FLN na manifestação. Isso causou alarme entre figuras proeminentes do movimento antibelicista, como Bayard Rustin, Norman Thomas e A. J. Muste, que no dia anterior ao evento publicaram no jornal *New York Post* um editorial conjunto desencorajando a participação na marcha, que arriscava se tornar um "alucinado espetáculo antiamericano e tendencioso".[338] Agora, além das dificuldades normais, a marcha tinha contra si a publicidade negativa de alguns decanos do liberalismo e da Velha Esquerda. "Originariamente eu estava

---

[335] Sale, 1974:185.

[336] *The New York Times*. Feb. 21, 1965. Disponível em: <http://select.nytimes.com/gst/abstract. html?res= FB0B13FC345B 1B728DDDA80A94DA405B858AF1D3>. Acesso em: 22 dez. 2006.

[337] Sale, 1974:177.

[338] Ibid., p. 179.

melancólico", recordaria Todd Gitlin. "Achei que já seria bom se conseguíssemos cinco mil pessoas".[339]

Apareceram 20 mil. Segundo algumas estimativas, 25 mil. Era a maior manifestação contra a guerra até então. Brancos, negros, estudantes, adultos, anônimos e celebridades como Joan Baez (presente também no levante de Berkeley), Phil Ochs e Judy Collins. À vista, nenhuma bandeira da FLN ou com foices e martelos, mas cartazes exigindo o fim imediato da guerra e, numa ligação entre temas típica da SDS, "UM HOMEM, UM VOTO — SELMA OU SAIGON". O senador liberal Ernest Gruening, um dos dois únicos votos contra a Resolução do Golfo de Tonkin, foi um dos oradores, ao lado de I. F. Stone e do historiador Staughton Lynd. Mas coube a Paul Potter fechar o evento com um discurso que sintetizava o significado da guerra na análise da SDS.

> A maioria de nós cresceu pensando que os Estados Unidos eram uma nação forte, mas humilde, que se envolvia nos assuntos mundiais apenas com relutância, que respeitava a integridade das outras nações e se engajava em guerras apenas como um último recurso. Esta era uma nação sem nenhum grande exército permanente, sem um projeto de conquista externa, que procurava primariamente a oportunidade de desenvolver seus próprios recursos e seu próprio modo de vida [...]. A Guerra Fria, com todas as suas categorias ordenadas e descrições em preto e branco, fez muito para nos confirmar que o que nos tinha sido ensinado era verdade.
>
> Mas, nos últimos anos, o recuo da histeria da era da Guerra Fria e o desenvolvimento de uma política externa mais agressiva e ativista fizeram com que muitos de nós repensássemos atitudes profundas e sentimentos básicos a respeito de nosso país. A incrível guerra no Vietnã [...] finalmente cortou o último vestígio da ilusão de que a moralidade e a democracia são os guias da política externa americana. [...] Quanto mais exploramos a realidade do que este país está fazendo e planejando no Vietnã, mais somos levados à conclusão do senador Morse de que os Estados Unidos podem bem ser a maior ameaça à paz no mundo hoje.

Potter foi adiante, acrescentando que aqueles que se opunham à guerra e pediam a retirada das tropas deveriam estar prontos para aceitar o fato de que

---

[339] Sale, 1974:185.

A virada revolucionária

isso possivelmente implicaria a criação de um Vietnã unificado sob o comunismo: "Eu devo lhes dizer que prefiro ver o Vietnã comunista do que vê-lo sob o jugo contínuo ou a ruína que a dominação americana tem trazido". E se estendeu:

> Mas a guerra continua; a liberdade de conduzir essa guerra depende da desumanização não só do povo vietnamita, mas da dos americanos também; ela depende da construção de um sistema de premissas e de pensamentos que isola total e completamente o presidente e seus conselheiros das consequências humanas das decisões que eles tomam. Eu não acredito que o presidente ou o Sr. Rusk [secretário de Estado] ou o Sr. McNamara [secretário de Defesa] ou mesmo o Sr. Bundy [conselheiro de Segurança Nacional] sejam homens particularmente maus. Se lhes fosse pedido que jogassem napalm nas costas de uma criança de dez anos, eles se encolheriam de horror — mas suas decisões têm levado à mutilação e à morte de milhares e milhares de pessoas.
>
> Que espécie de sistema é esse que permite que homens bons tomem esses tipos de decisões? Que espécie de sistema é esse que justifica que os Estados Unidos ou qualquer país se apodere dos destinos do povo vietnamita e os use para seu próprio propósito? Que espécie de sistema é esse que cassa os direitos das pessoas no Sul, deixa milhões e milhões de pessoas em todo o país empobrecidas e excluídas da corrente principal e da promessa da sociedade americana, que cria terríveis burocracias sem rosto e faz delas o lugar onde as pessoas passam a vida e fazem seu trabalho, que consistentemente põe os valores materiais acima dos valores humanos — e ainda insiste em se chamar de livre e em se achar com o direito de ser a polícia do mundo? Que lugar existe para os homens comuns nesse sistema e como eles vão controlá-lo, fazê-lo se curvar à sua vontade em vez de se curvarem à dele?
>
> Nós temos que dar nome a esse sistema. Devemos nomeá-lo, descrevê-lo, analisá-lo, entendê-lo e mudá-lo. Pois só quando ele for mudado e posto sob controle é que poderá haver esperança de deter as forças que criam uma guerra no Vietnã hoje ou um assassinato no Sul amanhã ou todas as incalculáveis atrocidades mais sutis que são impostas ao povo o tempo todo.

Houve gritos para que Potter nomeasse o sistema, que para uns seria o capitalismo, e para outros o imperialismo — uma explicação ligando o militarismo, o racismo e a desigualdade social e que em breve se tornaria comum. A indefinição, contudo, era proposital, pois Potter considerava "capitalismo" uma palavra ideologicamente muito carregada, ligada à Velha Esquerda, e que havia se tornado um termo "morto, vazio".[340] Tanto era assim que sua proposta para entender e mudar o sistema fugia às recomendações que teriam sido feitas na época da predominância do marxismo-leninismo e suas variantes:

> Se as pessoas deste país tiverem de parar a guerra, e mudar as instituições que a criam, então as pessoas deste país devem criar um movimento social de massa — e se ele puder ser construído em torno da questão do Vietnã, então é isso o que devemos fazer.
>
> Por um movimento social eu me refiro a mais que petições ou cartas de protesto, ou o apoio tácito a congressistas dissidentes; eu me refiro a pessoas que estão dispostas a mudar suas vidas, que estão dispostas a desafiar o sistema, a levar a sério o problema da mudança. Por um movimento social eu me refiro a um esforço poderoso o bastante para fazer o país entender que nossos problemas não estão no Vietnã, na China ou no Brasil ou no espaço sideral ou no fundo do oceano, mas estão aqui nos Estados Unidos. [...]
>
> Pois de uma estranha forma, o povo do Vietnã e o povo nesta manifestação estão unidos em mais do que uma preocupação comum com o fim da guerra. Em ambos os países há gente lutando para construir um movimento que tenha o poder de mudar sua situação. O sistema que frustra esses movimentos é o mesmo. Todas as nossas vidas, nossos destinos, nossas próprias esperanças de viver dependem de nossa capacidade de superar esse sistema.[341]

A multidão, que ouvia sentada, levantou-se para aplaudir. Potter havia resumido a leitura predominante na SDS de que mesmo os problemas externos do país tinham raízes no seio de sua própria sociedade e ali, sim, deveriam ser combatidos. O Vietnã era apenas "um sintoma de um mal mais profundo", incitando a audiência a ir além dos problemas imediatos e buscar a ligação com os vários outros "sintomas". Fez isso, contudo, procurando fugir do jargão da Velha Esquerda, sem prescrever uma revolução, sem mencionar uma classe revolucionária específica e, ao mesmo tempo, exortando as pessoas a se engajarem para além da participação numa marcha ou nas vias de protesto habituais. Ele não disse, mas ali estava subentendida uma ideia cara à ética da Nova Esquerda, presente na campanha dos

---

[340] Sale, 1974:188.
[341] Potter, 1965.

A virada revolucionária 213

direitos e, antes dela, nos movimentos pela paz: "pôr o corpo na linha", ou seja, arriscar-se ao máximo, mesmo com perigos físicos, pela causa.

A marcha foi encerrada com música do movimento pelos direitos civis e uma tentativa fracassada de pouco mais de duas dezenas de estudantes de iniciar um *sit-in* no Capitólio. Não havia ainda um espírito confrontacional, e ainda existia a esperança de que o governo pudesse atender à petição entregue pelos manifestantes ao Congresso, e que exigia o fim da guerra.

Para a SDS, a marcha foi um divisor de águas. E não apenas pelo fato de ser o maior empreendimento da organização até aquele momento e ter superado todas as expectativas apesar da oposição de figuras de peso entre os movimentos sociais americanos. Seu maior impacto veio nos dias seguintes, com a cobertura da imprensa (frequentemente desfavorável, ou mesmo hostil, além de imprecisa) e até da televisão. De uma hora para outra, a organização se tornou uma referência nacional sobre o problema do Vietnã, muito especialmente para os jovens preocupados com a possibilidade do alistamento militar. Para surpresa de seus próprios dirigentes, a SDS, que sempre havia olhado para o SNCC como a vanguarda da militância estudantil, viu-se catapultada à posição de grande força dentro da Nova Esquerda.

Inchaço e o "poder da pradaria"

A partir do envolvimento mais direto com o Vietnã e da obtenção de visibilidade nos meios de comunicação, o número de membros da SDS sofreu um processo contínuo de intenso crescimento. É difícil determinar com precisão o número de membros, pois muito mais gente gravitava em torno dos núcleos da SDS do que os estudantes que efetivamente se registravam e pagavam suas contribuições. Além disso, dadas as condições de trabalho frequentemente caóticas do Escritório Nacional, a organização não primava pelo rigor administrativo.[342] Kirkpatrick Sale, autor da história mais completa da SDS e tido como referência até mesmo por seus ex-membros, apresenta as seguintes estimativas (os períodos são divididos de acordo com as eleições internas, realizadas anualmente a cada convenção nacional):[343]

---

[342] Ross, 1989:160.

[343] Sale, 1974:663. Em 1966/67, passou a haver distinção entre os membros filiados diretamente à organização nacional e aqueles filiados aos núcleos dos *campi*. Assim, para esse período, eram eles que constituíam a fonte de renda mais regular (ou a menos irregular) da SDS.

1960-62[344]		
Presidente: Al Haber Vice-presidente: Jonathan Weiss	Membros:	250 (dez. 1960) 575 (nov. 1961) 800 (maio 1962)
Secretário de campo: Al Haber (1960-62) Tom Hayden (1961/62)	Núcleos:	8 (dez. 1960) 20 (nov. 1961) 10 (maio 1962)
1962/63		
Presidente: Tom Hayden Vice-presidente: Paul Booth	Membros:	900 (jan. 1963) (447 pag.) 1.100 (jun. 1963) (600 pag.)
Secretário nacional: Jim Monsonis Secretário de campo: Steve Max	Núcleos:	9 (jan. 1963)
1963/64		
Presidente: Todd Gitlin Vice-presidente: Paul Booth	Membros:	1.500 (out. 1963) (610 pag.) 1.000 pag. (jun. 1964)
Secretário nacional: Lee Webb/Clark Kissinger Secretário de campo: Steve Max	Núcleos:	19 (out. 1963) 29 (jun. 1964)
1964/65		
Presidente: Paul Potter Vice-presidente: Vernon Grizzard	Membros:	2.500 (dez. 1964) (1.365 pag.) 3.000 (jun. 1965) (2.000 pag.)
Secretário nacional: Clark Kissinger	Núcleos:	41 (dez. 1964) 80 (jun. 1965)
1965/66		
Presidente: Carl Oglesby Vice-presidente: Jeff Shero	Membros:	10.000 (out. 1965) (4.000 pag.) 15.000 (jun. 1966) (6.000 pag.)
Secretários nacionais: Jeff Segal/Clark Kissinger/Paul Booth/Jane Adams	Núcleos:	89 (out. 1965) 172 (jun. 1966)

Continua

---

[344] Não houve convenção ou eleição de novos quadros em 1961.

1966/67		
Presidente: Nick Egleson Vice-presidente: Carl Davidson	Membros:	25.000 (out. 1966) (6.000 nac.) 30.000 (jun. 1967) (6.371 nac.)
Secretário nacional: Greg Calvert	Núcleos:	265 (out. 1966) (175 fortes) 247 (jun. 1967)
1967/68		
Secretário nacional: Mike Spiegel Secretário educacional: Bob Pardun	Membros:	35.000 (abr. 1968) 40.000?-100.000 (jun. 1968)
Secretário interorganizacional: Carl Davidson	Núcleos:	265 (dez. 1967) 280 (abr. 1968) 350 (jun. 1968)
1968/69		
Secretário nacional: Mike Klonsky Secretário educacional: Fred Gordon	Membros:	80.000?-100.000 (nov. 1968) 30.000?-100.000 (jun. 1969)
Secretária interorganizacional: Bernardine Dohrn	Núcleos:	350-400 (nov. 1968) 300? (jun. 1969)

Pelo quadro, fica claro que, a partir de 1965, o número de membros sofre uma explosão. Apenas entre dezembro de 1964 e dezembro de 1965, a SDS triplicou seu número de pagantes e quadruplicou o de membros em geral — justamente o ano em que suas principais atividades públicas envolveram a questão do Vietnã.

Numa organização bem-estruturada, o aumento súbito e intenso do número de membros poderia ocasionar algum tipo de incômodo, sem que isso necessariamente prejudicasse o andamento de suas atividades regulares. Em uma organização como a SDS, contudo, esse *boom* do número de membros causou uma mudança qualitativa de impacto considerável no seu perfil, que por sua vez levaria a mudanças na sua estrutura e nas diretrizes que a orientavam, o que não passou despercebido aos membros mais antigos.[345]

Até então, a SDS era constituída principalmente por estudantes da Costa Leste dos Estados Unidos, vindos dos grandes centros urbanos, boa parte deles

---

[345] Cf. Sale, 1974:203-222; Gitlin, 1987:186-188; Ross, 1989:162-167; Newfield, 1966:85-87; Pardun, 2001:113-128.

de ascendência judaica, nascidos em famílias de classe média e média alta, e com um perfil intelectualizado. Muitos provinham de famílias que haviam tido contato com a esquerda dos anos 1930, e uns poucos eram "bebês de fralda vermelha".[346] Um perfil relativamente homogêneo em uma organização pequena favoreceu o estabelecimento de uma dinâmica interna em que os membros — pelo menos os líderes e os mais engajados, que costumavam se encontrar nas reuniões nacionais da organização[347] — se viam como um círculo de amigos. Veteranos que muitas vezes haviam compartilhado experiências intensas na defesa de um ideal, como protestos ou perseguições no Sul, seus laços afetivos pessoais acabavam constituindo uma vantagem na luta idealista representada pelo voluntariado numa organização que se propunha transformar a sociedade norte-americana. Enquanto o crescimento da organização era modesto, um amigo apresentava o outro, em geral com um perfil parecido, e havia por parte dos veteranos um certo cuidado em fazer com que os novatos se integrassem. Não por acaso, nisso a SDS se inspirava também no SNCC dos primeiros anos: a ideia de uma "comunidade amada", um grupo de pessoas que se importavam umas com as outras, e por isso mesmo hauriam forças para enfrentar o risco de seu trabalho. Isso fica ainda mais compreensível quando se toma o caso de experiências como o Erap, em que os organizadores viviam juntos na maior parte do tempo, morando quase sempre no mesmo imóvel em um bairro estranho. O resultado era uma política interna largamente influenciada por um senso de camaradagem e certa intimidade que, se era um fator de união entre os membros do grupo, também era incompatível com uma expansão rápida.[348]

Essa vulnerabilidade da SDS ficou evidente durante a convenção nacional de 1965, realizada em Kewadin, Michigan, de 9 a 13 de junho. Apareceram de 450 a 500 pessoas, aproximadamente o dobro do ano anterior.[349] Destas, parte expressiva era de novatos que entravam na organização sob o estímulo da oposição à guerra, e vindos de estados nos quais a SDS não tivera presença expressiva até aquele ano, em geral do Meio-Oeste e do Sudoeste dos EUA (note-se no quadro acima que o número de núcleos universitários passou de 41, em dezembro de 1964, para

---

[346] Sale, 1974:89.

[347] Além da convenção nacional, havia as reuniões do Conselho Nacional, quatro vezes ao ano a partir de 1963. Cf. Sale, 1974:669.

[348] Polletta, 2002:138-148.

[349] Pardun, 2001:113.

80, em junho de 1965, quando a convenção se realizou). Essa "nova ninhada", como Sale os chama, não diferia dos veteranos apenas na origem geográfica, mas também em suas motivações e em seu perfil intelectual e político:

> Vários anos mais jovens que a Velha Guarda [os veteranos], eles [...] não eram judeus, tendiam a vir mais de famílias trabalhadoras, e eram menos intelectuais, menos articulados [...]. Brincavam dizendo que representavam o "poder da pradaria" [*prairie power*]. Muitos vinham da fronteira, tinham longos bigodes descuidados, usavam blusas de trabalho azuis e botas de caubói, e fumavam maconha numa época em que a Velha Guarda tinha uma vaga curiosidade ou medo disso. Filhos de eleitores de Goldwater, estudantes em escolas que não tinham progredido para o paternalismo, por vezes veteranos das forças armadas, *eles eram anarquistas instintivos, antiautoritários por princípio e prática* [grifos meus]. Muitos tinham rompido com seus parentes — tiveram de fazer isso quando foram chamados de "amantes de crioulos" ou "liberais" ou "comunistas" simplesmente por apoiarem os direitos civis. Uma vez postos fora da lei por família e cidade pelo que os nortistas teriam considerado posições moderadas, eles não encontraram obstáculos para se moverem ainda mais para a esquerda. Eles não tinham de ser convencidos a não confiarem na coalizão entre liberais e sindicatos; eles desconfiaram de sua moderação ao estilo do leste desde o começo. Se o governo dos EUA lhes dizia que era bom lutar contra o comunismo no Sudeste asiático, isso parecia uma boa razão à primeira vista para simpatizar com os vietcongues, pois as autoridades não tinham dito que *eles* eram comunistas também?[350]

Jack Newfield, jornalista do *The Village Voice* e filiado da SDS, entrevistou 25 deles em 1965 e complementa que:

> Há um chocante anti-intelectualismo entre os membros mais novos da SDS. Eles não apenas lêem menos romances e quase nenhuma literatura científica ou filosófica, como têm lido pouco dentro da tradição radical. De vinte e cinco ativistas entrevistados, nenhum jamais lera Rosa Luxemburgo, Max Weber, Eduard Bernstein, John Dewey, Peter Kropotkin ou John Stuart Mill. Menos de cinco tinha realmente lido Lênin ou Trotsky, e apenas uns poucos mais tinham lido Marx um dia. Quase todos tinham lido C. Wright Mills e Camus, e cerca

---

[350] Gitlin, 1987:186.

de metade tinha lido Goodman, Frantz Fanon e Herbert Marcuse. Quando perguntados sobre qual tinha sido o último romance que tinham lido, sete não souberam responder. Outras respostas incluíam [...] romances escritos nos últimos dois anos, a maioria lidando com o absurdo da vida.

A maioria dos entrevistados justificou a leitura esparsa dizendo que eles tinham pouco a aprender do passado ou que as demandas do ativismo tomavam a maior parte do seu tempo. Mesmo os poucos que lamentaram nunca ter lido Mills e Weber insistiram que poderiam aprender mais com os eventos que tocavam suas próprias vidas do que com qualquer livro.

Esse apego à experiência se refletia também nas ênfases do grupo, que tendiam para a "moral" e os "valores", "a ação e os corpos-na-linha, a honestidade e a coragem, não a ideologia ou a teoria e o que eles chamavam de 'Velho Esquerdismo' e 'toda essa baboseira dos anos trinta'".[351] Estavam mais interessados em demonstrações práticas de suas convicções do que em análises, mais em protestos do que em manifestos.

Grosso modo, foi esse o perfil dos recém-chegados à SDS que acorreram para Kewadin. Pela primeira vez, os membros da época de Port Huron não eram maioria e o evento deixou de ter o caráter tradicional de "reunião de amigos". Isso gerou estranheza de parte a parte. Robert "Bob" Pardun, da Universidade do Texas em Austin e que, apesar de dois anos de experiência na SDS, também não fazia parte das redes sociais hegemônicas na organização até então e era considerado um representante do "poder da pradaria", relata em suas memórias que os novatos

> eram estranhos para a velha guarda e em sua maior parte continuaram sendo. Exceto por Helen Garvy e Clark Kissinger, gente que eu já conhecia, não me lembro de ter conversado com mais de uma ou duas pessoas da velha guarda durante a convenção inteira. Nós nos perguntávamos por que a velha guarda parecia tão distante e eles, por sua vez, devem ter se perguntado como se relacionar com os "texanos loucos" que eram também uma forte presença social. As conversas de pessoas e amizades que poderiam ter ajudado a quebrar as barreiras entre "nós" e "eles" nunca aconteceram em Kewadin.[352]

---

[351] Sale, 1974:205.
[352] Pardun, 2001:115.

Na prática, isso se manifestava com o autoisolamento dos veteranos, que seria motivo de ressentimento na "pradaria". A divisão entre os dois grupos repercutiu também nos resultados da própria convenção, que Paul Booth definiria como "louca".[353]

> Discussões saíam pela tangente, *papers* eram ignorados, as pessoas se levantavam e faziam declarações ultrajantes e então saíam da sala. Alguns participantes pareciam mais interessados em drogas do que em discutir e mais interessados na ação do que na efetividade política.[354]

Na descrição do veterano Steve Max:

> O papel de coordenador desapareceu; na convenção deste ano, sessões plenárias lotadas de 250 pessoas foram dirigidas por membros escolhidos ao acaso sem se levar em conta a habilidade, enquanto as oficinas debatiam sobre ter ou não um coordenador. As credenciais da convenção não foram verificadas, e algumas votações-chave não foram contadas. O que constituía dois terços, uma maioria, ou um quórum de delegados permanece um mistério até hoje.[355]

Além disso, oficinas tiveram seus temas desviados para qualquer assunto que os presentes quisessem levantar, e tentativas de criar um documento que resumisse o pensamento atual da SDS (o último fora *America and the new era*, de dois anos antes) foram descartadas como manifestações de "declaracionismo", levando ao abandono de cerca de 20 propostas de uma nova *Declaração de Port Huron*.[356] Para os veteranos, mais acostumados aos procedimentos parlamentares habituais nessas ocasiões, esse ambiente anárquico era uma novidade. Mas ainda não era tudo.

Entusiastas da descentralização e avessos a medidas impostas de cima para baixo, alguns dos novatos achavam que a estrutura da SDS era imprópria para uma organização realmente democrática em franca expansão. Assim, foi proposta a extinção dos cargos de presidente e vice-presidente, rejeitada por falta de uma alternativa a esse modelo organizacional, mas com a condição de se realizar um referendo nacional a respeito.

---

[353] Sale, 1974:204.

[354] Polletta, 2002:138.

[355] Sale, 1974:207.

[356] Ibid., p. 207-208.

Nas eleições, a mudança no eixo de influência da SDS se fez sentir. Carl Oglesby, filiado há apenas alguns meses à SDS, tornou-se o primeiro presidente não originário da Costa Leste. Para a vice-presidência foi eleito o texano Jeff Shero (entrevistado na reportagem do *New York Times*), alegadamente por ter tido a audácia de desafiar Tom Hayden em um debate. Hayden se recusou a debater, mas Shero levou o mérito de contestar um dos "pesos-pesados" da Velha Guarda.[357] Não se escolheu um secretário nacional.

A única mudança duradoura decidida em Kewadin, menos importante à época do que se mostraria depois, foi a derrubada de uma velha herança da LID (da qual a SDS formalmente se desligou nesse ano e boa parte dos membros, a essa altura, nunca nem mesmo ouvira falar): a cláusula de barreira na constituição da SDS, pela qual defensores ou apologistas do totalitarismo (ou seja, do comunismo) não poderiam se filiar. Onde antes se lia uma referência clara ao totalitarismo, agora havia uma menção apenas de "qualquer princípio antidemocrático como uma base para o governo ou a organização social". Fora isso, não havia qualquer plano do que a SDS iria fazer até a próxima convenção, de forma que os núcleos em cada *campus* teriam de elaborar seus próprios projetos, sem que houvesse uma diretriz nacional clara. Isso incluía o problema do Vietnã, a respeito do qual a convenção nacional conseguiu decidir apenas que não havia interesse em liderar novas marchas.

O entusiasmo democratizante da pradaria e o distanciamento dos veteranos também chegaram ao Escritório Nacional logo depois de Kewadin, nas férias de verão. Como o secretário nacional, que era o responsável pela administração do dia a dia administrativo da SDS, não havia sido escolhido, decidiu-se que um grupo de voluntários iria exercer essa função. Em um momento em que o interesse público pela SDS excedia todos os níveis anteriores, o escritório foi entregue a membros inexperientes, todos da nova guarda, sem que houvesse membros mais antigos que lhes mostrassem como era a rotina de trabalho. Deixados à própria sorte, os voluntários decidiram formar um "coletivo democrático" que gerencia-ria o escritório de forma não hierarquizada e com funções rotativas ao estilo do Erap. Mas a inexperiência, a falta de dinheiro e a enorme demanda por material informativo vinda de pessoas de fora da organização praticamente paralisaram o único órgão verdadeiramente nacional da SDS. Quando os membros mais antigos começaram a escrever fazendo críticas, os voluntários da nova guarda

---

[357] Sale, 1974:209.

se ressentiram. "Foi como se esses membros da velha guarda só agora tivessem percebido que tinham [...] deixado o escritório nas mãos dos 'anarquistas da nova guarda' e se sentido incomodados com isso."[358] Os voluntários ficaram receosos em pedir ajuda aos veteranos,[359] mas, diante do colapso do escritório, tiveram de aceitar uma intervenção. Clark Kissinger e, em seguida, Paul Booth assumiram a chefia do escritório, até então liderado por Jeff Segal, em regime provisório, até que se escolhesse formalmente um secretário nacional. Booth ficaria no cargo por todo o resto do ano letivo.

Alarmados pelo que testemunharam em Kewadin e preocupados com os rumos que a rápida expansão estaria imprimindo à SDS, os componentes da velha guarda convocaram uma "conferência de reavaliação" em dezembro, seguida de uma reunião do Conselho Nacional. Na prática, o objetivo era retomar sua antiga influência e tentar recuperar o clima amistoso da organização que até pouco tempo era quase só deles. Também queriam decidir que rumo se daria à questão do Vietnã, maior responsável pelo seu rápido crescimento, mas que muitos temiam que poderia acabar ameaçando a pluralidade temática da SDS.

Realizada no *campus* da Universidade de Illinois, em Champaign-Urbana, em fins de dezembro de 1965, a conferência foi assistida pelo jornalista universitário Jonathan Eisen, que publicou um artigo a respeito em *The Activist*, em março de 1966. Reconhecendo que a SDS estava tateando em busca de um equilíbrio entre suas necessidades e suas "capacidades estruturais bastante inadequadas", Eisen registrou que, preocupados com o Vietnã e a perspectiva do recrutamento militar, muitos dos participantes pareciam "governados pelo desespero". E acrescentou: "Ninguém sabe o que fazer realmente. E eles estão perdendo sua eficiência pensando sobre isso". Decidida a não mais patrocinar marchas como a de abril e se deixar envolver completamente no movimento antibelicista, a SDS procurava um rumo.

> Ninguém, incluindo os membros da SDS, pode viver muito tempo em tais circunstâncias desgastantes. E por isso um grande esforço está sendo feito para "livrar-se da ressaca do Vietnã" e adotar uma abordagem multifacetada que servirá para ligar o Vietnã ao que eles veem como a podridão e a corrupção essenciais da sociedade americana. [...] A teoria diz que o Vietnã é meramente

---

[358] Pardun, 2001:122.
[359] Ibid., p. 346-347, n. 70.

um símbolo, um exemplo das forças dirigentes do poder e da ideologia americana. Haverá mais Vietnãs, talvez de novo em Cuba, talvez em algum lugar da América do Sul. O incidente da República Dominicana [invadida pelos EUA em abril] é ilustrativo: a América está engajada em proteger seu império colonial de levantes nacionalistas. O liberalismo posto a nu é o imperialismo; a ideologia da América é o materialismo, o anticomunismo e a ordem.

A conferência foi planejada em parte para formular uma ideologia que se oponha ao liberalismo americano. De qualquer forma, isso não foi feito [...]. [A] SDS quer se "livrar" da questão do Vietnã e enfocar mais a "radicalização" da juventude americana. [...] O Vietnã é visto como debilitante. [...] A SDS não quer meramente radicalizar a juventude americana, educar os estudantes — ela quer poder, ela quer mudar a ideologia dominante no continente americano. Se ela não pode arrancar a América do Sudeste asiático, pode formular uma ideologia alternativa que exclua o imperialismo [...].[360]

Eisen registrou o esforço da velha guarda para "reafirmar sua liderança, não pelo poder mas para recolocar a organização de volta em papéis mais funcionais, efetivos e politicamente relevantes", em contraposição ao "anarquismo emotivo" surgido no ano anterior, caracterizado pela ojeriza por qualquer forma de controle burocrático, inclusive o da própria SDS. A tenacidade dos veteranos era "uma fonte de contínuo ressentimento, e [havia] uma nova iniciativa para organizar um 'Movimento por uma Sociedade Democrática' que iria pôr os mais velhos para fora e recrutar não estudantes". Porém, a conferência em si era

um pântano, um labirinto, uma maratona de emendas protocolares, *non sequiturs*, autoanálises e manobras, festas e discussões, plenárias que não iam a lugar nenhum, propostas ignoradas, não debatidas; terminologia que só os mais iniciados podiam compreender, quanto mais se importar; e um punhado de gente que tinha ido longe demais para qualquer coisa que não fosse conseguir garotas. Páginas e páginas de propostas, prospectos, emendas, resoluções de oficinas, recomendações, contrarrecomendações, disputas e danças ao som dos Beatles.[361]

Como em Kewadin, o impulso descentralizador da pradaria teve um papel importante no travamento das discussões. A democracia participativa passou a

---

[360] Eisen (1966), apud Cohen e Hale, 1969:306-307.
[361] Eisen (1966), apud Cohen e Hale, 1969:311.

ser entendida como a tomada de decisões por consenso, o que, se já era difícil nos pequenos grupos de organizadores do Erap, era virtualmente impossível em plenárias com grande número de pessoas. "Nós somos grandes demais agora", argumentava o secretário nacional *ad hoc* Paul Booth, "para agir por consenso". A nova guarda reagiu dizendo que os problemas decisórios da organização se deviam à falta, e não ao excesso, de democracia. Era preciso livrar-se do "elitismo" e da "hierarquia" que ainda existiam no seio da SDS. Não obstante, mais uma vez a SDS saiu de uma reunião teoricamente de caráter decisório sem nenhum programa decidido.

Sempre houvera alguma tensão entre o igualitarismo democrático da SDS e sua estrutura organizacional hierárquica herdada da LID. Já de algum tempo se temia que esta pudesse fazer a SDS recair na chamada "Lei de Ferro da Oligarquia", enunciada no início do século XX por Robert Michels. Estudando o desenvolvimento dos partidos trabalhistas e socialistas na Europa, ele observou que, de organizações inicialmente igualitárias e descentralizadas, eles sempre acabavam se tornando burocracias hierarquizadas e centralizadas, uma vez que o impulso revolucionário inicial dava lugar às necessidades de conservar e expandir o próprio partido.[362] Ciente desse risco, já em 1963 a SDS havia adotado a regra de que não haveria reeleição para os cargos mais elevados: presidente, vice-presidente e secretário nacional. Com isso, esperava-se evitar a eventual perpetuação das mesmas pessoas na liderança e a formação de um "culto à personalidade". O objetivo era evitar que eventuais líderes fixos se concentrassem na preservação da organização em detrimento dos ideais que a regiam, inclusive o da criação de um movimento no qual "todo mundo é líder".[363] E mesmo que surgisse um "líder" personalista, sempre haveria o Conselho Nacional para pô-lo em xeque. Formado por delegados dos núcleos universitários acima de cinco membros, ele era o corpo responsável pela definição dos programas a serem seguidos pela SDS. Reunia-se quatro vezes por ano em regiões espalhadas pelo país e tinha poder de aprovar ou vetar propostas específicas.

O que aconteceu ao longo de 1965 foi a inadvertida subversão dessa estrutura. A SDS havia crescido além de todas as expectativas e, com isso, seus procedimentos convencionais de discussão, eleição e representação tornaram-se inadequados tendo em vista o grande número de membros e a nova perspectiva filosófica que

---

[362] Ellis, 1998:175.
[363] Ibid., p. 176.

os acompanhava. Primeiro, havia o problema de chegar às reuniões, realizadas em várias partes do país, pois os núcleos escolhiam seus delegados "com base em quem queria e tinha condições de ir, e já que muitos organizadores dedicados, e muitos sectários, estavam dispostos a viajar qualquer distância, os dois grupos eram desproporcionalmente representados".[364] Segundo, paralisado por discussões sobre que procedimentos seriam mais democráticos, o Conselho estava perdendo sua funcionalidade, e, com isso, as grandes decisões no âmbito da organização como um todo acabariam sendo tomadas diretamente pelo Escritório Nacional, presidido pelo secretário nacional e sua equipe, em detrimento do presidente e seu vice (que passavam a maior parte do tempo percorrendo os *campi* e cujos cargos o pessoal da pradaria desejava abolir) e também dos próprios núcleos (cujas propostas e opiniões acabavam não sendo devidamente apreciadas).[365]

Com se não bastasse, o rápido aumento do número de membros, sua divisão em "guardas" que se estranhavam e não conseguiam se engajar numa colaboração efetiva, isolando-se umas das outras, criaram um problema adicional. Quando a SDS era um grupo pequeno e unido, mais homogêneo, mesmo com a rotatividade dos cargos nacionais havia uma permanência de ideias. Em 1965, houve uma ruptura, com a eleição de uma equipe nacional não apenas inexperiente no Escritório Nacional — o que era previsível —, mas também alheia à sua antecessora, o que "abriu um precedente para reviravoltas completas no escritório a cada ano, com pouco contato entre os funcionários antigos e os novos". E como cabia ao escritório servir de canal de comunicação entre os núcleos, ao mesmo tempo que lhes oferecia orientações, literatura e informação, esse tipo de descontinuidade acabava prejudicando o esforço de dar à SDS um mínimo de coerência programática.[366]

Na prática, portanto, a ânsia pela democracia participativa acabou minando as estruturas representativas da SDS em crescimento, tornando-a, de fato, *menos* democrática.[367]

Na convenção nacional de 1966, apenas seis meses depois, a velha guarda foi definitivamente derrotada. Já formados, não mais ligados às universidades como estudantes e vendo que não eram mais uma influência significativa na SDS — foram vencidos mais uma vez nas eleições e agora não havia mais um

---

[364] Pardun, 2001:196.
[365] Ellis, 1998:184.
[366] Polletta, 2003:173.
[367] Ellis, 1998:182-183.

escritório tão caótico para que os chamassem de volta —, eles se dispersaram, os quadros mais representativos mantendo seu ativismo independentemente ou em outras organizações. Para todos os efeitos práticos, a geração de Port Huron havia chegado ao fim na SDS.[368]

Infiltração comunista e influência marxista

Se em 1965/66 a SDS fez uma transição "geracional", por assim dizer, em 1966/67 haveria uma segunda transição, de natureza ideológica. Esta não foi nem repentina nem inteiramente desvinculada de alguns dos princípios da velha guarda, mas teria uma grande importância nos anos subsequentes por suas implicações no estabelecimento dos objetivos e táticas da organização.

Quando a cláusula de barreira à filiação de comunistas e seus simpatizantes foi imposta pela LID à sua então ala estudantil, o objetivo era, para além da repulsa ideológica, evitar uma nova infiltração e a eventual tomada de controle da SLID por parte de militantes a serviço de outros grupos.[369] Isso não era incomum entre os movimentos que compunham a Velha Esquerda, sendo conhecido, por exemplo, o caso da entrada dos trotskistas de Max Schachtman no Partido Socialista, ou a tomada de controle de outras organizações estudantis por parte dos membros da Young People Socialist League (YPSL).[370]

Quando a SLID se tornou SDS, a cláusula foi mantida, sem que necessariamente representasse alguma política ativa dos membros. A SDS em geral tinha uma grande abertura em relação a quem podia se filiar, embora sempre deixasse claro que o seu ideal de democracia, como se lia na *Declaração de Port Huron*, era bem diferente da concepção, por exemplo, dos simpatizantes do regime soviético. De qualquer forma, dadas as suas pequenas dimensões e sua própria dinâmica interna nos primeiros anos, com a liderança de fato sendo exercida pelo grupo de Haber e Hayden, uma infiltração comunista nunca foi tomada a sério pela SDS. Como ficara claro nos atritos com a LID em 1962 e com o pessoal de *Dissent* em 1963, os líderes da SDS tinham o *anticomunismo* como uma ameaça muito maior que o próprio comunismo.

No âmbito estudantil da Velha Esquerda, a infiltração deliberada de uma organização pelos quadros de outra era uma forma de compensar a própria fraqueza apoderando-se de outro que demonstrasse maior influência ou destaque.

---

[368] Sale, 1974:286-287.

[369] Cf. cap. 2.

[370] Cf. Isserman, 1987, caps. 2 e 5, passim.

Quando, por exemplo, os seguidores de Shachtman da YPSL assumiram o controle da Student Peace Union (SPU), no início da década de 1960, seu interesse era no fato de esta ser a maior organização da Nova Esquerda, com um número de aderentes muito maior do que a YPSL tinha a esperança de obter por si mesma.[371] Assim, apesar do que a velha guarda da SDS pudesse achar à época, esse tipo de manobra organizacional não era uma coisa própria apenas da década de 1930. Em plenos anos 1960, organizações esquerdistas de grande vitalidade tornavam-se um alvo natural desse tipo de "parasitismo político"[372] — organizações como a que a SDS se tornara depois da marcha de abril.

Um dos grupos afeitos à tática da infiltração era o Progressive Labor Party (Partido Trabalhista Progressista), ou simplesmente PL. Nascido de uma dissidência do Partido Comunista dos Estados Unidos, o PL era um reflexo direto da deterioração das relações entre a URSS e a China no ano de 1962. Nessa disputa entre os dois gigantes comunistas, o PL se dizia maoísta. Na prática, isso não significava uma aposta no campesinato como classe revolucionária ou em outras prescrições características do líder chinês, e sim que o partido se opunha à política pró-soviética do PC e a sua estratégia de atuação no sistema eleitoral norte-americano. No vocabulário do PL, isso era — anátema dos anátemas — *revisionismo*, uma traição aos princípios revolucionários do autêntico comunismo. Como alternativa, o PL propunha a fórmula leninista tradicional de uma revolução proletária dirigida por uma vanguarda de revolucionários (o próprio PL). Para alcançar esse fim, seus membros dedicaram-se a uma variedade de causas, algumas bem parecidas com as da SDS; por exemplo, a criação de uma frente contra a intervenção no Vietnã (o Movimento 2 de Maio), já atuante em 1964, mas cujo controle pelo PL não era de conhecimento público; e um projeto de organização comunitária no bairro do Harlem, em Nova York. Pequeno, disciplinado, com uma linha política clara, o PL "assustava não apenas os funcionários da cidade [de Nova York], mas também outros grupos da esquerda, pois os integrantes do PL diziam abertamente que eram comunistas tentando criar e liderar uma revolução".[373] De fato, o preâmbulo de sua constituição já dizia:

---

[371] Isserman, 1987:194-202.

[372] Essa prática, então chamada de "entrismo" ou "tática do submarino", foi a política adotada por grupos trotskistas nos PCs durante a vigência do stalinismo. Posteriormente, com o advento da IV Internacional Socialista, seria mantida em relação a outros partidos.

[373] Jacobs e Landau, 1966:44.

Nós resolvemos construir um movimento revolucionário com a participação e o apoio de milhões de homens e mulheres trabalhadores, bem como aqueles estudantes, artistas e intelectuais que se juntarão à classe operária para acabar com o sistema de lucro [...]. Com tal movimento, construiremos os EUA socialistas, com todo o poder nas mãos da classe operária e seus aliados.[374]

Com esse objetivo, o PL viu no movimento antibelicista uma "demanda revolucionária" a ser aproveitada. Entretanto, seria difícil fazer isso sozinho, além do fato de que havia pronunciadas tendências anticomunistas no movimento de oposição à guerra e de que o próprio PL desdenhava alianças com grupos à sua direita — o que significava praticamente todo o cenário político americano, dos direitos civis ao próprio PC. Ciosos do seu papel de vanguarda revolucionária, seus membros queriam fazer política apenas em seus próprios termos, e eram bastante audaciosos nisso. Ainda em 1964, o Movimento 2 de Maio, então com menos de 200 membros, fez um abaixo-assinado em que os signatários declaravam ao governo que se recusavam a prestar serviço militar no Vietnã. Para a época, isso era uma postura muito ousada, mas que passou largamente despercebida por conta da pouca expressão do movimento.[375]

Com o fim da cláusula de barreira na constituição da SDS e a ascensão desta como referência no movimento antibelicista, o PL desfez seu Movimento 2 de Maio e orientou seus membros a se filiarem em massa à SDS. Para a SDS, o que eles estavam fazendo ali era por vezes um enigma, já que tinham organização própria. E apesar do incômodo por parte de alguns, não houve alarde com a absorção dos comunistas. Nas palavras de Carl Oglesby, a SDS "não filtra, não expulsa, nem usa juramentos de lealdade [...]. Nós julgamos o comportamento. [...] E, em todo caso, a SDS não tem detetives". Além disso, o fato de a SDS ser uma organização descentralizada, completava ele, impedia que ela fosse tomada por um grupo externo.[376]

Oglesby podia ter razão quanto à inexistência de um aparato central de *poder* a ser tomado, mas logo se notou que o pessoal do PL não agia segundo as tradições da SDS. Para começar, eles seguiam o princípio do "centralismo democrático": uma vez que o partido decidia oficialmente um rumo, todos os seus membros o

---

[374] Jacobs e Landau, 1966:188.

[375] Em sua história da SDS, Kirkpatrick Sale inclui uma narrativa paralela, contando o surgimento e a evolução do PL. Sobre as atividades do Movimento 2 de Maio, ver Sale, 1974:160-161.

[376] Ibid., p. 237.

seguiam sem contestar. Em meio à desorganização que passou a reinar nos encontros nacionais da SDS, o PL sempre votava em bloco. E numa época em que o poder da pradaria se afirmava com bigodes, cabelos compridos, botas e outros adereços "alternativos", os membros do PL se distinguiam até visualmente.

> Olhando essa gente do Progressive Labor, você poderia facilmente partilhar a descrença de que qualquer tipo de infiltração comunista pudesse chegar a algum lugar. O Progressive Labor era a antítese de qualquer instinto de rebelião na SDS. Os partidários do PL impressionavam os genuínos partidários da SDS como autênticos robôs. Usavam cortes de cabelo curto anti-hippie, o que os fazia se parecerem com fuzileiros navais (exceto pelos músculos flácidos e a compleição pálida das personalidades livrescas), e mantinham uma disciplina similar à dos fuzileiros também. Seus modos nas reuniões eram notoriamente pacientes e manipuladores. Eles levantavam as mãos e citavam Stálin ou Mao em tons monocórdios, que eram estranhamente diferentes do inglês americano. [...]
>
> Os membros do PL estabeleceram sua base em Harvard. Logo um número suficiente de estudantes maoístas (e o ocasional professor assistente) estavam assistindo a todas as reuniões em cada núcleo da SDS que eles podiam achar, levando a cabo uma infiltração cuidadosa coordenada a partir do quartel-general do partido — e os [membros da SDS] não estavam em condições de resistir. A retórica maoísta sem expressão soava esquisita, mas ser esquisito era bom. [...] Os integrantes do PL desistiam de fumar. Não eram maconheiros. Sua aparência podia parecer a de um androide, mas pelo menos não estava na moda. Sua atitude em relação ao trabalhador comum era risivelmente paternalista, mas eles ao menos fingiam simpatizar, o que era mais do que muitos antagonistas do PL conseguiam fazer. E por causa da eficiência de metralhadora de sua disciplina leninista, mais o fascínio de sua fantasmagórica retórica chinesa e a convicção que vinha de suas ideias culturais indigestas, os maoístas conseguiram arrebanhar um punhado de estudantes em um núcleo após o outro, o suficiente para poderem votar em uma ou duas reuniões, o que era o bastante para tomar o controle de um comitê, e daí influenciar o núcleo, e às vezes tomá-lo inteiramente.[377]

---

[377] Berman, 1996:84-86.

A virada revolucionária 229

Mesmo professando a abertura e a variedade, os membros da primeira geração da SDS sempre relutaram em se dizer socialistas. Na SDS, o socialismo "ainda é 'a palavra proibida'. Por que é assim, se a maioria de seus líderes é socialista? Quem estamos tentando enganar?", declarou um membro no boletim da organização em 1964.[378] A afinidade do pensamento da organização com o socialismo, até em sua vertente marxista, havia sido um tema delicado até então. Para todos os efeitos, a organização propunha uma democracia participativa e queria fazer valer os valores americanos, uma formulação relativamente vaga e ampla o suficiente para não provocar associações com um modelo de esquerda que seus membros haviam aprendido a menosprezar. Entretanto, desde Port Huron, permanecia a busca de um agente catalisador da tão ansiada mudança social: primeiro os estudantes e intelectuais, num contexto reformista de ordem liberal; depois os pobres, quando já se divisava uma análise um pouco mais estrutural dos problemas americanos. Nessa busca, logo se divisou o fator que emperrava qualquer mudança substancial — o "liberalismo corporativo", a aliança entre o poder político do Estado e as grandes corporações monopolizadoras. Embora a terminologia fosse diversa e certos conceitos também, não era difícil ver aí uma forma de análise que se assemelhava a uma análise marxista embrionária, já dotada de uma "classe" com potencial "revolucionário" (sendo "revolução" entendida no sentido mais amplo de transformação radical da sociedade), uma "classe" dominante identificada com o Estado e o poder econômico e um movimento social/"partido" que organizaria a primeira contra a segunda. Embora o próprio Marx não fosse inicialmente uma referência direta para a SDS, seus membros mais antigos tinham conhecimento e proximidade com os grupos da Velha Esquerda (inclusive o PC, vide o caso dos bebês de fralda vermelha); e se eles não liam *Das Kapital*, certamente sabiam quem eram Eugene Debs e Norman Thomas, sem falar nos próceres da própria LID, como Upton Sinclair, todos figuras importantes na disseminação das ideias socialistas nos Estados Unidos da primeira metade do século XX.

A novidade do PL, portanto, não foi tanto a introdução de Marx nas discussões — embora, como se viu, ele não fosse o mais familiar dos pensadores aos olhos da pradaria. Foi a adoção de um discurso notoriamente stalinista, doutrinário, inegociável e totalizante, de matrizes teóricas *europeias*, sem qualquer preocupação em adaptá-las à realidade norte-americana. Assim, enquanto a SDS procurava um novo papel para si mesma depois de ter abdicado da liderança do movimento an-

---

[378] Sale, 1974:124.

tibelicista, o PL já tinha o caminho da revolução, a panaceia de todos os problemas sociais: organizar os trabalhadores (o único agente de transformação que realmente importava) e conduzi-los à nova sociedade. Havia dado certo com os bolcheviques, antes do revisionismo de Kruschev, e poderia dar certo para a América também.

"O PL ajudou a marxizar a SDS", diz Todd Gitlin (1987:383). De início, suas intervenções repletas de jargões soavam bizarras aos ouvidos de leitores de Camus e C. Wright Mills, mas, já na primavera de 1966, cartas de seus membros começaram a aparecer no material da SDS, e alguns de seus líderes ganharam destaque nas reuniões. Na mesma época, termos marxistas também se tornavam correntes, e citações e referências a Marx já eram feitas sem grandes embaraços. Em um relatório de novembro, o secretário nacional Greg Calvert falou da SDS como revolucionária "pela primeiríssima vez".[379]

> Estou finalmente convencido de que um movimento verdadeiramente revolucionário deve ser construído a partir das demandas mais profundamente revolucionárias e das esperanças revolucionárias mais fortes — a demanda e a esperança da liberdade.

Calvert não definiu o que era "revolução" exatamente. Mas o termo e a teoria mais associada a ele ganhavam força no vocabulário da SDS. Na edição de 2 de setembro de 1966 do semanário da SDS, o *New Left Notes*, um longo artigo assinado por Steve Baum e Bernard Faber defendia que "nós na SDS devemos começar a escrever e falar sobre a teoria socialista, para que estejamos preparados para [criar] maiores contingentes de socialistas, e desenvolver a consciência socialista em todas as instituições que organizamos".[380]

A influência mais explícita do marxismo ficaria evidente em duas das produções teóricas da SDS, fora do círculo do PL, no período 1966/67.

A primeira, de 1966, era de autoria de Carl Davidson, vice-presidente eleito nesse ano. Davidson escreveu um panfleto chamado *Toward a student syndicalist movement, or university reform revisited* (Rumo a um movimento sindicalista estudantil, ou a reforma universitária revisitada), em que defendia a seguinte tese: os

---

[379] Sale, 1974:309. Vinte e cinco anos mais tarde, Calvert (1991:189-193) afirmaria em suas memórias que pretendia adotar alguns conceitos "marxianos" sem que isso significasse a adoção integral do marxismo como ideologia, para ele uma visão de mundo materialista e redutora da consciência humana.

[380] Sale, 1974:310.

A virada revolucionária

estudantes estavam sendo treinados como futuros administradores, tecnocratas e técnicos, ao passo que as universidades eram fábricas cujo produto era o trabalho qualificado. Logo, os estudantes deveriam tentar tomar o controle dessas fábricas, o que significaria dar início à mudança na sociedade. Ora, se os estudantes eram treinados para gerenciar o liberalismo corporativo, se eles seriam os opressores de amanhã, o mais lógico era atacar o sistema onde ele se reproduzia. Basicamente advogando o uso de táticas não violentas agressivas para dobrar as universidades e reformular seu funcionamento segundo princípios democráticos mais participativos, Davidson representava, primeiro, o retorno do interesse da SDS pelos *campi*, depois de anos envolvida com os guetos e a guerra; segundo, uma tentativa de resgatar a importância dos universitários como agentes transformadores. Afinal, "a democracia participativa frequentemente é como uma doença crônica e contagiosa. Uma vez que se a contrai, ela permeia toda a sua vida e a dos outros à sua volta".[381] Se fosse possível democratizar os centros reprodutores da elite de amanhã, esse contágio acabaria por se espraiar para os outros setores da sociedade.

A segunda, surgida em 1967, foi chamada de *Declaração de Port Authority*, uma "homenagem" ao manifesto de cinco anos antes. Escrita a seis mãos por autores influenciados pelo marxismo francês, o texto continha um jargão "incompreensível para a maioria dos membros da SDS",[382] mas sua tese era simples: os ocupantes de profissões técnicas, clericais e liberais — aquelas que exigem um alto nível de educação — constituíam uma "nova classe operária" no seio da sociedade industrializada e computadorizada dos dias atuais. Os estudantes, que eram os embriões desse tipo de profissional, "est[avam] se tornando os componentes mais estruturalmente relevantes e os componentes necessários dos processos produtivos do moderno capitalismo americano", ou seja, eram essenciais à manutenção e à estabilidade do *status quo*. Se eles se dessem conta disso, perceberiam o alcance de seu poder de mudar a sociedade em que vivem, podendo formar uma vanguarda que iria "articular demandas de controle e participação", primeiro nas universidades e, depois, nos locais de trabalho. Portanto, as questões do *campus* não eram irrelevantes como antes se achara na SDS: elas eram uma preparação para o desenvolvimento de uma consciência radical estudantil que depois seria levada para os próprios motores econômicos da sociedade.[383]

---

[381] Davidson, 1990:51.

[382] Calvert, 1991:189.

[383] Sale, 1974:338-339.

A ideia fez sucesso entre aqueles que conseguiram extraí-la do texto, como foi o caso de Greg Calvert, que assim resumiu sua utilidade teórica para a SDS: "Pudemos ver que foi um erro supor que o único papel radical que os estudantes poderiam desempenhar seria o de organizadores de outras classes".[384] Mais uma vez, os teóricos da SDS buscavam o setor que seria a "alavanca" que iria mover o país rumo a um sistema mais justo, agora com as ferramentas teóricas mais claras.

Isso não significa, contudo, que tais análises fossem fruto de um consenso, longe disso. A SDS, com 30 mil membros prováveis em meados de 1967, e com suas estruturas representativas pouco funcionais, era um amálgama de tendências dispersas por numerosos núcleos com alto grau de autonomia, nem sempre dispostos à convivência pacífica. Isso, aliado à distorção na representação dos membros nas reuniões nacionais, provocou sérias manifestações de sectarismo que lembravam muito aquelas usualmente atribuídas à Velha Esquerda. Já na convenção de 1967, um observador diria que era a primeira vez na organização que "as pessoas eram extremamente hostis a qualquer [projeto] que não o seu, [...] que tinham um senso de competição real e de opções restritas, isto é, se as pessoas escolhessem X, não poderiam escolher Y, e se fizessem isso estariam erradas". O que antes eram reuniões fraternais agora eram arenas de combate verbal, e, no que tocava a projetos de peso ou propostas analíticas que os orientassem, a semiparalisia decisória continuava.[385]

Um desenvolvimento importante, ainda ligado às mudanças ideológicas da SDS, foi o que o cientista político Richard Ellis (1998:185) chamou de "virada leninista", em 1967: o fim da relação entre meios e fins que sempre estivera na raiz do pensamento novo-esquerdista. Greg Calvert foi o primeiro líder da SDS a questionar abertamente a utilidade da democracia participativa, que até então era a grande referência da organização. Para ele, a tentativa de "criar a comunidade em meio a um mundo anticomunitário" havia falhado, ou seja, a tradicional política prefigurativa — criar a futura sociedade ideal vivenciando seus valores *agora* —, embora "correta", não estava levando a lugar nenhum. Um movimento revolucionário não poderia ser a "comunidade amada", onde todos eram iguais e estavam unidos por valores e ideais; tudo o que ele poderia ser era uma "comunidade revolucionária de esperança". E ele completava dizendo: "Nós não somos

---

[384] Sale, 1974:340.

[385] Ibid., p. 360.

A virada revolucionária   233

a nova vida da liberdade: mas isso não significa que não possamos ser a força que lhe dará nascimento [...] Nossa liberdade não é ser livre, mas ser uma força pela liberdade".[386] Em vez de evitar o papel de líderes formais nos núcleos, dando margem a manipulações, e em vez de reuniões intermináveis, que espantavam os novos recrutas, a SDS deveria ter uma liderança coletiva responsável, que prestasse contas à sua base. Somente então ela poderia ser uma "organização revolucionária" eficaz.

Apesar da proposta, argumenta Ellis, Calvert não apresentou os mecanismos institucionais que tornariam essa liderança coletiva sujeita à supervisão dos membros comuns. "Como os líderes poderiam permanecer responsáveis perante seus seguidores sem [...] as prosaicas estruturas parlamentares da democracia representativa que a Nova Esquerda [agora] desprezava como sintomática de uma América autoritária?" E sem que houvesse estruturas organizacionais que consolidassem essa ligação entre a cúpula e a base, como se poderia evitar que "uma 'liderança coletiva responsável' se tornasse um eufemismo para uma vanguarda leninista revolucionária?" Ao se omitir nessa questão concreta, ao mesmo tempo que defendia o divórcio entre os fins (a democracia participativa) e os meios para alcançar a revolução, meios esses que até então haviam sido largamente ditados por uma visão que não admitia a separação entre a política e os valores morais, Calvert abria um precedente de "profundas consequências iliberais, como ele mesmo viria a reconhecer mais tarde".

> O que havia ajudado a salvar a Nova Esquerda mais antiga das tentações do leninismo era a insistência em que fins e meios estavam necessariamente unidos, que "o caráter da sociedade futura é determinado pelo caráter do movimento que a forja". Os organizadores do ERAP repetidamente colidiam com as limitações da democracia participativa, mas eles consistentemente rejeitavam a ideia de serem uma vanguarda. A adesão deles à ideia de que o objetivo da organização [comunitária] era "fazer com que sejamos substituídos por um movimento próprio das pessoas da comunidade" ajudou o ERAP a resistir à noção [...] das massas como simples "tropas de choque" para a revolução. E embora os membros do ERAP fizessem distinção entre as necessidades "sentidas" pelas pessoas e as suas "verdadeiras" necessidades, a insistência deles em que um movimento popular deve ser baseado nas necessidades articuladas

---

[386] Sale, 1974:310.

pelas próprias pessoas contrabalançava o impulso potencialmente autoritário de descartar as necessidades "sentidas" como uma falsa consciência.[387]

Reconhecendo-se como revolucionária, dividida em grupos nem sempre amigáveis que tinham como referência diferentes correntes marxistas, afastada por princípio do liberalismo, incapaz de um consenso ideológico ou de linhas de ação, experimentando um crescente isolamento da cúpula em relação aos núcleos locais e, ainda assim, recebendo um intenso fluxo de novos membros, essa era a desconfortável situação da SDS em 1967. Para uni-la e mobilizá-la seria preciso uma grande causa comum, e a Guerra do Vietnã mais uma vez se tornou um fator importante.

A resistência

No período de 1966 a 1967, o movimento de oposição à guerra cresceu vigorosamente, embora ainda se mantivesse minoritário na sociedade. No âmbito do movimento estudantil, a descoberta da cooperação das universidades com empresas e entidades envolvidas com o conflito — como a Dow Chemical, fornecedora de napalm, e o Institute of Defense Analysis (IDA, Instituto de Análise de Defesa), em Princeton — estimulou uma onda de protestos e piquetes, muitos deles orquestrados pelos núcleos locais da SDS. Assim, em Berkeley, um grupo de manifestantes liderados por membros da SDS fez um *sit-in* ao redor de uma mesa de recrutamento da Marinha, sendo retirados por mais de 100 policiais e resultando em 10 prisões, incluindo a do célebre Mario Savio, o que deu origem a uma greve estudantil que durou até o mês seguinte; na Universidade da Pensilvânia, o núcleo local denunciou uma extensa pesquisa secreta sobre armas químicas e biológicas que vinha sendo desenvolvida pela instituição; nos *campi* de Antioch, Buffalo, CCNY, Columbia, Cornell, Oberlin, Michigan, entre outros, protestos foram realizados contra a classificação acadêmica e a aplicação da prova do Serviço de Seleção, procedimentos que visavam à escolha dos alunos aptos ao serviço militar. Antes um fato extraordinário, agora o protesto no *campus*, muitas vezes só terminando com intervenção policial, havia se tornado um fato recorrente.[388]

Ainda em 1966, grupos de estudantes universitários anunciaram publicamente que iriam resistir ao alistamento militar. A ideia já havia sido pensada

---

[387] Ellis, 1998:186-189.

[388] Ibid., p. 299-303.

desde o ano anterior, inclusive pela SDS, mas, constituindo um ato claramente ilegal passível de prisão e multas, ainda não havia sido adotada como política oficial de nenhuma organização expressiva. Em fins de 1966, a SDS finalmente se posicionou a respeito, implantando, depois de dois dias de longas discussões, um programa nacional em favor da resistência ao alistamento. Esse programa se baseava na criação de uniões de resistentes, que procurariam todos os jovens em idade de alistamento em escolas, universidades e comunidades, combinando a educação do público quanto à ilegitimidade da guerra com ações diretas e protestos nos centros de alistamento. Pela primeira vez, a SDS estabelecia uma linha formal de ação que se opunha à lei, não mais como atos isolados de desobediência civil, mas de forma sistemática. Comentando a decisão, Greg Calvert afirmaria que nem uma ideologia clara nem a estabilidade organizacional eram tão importantes para a SDS quanto aquilo que cria *movimento*: "O que conta é que a SDS esteja onde o movimento está". Como ele próprio diria, a SDS havia passado do "protesto à resistência".[389] Depois de anos criticando o "sistema" de uma forma ou de outra, denunciando a injustiça da distribuição de poder na sociedade ou a insensibilidade dos homens que iniciavam uma guerra devastadora em um pequeno país distante, a SDS finalmente cruzava uma linha. Logo outras viriam.

O caminho que a organização seguiu a partir de 1967 não pode ser separado da evolução do movimento antibelicista. Esse foi o ano em que a oposição à guerra, até então facilmente menosprezada por grande parte da opinião pública como coisa de "comunistas" ou "hippies", começou a realmente incomodar o governo, intensificando um já visível processo de polarização na sociedade americana que ainda estava longe do ápice.

Muita coisa havia mudado desde a marcha de abril de 1965. Os opositores da guerra, antes confinados a protestos e esforços para educar o público a respeito do conflito, e limitados em sua maioria a círculos de ativistas políticos, tinham ido além de qualquer base organizacional. Os protestos antibelicistas, fossem pedindo uma trégua nos bombardeios e o início de negociações, ou simplesmente exigindo uma retirada unilateral das forças norte-americanas no Vietnã, chegavam agora a grandes dimensões: em abril, cerca de 250 mil percorreram as ruas de Nova York pela mesma causa, enquanto mais de 50 mil faziam o mesmo em São Francisco. Em março, Martin Luther King se juntou aos antibelicistas e,

---

[389] Ellis, 1998:313-316.

ao lado do famoso médico Benjamin Spock, realizou uma procissão com mais de 8 mil pessoas pelas ruas de Chicago; dias depois, num discurso numa igreja em Nova York, ele declararia: "Eu nunca poderia levantar novamente minha voz contra a violência dos oprimidos nos guetos sem ter antes falado contra o maior promotor de violência no mundo hoje — meu próprio governo". Embora se alinhasse com a ala moderada do movimento, não exigindo uma retirada incondicional e imediata, a adesão de King era um sinal claro de que a oposição à guerra estava muito longe de ser privilégio de excêntricos de cabelo comprido ou conspiradores comunistas.

Uma das mais impressionantes proezas dos ativistas pela paz foram os contatos diplomáticos com representantes do Vietnã do Norte e da FLN. O primeiro foi estabelecido no fim de 1965, quando Tom Hayden, Staughton Lynd e o historiador comunista Herbert Aptheker viajaram até Hanói a fim de entrevistarem cidadãos do "outro lado" e apresentarem ao público norte-americano um relato de primeira mão do que estava acontecendo no Vietnã, fora dos canais oficiais. O resultado foi um livro, *The other side*, narrado em terceira pessoa e baseado nas notas de viagem de Hayden e Lynd. Para outros tantos ativistas que tiveram a oportunidade de lê-lo, o livro constituía uma experiência impactante ao trazer uma descrição dramática da vida por trás das linhas inimigas e o tipo de sofrimento que a maior máquina militar do planeta estava impondo a milhões de pessoas. O povo vietnamita, tal como retratado no texto, era energético, gentil, aparentemente feliz, mesmo sob um regime formalmente totalitário. O grande motivo de angústia para essa gente não era a possibilidade de votar ou não em mais de um partido, mas, sim, as bombas lançadas diariamente sobre eles por uma superpotência que se dizia representante da democracia e da liberdade. Apesar das dificuldades, o povo vietnamita conseguia, em seu esforço de guerra, uma forma de organização social e política, bem como um nível de entusiasmo cívico, que pareceram extraordinários aos olhos de Hayden e Lynd:

> A guerra de guerrilha significa, para começar, que, durante o processo de tomada do Estado, acaba-se criando uma réplica da sociedade maior que se espera construir no microcosmo de uma "base" rural remota. [...] O guerrilheiro do século XX acaba forçado a viver, antes mesmo do "primeiro estágio" da construção socialista, muitas relações que a teoria marxista prescreve somente para o "estágio final" comunista: igualdade de renda (a comida é escassa, e todos comem da mesma panela); a mistura do trabalho manual com o intelectual

(Mao cuidava de um jardim em Yenan); a ênfase no poder da vontade humana para superar dificuldades objetivas.[390]

Os vietnamitas, diziam os autores, haviam criado um "socialismo do coração", evidente, entre outras coisas, "na poesia e canção no centro das relações entre homem e mulher, na liberdade para chorar praticada por todos os vietnamitas — de guerrilheiros a generais, de camponeses a gerentes de fábrica — ao falarem de seu país".[391]

Embora marcante por seu pioneirismo no movimento antibelicista,[392] a experiência de Lynd, Hayden e Aptheker seria repetida várias outras vezes. Em outra visita a Hanói, o pacifista A. J. Muste teria um encontro com o próprio Ho Chi Minh[393] e, no segundo semestre de 1967, Hayden, agora membro de uma grande coalizão de protesto contra a guerra, a National Mobilization to End the War in Vietnam (conhecida por Mobe, Mobilização Nacional para Acabar com a Guerra no Vietnã), conseguiu negociar a libertação de três prisioneiros de guerra norte-americanos.[394]

Atos de desobediência civil se multiplicavam pelo país. Os resistentes devolviam seus cartões de alistamento ou, se mais ousados, queimavam-nos em manifestações. Em outubro, um grupo de pacifistas radicais liderados por um padre entrou em uma alfândega federal em Baltimore, jogando sangue sobre os arquivos e se deixando prender. Membros do governo, como o secretário de Estado Dean Rusk ou o já mencionado secretário de Defesa Robert McNamara, eram alvo de protestos e verdadeiros cercos em aparições públicas. Até o próprio presidente Johnson se viu obrigado a reforçar a segurança quando comparecia a eventos sociais. O FBI e a CIA mantinham operações de vigilância e infiltração nos grupos dissidentes,[395] enquanto estes reagiam divulgando algumas das manipulações elaboradas por essas agências com o dinheiro público: ainda no começo de 1967, a revista *Ramparts* publicou uma reportagem revelando que a National Student Association (NSA) — uma das poucas organizações estudantis nacionais, fundada em 1948 e que contara com a participação de vários radicais

---

[390] Apud Miller, 1987:267.
[391] Apud Miller, 1987:268.
[392] Cf. Lynd e Hayden, 1966.
[393] Debenedetti e Chatfield, 1990:170.
[394] Ibid., p. 193.
[395] Ibid., p. 199.

ao longo da década — era financiada pela CIA. A revelação foi um choque e teve grande repercussão no movimento estudantil.[396] O governo agora se mostrava não apenas como o patrocinador de morticínios e ditaduras na Ásia, ele também ludibriava e manipulava as associações de seus próprios cidadãos.

Enquanto centenas de milhares se mobilizavam de diversas maneiras para a luta contra a guerra na Ásia, a chegada do verão sacudiu o país com novas rebeliões nos guetos, agora em um nível ainda maior que o dos anos anteriores. Houve "pelo menos 218 distúrbios raciais em 1967", sendo os maiores em Newark (21 mortos), que foi tema de um livro de Tom Hayden (1967), que morou ali como organizador comunitário até essa época, e em Detroit (43 mortos). Nesta última cidade, houve a intervenção de 4.700 paraquedistas, que se uniram à polícia e à Guarda Nacional, valendo-se até mesmo de tanques de guerra. Segundo o prefeito da cidade, a destruição causada pela revolta lembrava Berlim em 1945, enquanto, para o novo líder do SNCC, H. Rap Brown, o incidente de Detroit pareceria um piquenique quando os negros se unissem nacionalmente.[397]

De fato, a regularidade dos motins nos guetos inflamava o imaginário de militantes como Brown e o próprio Stokely Carmichael, que já advogavam o uso da violência contra o opressor branco. Este último líder, em abril, exortou os estudantes de uma universidade para negros, Fisk, a tomar a administração; no dia seguinte, seus ouvintes atacaram a polícia com pedras e espingardas de chumbinho, aos gritos de "Poder Negro!". Dias depois, quando Carmichael foi preso por gritar "Poder Negro!" para um carro de polícia (um "crime" duvidoso) em Prattville, Alabama, atiradores tomaram seu partido e confrontaram a polícia por três horas. Quanto a Brown, que o havia sucedido na direção do SNCC, sua retórica era explosiva: "'Se a América não mudar, nós iremos queimá-la', dizia ele, o homem branco [...] é o maior saqueador do mundo. Ele nos saqueou da África. Ele saqueou a América dos índios [...] não se pode roubar de um ladrão". E prescrevia: "Nós vivemos no ventre do monstro. Cabe a nós destruir o cérebro. Quando fizermos isso, a África não apenas será livre como também o serão todas as pessoas oprimidas pelo 'homem'",[398] isto é, as autoridades brancas norte-americanas.

De fato, em 1967, os militantes radicais negros *estavam* se armando, e havia bons motivos para que palavras como as de Carmichael e Brown fossem levadas

---

[396] Sale, 1974:330-331.

[397] Debenedetti e Chatfield, 1990:187.

[398] Matusow, 1984:365-366.

A série. Um exemplo disso seria dado pelo que ocorreu na Assembleia Legislativa da Califórnia em 2 de maio. Segundo o jornal *The New York Times*:

> Com rifles e espingardas carregadas nas mãos, membros do partido antibranco Pantera Negra marcharam sobre o Capitólio estadual [ontem]. Um líder declarou que eles estavam protestando contra uma nova legislação sobre armas prevista para apreciação de um comitê da Assembleia.
>
> Os 30 jovens negros, incluindo cinco mulheres, causaram confusão no edifício, mas ninguém se feriu. Pelo menos uma dúzia entrou na câmara da Assembleia, onde os legisladores estavam em sessão.
>
> [...]
>
> [Alguns dos] Panteras [...] usavam boinas pretas ou azuis-escuras e cinturões com cartuchos presos pelos ombros. Outros tinham pistolas na cintura.
>
> [...]
>
> O quartel-general do grupo no estado fica em Oakland e o total estimado de seus membros [é] de 40 [...] vagamente associados com grupos similares em Nova York, Detroit e o Tennessee.[399]

Apesar das armas, cujo porte era legal na Califórnia desde que ficassem à vista, e de dois encontros com a polícia na saída do Capitólio, o protesto dos Panteras Negras foi pacífico. Mas seu gesto foi de grande simbolismo dos novos tipos de militância que grassavam entre os radicais americanos. Para os Panteras, que viviam no gueto policiando a polícia, prontos para confrontar autoridades habituadas a brutalizar cidadãos pelo simples fato de serem negros, a luta contra a opressão não excluía o uso da força, nem tampouco o da força letal das armas de fogo. Cônscios do lugar ainda indigno que a sociedade americana reservava aos negros pobres apesar das conquistas legislativas dos últimos anos, sua perspectiva era a de uma *resistência* que, como diria Malcolm X, se daria "por todos os meios necessários".

Para os radicais brancos, essa visão ganhou força em outubro, durante a "Semana de Parar o Alistamento" (*Stop the Draft Week*), de 16 a 20 de outubro. Tratava-se de uma série de protestos organizados por radicais dos movimentos pacifista e estudantil, realizados em 30 cidades. Uma delas era a mesma Oakland dos Panteras Negras, onde os organizadores dos protestos locais dividiram sua

---

[399] *The New York Times*, May 3, 1967. Disponível em: <http://select.nytimes.com/mem/archive/pdf?res=F50611F6355C 14738DDDAA0894DD405B878AF1D3>. Acesso em: 27 dez. 2006.

agenda de manifestações de acordo com as tendências políticas dos militantes. Na segunda-feira, dia 16, os pacifistas tentaram fechar um centro de recrutamento do Exército através de um *sit-in*, e cerca de 120 acabaram presos. No dia seguinte, de 2.500 a 4 mil manifestantes voltaram ao mesmo local e houve um confronto com a polícia, resultando em 20 feridos. Na sexta-feira, dia 20, veio a vingança: cerca de 10 mil manifestantes novamente tomaram as ruas, e mais uma vez tiveram contra si os 2 mil homens da força policial de Oakland — a diferença é que agora a multidão estava preparada para reagir. E lá estava Todd Gitlin no meio da multidão.

> Na sexta-feira, muitos vieram para a "tática móvel", baseada em parte nas ações estudantis francesas, em parte nos motins dos guetos. Em um estacionamento de restaurante, as instruções circulavam: fiquem nas ruas e continuem se movendo. Havia capacetes de motocicleta, capacetes de construção civil, escudos. [...] Muita gente passou vaselina no rosto, que diziam ser boa para proteger contra o [spray químico dos policiais]. Um organizador da SDS passou bolas de gude para jogar pelas ruas, para deter a polícia montada. No frio da madrugada, uma multidão alegre e resoluta [...] começou a fechar pelo menos dez quarteirões em torno do centro de recrutamento.
>
> Ficamos horas espalhados contra mais de dois mil policiais, numa espécie de luta, ou seria guerra? [...] Os policiais avançavam. Alguns eram cercados, alguns saíam de formação para bater ou [usar o spray]. A multidão recuava e tomava mais cruzamentos. Quando os policiais recuavam para se reagrupar, a multidão tomava o quarteirão de volta, impedia a passagem do tráfego, pintava o pavimento e as calçadas com spray. As pessoas empurravam os carros estacionados nas ruas (o do procurador-geral dos Estados Unidos, por exemplo), desconectavam os distribuidores, esvaziavam os pneus, furavam-nos; e arrastavam qualquer coisa que pudesse ser movida: bancos, os *stands* de jornais, parquímetros, latas de lixo, árvores em vasos de concreto. [...] Multidões puxavam os fios de um ônibus público aqui, um caminhão da Coca-Cola acolá. Um ônibus foi tomado, esvaziado e empurrado contra uma fileira de policiais. Eu vi um grupo subir em um caminhão, ficar a um pé de distância de uma fileira de policiais de Oakland, os cassetetes preparados, e queimar seus cartões de alistamento na cara deles. [...] De tempos em tempos, vinha o alto som metálico de um megafone da polícia: "Em nome do povo do estado da Califórnia..." "NÓS SOMOS O POVO!", vinha imediatamente o grito.[400]

---

[400] Gitlin, 1987:251.

Os manifestantes não estavam mais dispostos a resistir passivamente à ação policial. Queriam ir além disso: levando o conceito de resistência a um nível mais elevado, eles não haviam ocupado cruzamentos e quarteirões apenas para provocar a polícia; haviam decidido combater a Guerra do Vietnã de uma nova forma, mais arriscada e, assim lhes parecia, mais eficaz no curto prazo: se protestos convencionais não adiantavam, se marchas e petições eram inúteis ante um sistema insensível, então havia chegado a hora de fazer o sistema parar à força. No caso de Oakland, por exemplo, fechar as ruas significava impedir que ônibus cheios de jovens alistados aprovados pelo serviço militar pudessem efetivar seu recrutamento. (No que, diga-se, a batalha com a polícia pouco adiantou, já que os recrutas apenas chegaram com algumas horas de atraso — mas a repercussão política foi largamente alcançada.) Nas palavras de um membro da SDS que fez parte dos únicos sete indiciados pelas manifestações de sexta-feira em Oakland, Fred Bardacke: "O governo americano tem o poder de nos submeter à força, mas já não acreditamos que tenha a autoridade para nos fazer obedecer a ele".[401] Aos olhos dos radicais, o governo e, particularmente, o seu braço policial — não raro a única faceta do Estado a dar maior atenção aos protestos dos radicais — haviam perdido a legitimidade.

No dia seguinte, 21 de outubro, cerca de 100 mil pessoas marcharam rumo ao Pentágono, organizadas pela Mobe. Grupos importantes, como o Sane e a SDS, preocupados com declarações de certos participantes de que realizariam saques em lojas próximas, e outras consideradas irresponsáveis, se abstiveram formalmente. Exibições de teatro, apresentações de cantores e "discursos intermináveis" animaram uma multidão "predominantemente jovem e de classe média", vigiada por aproximadamente 6 mil agentes federais e militares (um sinal da apreensão da Casa Branca em um ano com altos níveis de violência). Uma manifestação pacífica, com direito a um pitoresco exorcismo dos "demônios" que habitavam o prédio por parte de adeptos da contracultura em nome de deuses tão diversos quanto Zeus, Anúbis e a Sociedade das Panquecas Vitaminadas Tyrone Power,[402] realizado por militantes ligados à contracultura. Até que um grupo autointitulado Contingente Revolucionário da SDS correu para o prédio e tentou subir pelas rampas de serviço, sendo impedido pela polícia militar. Era mais uma repetição de uma cena agora comum: correria, prisões, gás lacrimogêneo, espancamentos, ao

---

[401] Bardacke, 1970:476-479.
[402] Cf. Mailer, 1968:173-179.

longo de horas, chegando até a madrugada do dia seguinte. No total, 647 pessoas foram presas e 47 ficaram feridas.[403] Aparentemente, os demônios do Pentágono permaneciam ativos como sempre, mas a resistência ferrenha contra eles agora era um fenômeno nacional.

A resistência na SDS

Na SDS, esse acirramento do espírito de confrontação demonstrado pelo movimento antibelicista, e já presente entre os militantes negros, ganhou formulação em um panfleto de novembro de 1967 assinado por Carl Davidson, que de vice-presidente havia passado ao recém-criado cargo de secretário interorganizacional.[404] Intitulado *Towards institutional resistance* (Rumo à resistência institucional), o panfleto recapitulava as manifestações estudantis contra o alistamento militar e a cumplicidade entre as universidades e o complexo industrial-militar; acima de tudo, porém, era um manual de instruções sobre como promover a resistência dentro do *campus*. De poucas páginas, o panfleto enunciava alguns dos pontos mais importantes da ideologia da SDS naquele fim de década.

> Além de aumentar nossa força numérica, a guerra tem constantemente nos empurrado para a esquerda, política, estratégica e taticamente. Quem entre nós diria hoje que a América não é uma potência imperialista? Menos de um ano atrás, somente "sectários malucos da esquerda" usavam essa linguagem. Hoje até religiosos falam em imperialismo. [...] Nós não mais falamos sobre ir do protesto para a resistência. A resistência já começou.
>
> [...]
>
> [N]os últimos meses, o pessoal da SDS tem tido que lidar com uma crescente repressão, frequentemente violenta, por parte do Estado e seus aliados. Alguns de nós se deram melhor do que outros, mas ninguém solta mais o corpo, ou vai docilmente para a cadeia. A violência policial não fica sem resposta. Os *sit-ins* não são mais simbólicos, mas estratégicos: para proteger as pessoas ou manter

---

[403] Debenedetti e Chatfield, 1990:198.

[404] Entre as poucas decisões tomadas na convenção de 1967, estava a abolição dos cargos de presidente e vice-presidente, que já vinham sendo esvaziados desde os anos anteriores, e o estabelecimento de mais dois secretários além do secretário nacional: o educacional, responsável pela produção de material para os organizadores e pela educação interna dos membros, e o interorganizacional, encarregado dos contatos com outros grupos. Cf. Pardun, 2001:199.

A virada revolucionária

243

posições, em vez de nos permitirmos ser passivamente pisados ou arrastados [para a prisão]. As implicações dessa mudança, afirmando-se nacionalmente pela primeira vez nos degraus do Pentágono em 21 de outubro, são mais importantes do que se poderia pensar. Por exemplo, enquanto os *sit-ins* da última primavera eram primariamente atos de testemunho moral e protesto político, um número crescente de *sit-ins* neste outono exibiram a qualidade da resistência política tática. Seu propósito era a interrupção e a obstrução de certos eventos e ações *por todos os meios necessários* [grifo no original]. Politicamente, a ocorrência desse tipo de atividade implica a dissolução prévia de qualquer legitimidade e autoridade que as instituições [a que se está resistindo] possam ter tido antes. Este processo excessivamente importante de dessantificação aponta para o enfraquecimento das instituições de poder existentes bem como para o crescente potencial revolucionário das forças que se opõem a esse poder.[405]

Além de ecoar Malcolm X, o texto segue apontando uma nova tendência da busca da SDS por um agente de mudança social: "Nós vimos a possibilidade de nos engajarmos em uma luta comum com os movimentos de libertação do mundo ao confrontar no *campus* o mesmo aparato militar que os oprime". Como na análise internacionalista do Poder Negro, a SDS também já se via numa luta comum ao lado dos povos do Terceiro Mundo, perspectiva que seria cada vez mais enfatizada nos anos seguintes.

Davidson expôs algumas sugestões para os militantes interessados em uma resistência eficaz:

> As táticas que desenvolvemos até agora formam uma gama vasta, começando com o dissenso e o protesto moderado e chegando à resistência pela força. A seleção de táticas naturalmente depende da força [do militante] em relação a um oponente particular dentro da situação política corrente. Em geral, temos subestimado nossa própria força e superestimado a do inimigo. A lista seguinte tenta apresentar em linhas gerais as táticas que temos usado e desenvolvido nos últimos dois anos de confrontação:
>
> [...]
>
> 4) Fazer panfletagem em áreas de recrutamento e de pesquisa.

---

[405] Davidson, 1990:55.

5) Expor pesquisas secretas e/ou conexões clandestinas de pesquisas abertas, institutos de recrutamento e treinamento no *campus* e nos meios nacionais de comunicação.

[...]

8) Colocar pôsteres de "crimes de guerra" e outros de natureza dramática nos locais de recrutamento e nas salas de treinamento.

9) Montar mesas perto de mesas de recrutamento ou salas de treinamento.

10) Fazer piquetes em áreas de recrutamento e treinamento.

11) Apresentar um "teatro de guerrilha" com máscaras da morte, pôsteres, suportes e figuras em áreas de recrutamento e salas de treinamento.

[...]

13) Realizar "tribunais de crimes de guerra" para recrutadores, *trainees* e pesquisadores.

14) Realizar um "cerco de guerrilha" aos edifícios durante aulas de contrain-surgência.

[...]

19) Realizar *sit-ins* obstrutivos ao redor de automóveis e/ou de entradas do *campus* para evitar que recrutadores e/ou carros ou camburões da polícia contendo estudantes presos possam sair.

[...]

21) Remover os recrutadores e/ou a polícia do *campus pela força ou ameaça de força.*[406]

O recurso à força, de fato ou por ameaça, apresentado aqui como uma tática já posta em uso e endossada pela SDS (o panfleto foi publicado em *New Left Notes*), mostra que já não havia nada sagrado a respeito da não violência. E, quanto ao princípio da livre expressão, uma vez que essas táticas visavam a impedir a atividade dos recrutadores (das Forças Armadas, no caso, mas na prática também de empresas que prestavam serviço a elas), a resposta de Davidson, encarregado da educação dos membros, era clara:

> Uma terceira questão, e não uma crítica, com que temos tido de lidar por causa de eventos recentes é a das liberdades civis. Objeção após objeção têm sido feitas de que, ao obstruirmos os recrutas, temos negado a outros — o recrutador e os que

---

[406] Davidson, 1990:57-59, grifo meu.

A virada revolucionária

desejam vê-lo — o direito da livre expressão e da livre reunião. Como eu disse antes, as instituições que nossa resistência tem dessacralizado e deslegitimado, como resultado da nossa ação *contra a opressão de outrem*, perderam toda a autoridade e, portanto, todo o respeito. Assim, elas só têm o poder bruto, coercivo. Já que elas não têm legitimidade, aos nossos olhos, elas não têm direitos. E enquanto indivíduos, tais como os recrutadores, continuam em associação com essas instituições, eles correm o risco de receber o mesmo tratamento. A maioria das pessoas concorda com essa posição *em princípio*. São muito poucos os que argumentariam que não deveríamos parar, em vez de debater com os indivíduos que recrutavam para a equipe responsável pela operação dos campos da morte de Hitler.

A questão que nos pedem para responder é, antes, por que critério determinamos se uma instituição ou indivíduo perdeu sua legitimidade. Há dois tipos de respostas, uma dentro do pensamento burguês, e a outra fora dele. Pela primeira, podemos reafirmar as decisões de Nuremberg e outros antigos critérios de crimes de guerra como os critérios que nós, em consciência, usamos para decidir se uma instituição e indivíduos associados com essa instituição perderam sua legitimidade e seus direitos. Nossa segunda resposta se apoia em uma crítica revolucionária das instituições e da sociedade que estamos tentando destruir. Nossa crítica argumenta que a ordem social contra a qual nos rebelamos é totalitária, manipuladora, repressiva e antidemocrática. Mais ainda, dentro dessa ordem de dominação, respeitar e operar no âmbito das liberdades civis burguesas é permanecer escravizado, já que o aparato legal é projetado para sustentar a ordem dominante, contendo as potenciais forças de mudança dentro de seus limites preestabelecidos e em última instância castradores. Como resultado, é dever de um revolucionário não apenas ser intolerante, mas verdadeiramente suprimir as atividades antidemocráticas da ordem dominante.[407]

Essa retórica inflamada valeu a Davidson, segundo ele próprio, a inclusão de seu nome numa lista negra elaborada pelo Subcomitê de Segurança Interna do Senado — e repassada para várias universidades — que relacionava 100 indivíduos que não deveriam ter permissão para falar no *campus*. Mais tarde, por outro lado, o panfleto seria reimpresso pela União Internacional dos Estudantes, atuante no bloco comunista.[408]

---

[407] Davidson, 1990:60-61.
[408] Ibid., p. 63.

Além de listar as táticas recomendadas pela SDS aos seus militantes e resumir como ela via a atuação do Estado no *campus*, *Towards institutional resistance* é útil como evidência da mudança de referências intelectuais pelas lideranças da SDS e também de outros grupos na Nova Esquerda. Afinal, a crítica à sociedade norte-americana embutida na questão das liberdades civis dos recrutadores teve como seu grande elaborador não C. Wright Mills, por muito tempo o grande inspirador da SDS, mas o filósofo Herbert Marcuse.

Marcuse, um emigrado alemão naturalizado americano, ex-professor da Universidade de Brandeis (onde teve como aluno o militante contracultural Abbie Hoffman), havia ganhado fama entre os círculos radicais por sua mescla de psicanálise e dialética hegeliana, por cujas lentes ele fazia uma crítica à sociedade industrial avançada, da qual os EUA eram o maior representante. Em seu livro *One-dimensional man*, publicado em 1964, Marcuse propõe que os habitantes dessa sociedade avançada (ele fala genericamente, sem distinguir países e regimes) vivem, sem que saibam disso, sob um regime totalitário. Esse totalitarismo se manifesta não com campos de concentração ou uma polícia secreta, como normalmente se associa ao termo, mas por meio da "concentração do poder político e econômico, e o uso da tecnologia como um instrumento de dominação, e sob o domínio de uma mídia monopolista",[409] criando uma mentalidade essencialmente conformista, na qual a complacência se confunde com felicidade. Nesse sistema, "o certo e o errado, o verdadeiro e o falso são predefinidos onde quer que afetem os interesses vitais da sociedade", e a aparente tolerância do sistema "é administrada a indivíduos manipulados e doutrinados que repetem a opinião de seus mestres como papagaios, pensando que é a deles próprios".[410] "Cada melhoria feita na quantidade de conforto 'milita contra a mudança qualitativa'", pois as pessoas "se reconhecem em suas mercadorias; encontram sua alma no seu automóvel, conjunto de alta fidelidade, casa de dois andares, equipamento de cozinha". Dessa forma, a prosperidade como que compraria a consciência dos cidadãos e, no campo subjetivo, até mesmo uma mudança cultural tida como espetacular, como a revolução sexual, serviria apenas para "'dessublimar' tensões reprimidas", dando uma ilusão de plenitude aos descontentes com uma concessão que, fundamentalmente, não mudava muita coisa. O resultado final era uma sociedade em que "o 'é' se tornou o 'deve ser', o real se tornou o possível", em que todos se

---

[409] Spitz, 1970:112.
[410] Marcuse (1964), apud Spitz, 1970.

A virada revolucionária

consideravam vivendo no melhor sistema possível (uma visão que lembrava a dos críticos sociais americanos dos anos 1950 ao se preocuparem com os problemas trazidos pela prosperidade).[411] Uma sociedade verdadeiramente democrática, ou verdadeiramente tolerante, seria aquela em que houvesse a possibilidade de distinguir o verdadeiro do falso, o bom do ruim, cancelando "o credo liberal de uma discussão livre e igual; ela deve impedir ideias e comportamentos nocivos [...], mesmo que isso implique 'meios aparentemente antidemocráticos'". Quanto ao meio de separar o que era bom do que não era, a resposta de Marcuse era que "qualquer um que tenha aprendido a pensar racional e autonomamente" — poucos, é certo, mas, já que todas as sociedades, mesmo as democráticas, eram na verdade dirigidas por uns poucos, a questão era simplesmente a de se estes eram os poucos certos, isto é, os que põem os interesses da maioria em primeiro lugar. "Para libertar estes poucos, e por meio deles toda a sociedade, é necessário praticar 'oficialmente' a intolerância [...] contra movimentos da Direita e ser tolerante apenas com os movimentos da Esquerda." Somente assim, por meio de uma "tolerância repressiva", seria possível chegar à tolerância verdadeira.[412]

Já tendo se dissociado do compromisso com a vivência da democracia participativa no presente, a SDS reconhecia o uso da força como tática legítima, desde que voltada contra o sistema que considerava ilegítimo. Essa era uma linha de pensamento com riscos autoritários, que viria a aflorar plenamente nos dois anos seguintes, que viriam a ser também os derradeiros da organização.

Revolução

O ano de 1968 pode ser considerado um marco por muitas razões. Uma delas foi uma onda de manifestações estudantis que varreram o globo, desde os EUA e a França, onde são mais lembradas, até México, Japão, Brasil, Alemanha, Itália e até mesmo Paquistão.[413] No âmbito específico da história americana, na qual as grandes manifestações estudantis já vinham de anos anteriores, 1968 se liga a uma série de eventos traumáticos, de ampla repercussão, nos quais a violência teve papel preponderante.

O primeiro deles teve início em 30 de janeiro, véspera do Ano-Novo lunar vietnamita, o *Tet*. Nessa data, as forças nacionalistas revolucionárias do Vietnã

---

[411] Diggins, 1992:272.
[412] Spitz, 1970:113.
[413] Cf. Boren, 2001.

248 **A Nova Esquerda americana**

empreenderam uma ofensiva em larga escala, com ataques coordenados em 36 das 44 capitais de província do Vietnã do Sul e em seis das maiores cidades do país. A audácia dos ataques pegou as forças norte-americanas e sul-vietnamitas de surpresa, e o combate chegou até mesmo à embaixada fortificada que os EUA mantinham em Saigon. Passado o choque inicial, os americanos responderam com uma contraofensiva de um mês, que recuperou o território tomado pelas forças inimigas, impondo a elas aproximadamente 40 mil baixas (seriam cerca de 1.100 do lado americano, mais 2.300 entre as forças sul-vietnamitas). Um milhão de civis se tornaram refugiados, num processo que causou pelo menos 12 mil mortes, 3 mil das quais pela FLN na cidade de Hué. Em termos estritamente materiais, a "Ofensiva do *Tet*", como ficaria conhecida, foi um fracasso; mas significou um ponto de virada naquela outra frente da Guerra do Vietnã, a opinião pública americana.[414]

> Os resultados foram estonteantes. Hoje, estamos acostumados a ver a guerra aparecer imediatamente na televisão, mas isso era novidade em 1968. A guerra nunca fora levada tão depressa às salas de estar. Hoje, os militares se tornaram muito mais experientes e competentes no controle da mídia. Mas, na Ofensiva do *Tet*, as imagens levadas para as salas de estar eram das forças armadas americanas numa carnificina, parecendo em pânico, os soldados morrendo.[415]

Não foram apenas as salas de estar americanas que assistiram ao *Tet*. Por todo o mundo, as cenas da guerra causaram comoção.

> Entre 11 e 15 de fevereiro, estudantes de Harvard, Radcliffe e da Universidade de Boston fizeram uma greve de fome de quatro dias, para protestar contra a guerra. Em 14 de fevereiro, dez mil manifestantes, segundo a polícia francesa, ou cem mil, segundo os organizadores, marcharam para Paris, sob um aguaceiro, acenando bandeiras norte-vietnamitas e gritando: "O Vietnã para os vietnamitas", "Estados Unidos Go Home" e "Johnson assassino". Quatro dias depois, estudantes de Berlim Ocidental fizeram um trabalho melhor na imitação das passeatas americanas contra a guerra, quando um número calculado em dez mil

---

[414] Debenedetti e Chatfield, 1990:210. Até o momento da redação deste trabalho, havia um vídeo gratuito com cenas do noticiário americano sobre a Ofensiva do Tet no YouTube: <http://www.youtube.com/watch?v=KiW5FXs1n6M>. Acesso em: 28 jan. 2007.

[415] Kurlansky, 2005:83-84.

estudantes alemães ocidentais e de toda a Europa Ocidental gritaram: "Ho, Ho, Ho Chi Minh, a FLN vai ganhar. [...] Os manifestantes exortavam os soldados americanos a desertarem, o que eles já estavam fazendo, com solicitações de asilo a Suécia, França e Canadá. Em fevereiro, o Programa Anti-Recrutamento de Toronto enviou para os Estados Unidos cinco mil cópias da sua brochura de 132 páginas, o *Manual para imigrantes para o Canadá em idade de recrutamento*, impresso no porão de uma casa de oito cômodos por fugitivos do serviço militar que viviam no Canadá. Além das informações legais, dava informações de apoio sobre o país, incluindo um capítulo intitulado "Sim, John, existe um Canadá".[416]

Talvez o maior símbolo da mudança que a Ofensiva do *Tet* provocou na opinião pública, até então favorável a que os EUA se mantivessem lutando até a vitória no Vietnã, tenha sido o editorial que o apresentador de um dos telejornais mais famosos do país fez ao vivo na noite de 27 de fevereiro. Walter Cronkite, que fora ao Vietnã acompanhar os desdobramentos da ofensiva da FLN, declarou aos seus 9 milhões de telespectadores:

> Dizer que hoje estamos mais perto da vitória é acreditar, mesmo diante das evidências em contrário, nos otimistas que estavam errados no passado. Sugerir que estamos à beira da derrota é ceder a um pessimismo irracional. Dizer que estamos atolados num impasse parece a única conclusão realista, embora insatisfatória. Na possibilidade remota de que os analistas militares e políticos estejam certos, nos próximos meses deveremos testar as intenções do inimigo, ver se este é, na verdade, o grande arranco deles, antes das negociações. Mas está cada vez mais claro, para este repórter, que a única saída racional, então, será negociarmos não como vencedores, mas como um povo honrado que cumpriu seu compromisso de defender a democracia e fez o melhor que pôde.
> Aqui é Walter Cronkite. Boa noite.[417]

Para o governo Johnson, isso era uma catástrofe política. Por anos, o discurso governamental acenara com a perspectiva da vitória, ou seja, a construção de um Vietnã do Sul livre de ameaças comunistas. E agora a perspectiva de que

---

[416] Kurlansky, 2005:87.

[417] Ibid., p. 95. O editorial de Cronkite também está disponível gratuitamente no YouTube: <http://www.youtube.com/ watch?v=i214f5-w19w>. Acesso em: 28 jan. 2007.

essa guerra poderia *não* ser vencida, depois dos imensos investimentos feitos numa escalada contínua que chegava ao quarto ano, era um sério revés para LBJ. Ainda em fevereiro, uma pesquisa mostrou que até 49% dos entrevistados achavam que o engajamento de tropas no Vietnã fora um erro. E, no interior do Partido Democrata, uma campanha para "jogar Johnson fora" começava a ganhar força. Logo se viu que, para confirmar sua candidatura, LBJ teria como rivais o obscuro senador Eugene McCarthy e o irmão de seu antecessor e uma das figuras de destaque do Partido Democrata, Robert Kennedy. Em março, quando seus conselheiros constataram a mudança na opinião pública e que o Pentágono "não tinha uma estratégia para vencer a guerra dentro de limites políticos razoáveis e necessários", o presidente fez um pronunciamento televisionado à nação. Nele, anunciou que não iria se candidatar à reeleição.[418]

Não era o fim da guerra, ainda a dois presidentes de distância. Mas, pelo menos no primeiro momento, parecia um sopro de esperança, e o movimento antibelicista teve de lutar contra um público para quem a guerra, ao que tudo parecia, era "história". Ao longo de todo o mês de abril, por exemplo, os ativistas pela paz repisaram a mensagem de que "a guerra não acabou". De fato, em abril, as forças americanas lançaram uma ofensiva de 110 mil homens para limpar de tropas inimigas 11 províncias próximas a Saigon. Em maio, as negociações de paz entre os EUA e o Vietnã do Norte, em Paris, naufragaram, com os americanos se recusando a suspender totalmente os bombardeios enquanto os norte-vietnamitas não diminuíssem os ataques, e vice-versa. Semanas depois, o Pentágono anunciou que a Guerra do Vietnã alcançara dois recordes: o número de baixas americanas ultrapassara o da Guerra da Coreia e o conflito ultrapassara a Guerra da Independência como a guerra mais longa da história americana. Com ou sem Johnson disputando eleições, tudo parecia como antes.[419]

Enquanto a paz no Vietnã parecia cada vez mais fugidia, a tranquilidade na frente doméstica também era precária. Em 4 de abril, Martin Luther King foi assassinado em um hotel em Memphis. Quando a notícia se espalhou, uma convulsão tomou conta do país, antecipando os "verões quentes" nos guetos. King, que vinha perdendo espaço no movimento negro à medida que os nacionalistas ascendiam, causou com sua morte um cenário apocalíptico que líderes como Stokely Carmichael e H. Rap Brown ainda não tinham conseguido criar

---

[418] Debenedetti e Chatfield, 1990:214.
[419] Ibid., p. 218.

com suas pregações inflamadas. Por uma semana, 110 cidades, incluindo Boston, Nova York e Baltimore, sofreram com saques, vandalismo e incêndios. Até em Washington, Tom Hayden, que fora conversar com um ativista a respeito das negociações de paz em Paris, viu "as chamas e a fumaça subindo da capital da nação, enquanto caminhões de bombeiros e carros de polícia corriam por toda parte".[420] Em Chicago, o prefeito Richard Daley ordenou à polícia que atirasse para matar se visse saqueadores. No geral, houve 711 incêndios registrados, 46 mortos, 3.500 feridos e US$ 67 milhões em prejuízos, além de 21 mil prisões.[421] Cerca de 75 mil homens das tropas federais e da Guarda Nacional foram convocados para controlar os distúrbios, num espetáculo que já não era novidade há anos. No Escritório Nacional da SDS, que ficava no West Side, um gueto de Chicago, Mike Spiegel, secretário nacional, telefonava para a mãe enquanto um tanque de guerra passava em frente à janela. Tamanha era a tensão daqueles momentos que, quando o canhão do tanque se voltou para a sua direção, ele realmente achou que a sede da organização iria ser mandada pelos ares.[422]

A morte de King, apelidado de *De Lawd* (O Sinhô) no SNCC, arrancou de Stokely Carmichael um comentário que marcava a diferença entre os dois tipos de militância que ambos representavam: "Agora que levaram embora o Dr. King, é tempo de acabar com essa merda de não-violência".[423] De fato, ela parecia em decadência. Segundo um relatório oficial sobre os distúrbios raciais, cerca de 18% da população negra das áreas afetadas pelos motins — quase um em cinco residentes — tomaram parte nos levantes, e a maioria dos negros no país como um todo achava que esses eventos contribuíam para a melhoria das condições econômicas e sociais dos guetos.[424] Ao que tudo indicava, a época das grandes marchas ao som de cânticos religiosos e *We shall overcome* havia passado. O grande destaque do movimento negro agora tinha como símbolo uma pantera.

Os Panteras Negras, ainda pouco numerosos durante a sua chamativa manifestação no Capitólio da Califórnia, estavam crescendo e se tornando a materialização mais impressionante do nacionalismo negro. Ostentando suas armas como se estivessem prontos para a guerrilha urbana, eles estavam assumindo a liderança

---

[420] Hayden, 1988:270.
[421] Debenedetti e Chatfield, 1990:214; e Anderson, 1995:192.
[422] *Rebels with a cause*, direção de Helen Garvy (2000).
[423] Kurlansky, 2005:162.
[424] Elbaum, 2002:21.

que o SNCC, agora decadente, um dia tivera. Mas eram mais do que militantes com pistolas. O Partido Pantera Negra, que se declararia marxista-leninista em 1969, antes disso já adotava a análise terceiro-mundista proposta por Stokely Carmichael em 1966: os negros eram uma colônia interna dos Estados Unidos e, portanto, eram tão vítimas do imperialismo americano quanto os povos dos países subdesenvolvidos. Depois que seu fundador, Huey Newton, foi preso após uma suposta troca de tiros com a polícia, os Panteras passaram a ser liderados por Eldridge Cleaver, um ex-presidiário e colaborador da revista esquerdista *Ramparts*. Foi ele quem articulou uma aliança com o SNCC e com o Partido da Paz e da Liberdade da Califórnia, pela qual os Panteras poderiam lançar candidatos próprios — Huey Newton, preso, foi candidato a deputado em 1968, e o próprio Cleaver concorreu à presidência. Ao contrário de outros grupos que professavam o nacionalismo negro, os Panteras não tinham problemas em se aliar aos brancos, e estabeleceram, por exemplo, uma boa relação com uma facção da SDS ligada ao Escritório Nacional. Além disso, procuravam desenvolver programas assistenciais nas comunidades onde atuavam, o que possivelmente ajudou a que contassem, ao fim de 1968, com 1.500 a 2 mil membros em 25 cidades norte-americanas. Isso apesar do severo assédio policial: ao longo de vários anos, os Panteras Negras se veriam envolvidos numa extensa série de confrontos com a polícia (muitas vezes não provocados), estando constantemente às voltas com processos, fianças e prisões de suas principais lideranças.[425]

Ainda em abril, a SDS ganharia as manchetes quando a "facção da ação" de seu núcleo no *campus* da Universidade de Colúmbia, sob a liderança de um estudante recém-chegado de uma viagem a Cuba, Mark Rudd, convocou uma manifestação contra a construção de um novo ginásio na área do Parque Morningside, no bairro do Harlem, vizinho ao *campus*. Os estudantes alegavam que o ginásio era uma demonstração do racismo institucionalizado em Colúmbia, já que a universidade vinha expandindo seu *campus* à custa das casas dos moradores da região, já tendo desalojado 7.500 e planejando fazer o mesmo com mais 10 mil. O novo ginásio seria uma perda também para os habitantes remanescentes do bairro, que ficariam privados de um parque público por causa de uma instalação na qual nem mesmo poderiam entrar. Assim, marcou-se uma reunião no dia 23 de abril na qual os estudantes tentariam decidir sobre a melhor forma de protestar.

Apontado como o maior líder do movimento de Colúmbia, Rudd acabou sendo mais um porta-voz do que propriamente uma liderança, e muito do que

---

[425] Matusow, 1984:367-373.

ocorreu no início dos acontecimentos se passou à sua revelia e à de seu grupo. No dia 23, por exemplo, a ideia era que os 300 manifestantes marchassem até a biblioteca da universidade após alguns discursos. Mas, como a biblioteca fora fechada, a pequena multidão decidiu entrar no prédio assim mesmo. Coube a Rudd apenas racionalizar uma decisão consumada, quando pensou que "o arrombamento provocaria a polícia e a administração da escola para tomar medidas que, no devido tempo, resultariam em apoio para [os estudantes]".[426] Encontraram o prédio trancado e, não conseguindo entrar, partiram para o local da construção do ginásio, para derrubar a cerca, onde a polícia já havia prendido um membro da SDS. Voltando ao *campus*, acabaram tomando um prédio, o Salão Hamilton, onde Rudd teve a ideia de manter um decano que ali se encontrava como refém. Em pouco tempo, cartazes de Che Guevara, Stokely Carmichael, Malcolm X e Lênin adornavam o prédio; em alguns dias, já eram cinco os edifícios ocupados por estudantes, agora mais numerosos, que os haviam transformado em verdadeiras comunas, com debates e até uma celebração de casamento. A administração da universidade recorreu a ameaças, os meios de comunicação deram a entender que o movimento era uma grande orquestração de Rudd junto com outros grupos militantes. A ida de militantes conhecidos, como Tom Hayden e H. Rap Brown, ao Hamilton Hall não ajudou a desfazer essa impressão — assim como os gritos de "Poder negro!" de jovens do Harlem que foram se solidarizar com os manifestantes.

As exigências dos estudantes eram um misto de antirracismo, antibelicismo e reforma universitária: queriam a suspensão da obra do ginásio; o corte nas relações que a universidade, assim como Princeton, mantinha com o Institute of Defense Analysis; o estabelecimento de uma comissão disciplinar formada por professores e alunos e a anistia aos manifestantes. O presidente da universidade, Grayson Kirk, e o corpo de regentes não queriam ceder. Após dias de negociações infrutíferas, na madrugada de 30 de abril a polícia foi chamada e, como em Berkeley anos antes, mais uma vez um grande *campus* americano assistiu a uma violenta confrontação. À paisana, com identificações escondidas, armada com capacetes, cassetetes, lanternas e soqueiras de latão, a polícia

espancou os que resistiram; espancou também os que não resistiram. Alguns policiais prenderam os estudantes, com os procedimentos habituais, e os

---

[426] Kurlansky, 2005:261.

254 A Nova Esquerda americana

levaram para camburões. Outros pareciam estar loucos, com seus porretes e cassetetes. Arrastados para camburões acolchoados, que bloqueavam completamente dois quarteirões da Avenida Amsterdam, 720, os estudantes foram presos. Os que ocupavam prédios foram espancados ao tentarem fazer o sinal de V com os dois dedos. Estudantes que procuravam manter a paz do lado de fora, claramente assinalados por suas braçadeiras verdes, também foram espancados, e ainda alguns professores. [...] Estudantes direitistas, os caipiras, que aplaudiam a polícia, também foram espancados. Noticiou-se que havia 148 pessoas feridas.

[...]

As 120 acusações de brutalidade policial apresentadas contra o departamento foram o número máximo apresentado em qualquer incidente isolado na história da polícia de Nova York.[427]

A ação de Rudd e seu grupo, que já tinha um histórico de ações audaciosas no *campus* (como jogar uma torta no rosto de um coronel que vinha proferir uma palestra), não havia contado com o apoio do restante dos membros locais da SDS. O próprio Rudd solicitara seu desligamento quando estes últimos se recusaram a se unir aos manifestantes para ocupar mais prédios. Ainda assim, o *The New York Times* "continuava a dar espaço de primeira página à greve dos estudantes e a descrevê-la como um plano da SDS".[428]

O duelo entre estudantes e administradores, contudo, não acabou com a retomada dos prédios. Apesar de algumas concessões terem sido feitas no que tocava à estrutura da universidade, não se abriu mão de sanções disciplinares contra os líderes do movimento de abril, incluindo Rudd. Uma nova greve estudantil foi convocada e uma nova ocupação do Salão Hamilton teve lugar em maio. Mais uma vez a polícia foi chamada, e mais uma vez houve violência, resultando em 170 prisões e 51 estudantes feridos, além de 17 policiais. A universidade suspendeu mais de 70 estudantes e, para coroar a punição, informou aos postos de alistamento que eles haviam perdido a sua isenção do serviço militar e agora estavam aptos ao recrutamento — o que, em última análise, podia significar uma passagem só de ida para o Vietnã. Ainda assim, as principais reivindicações estudantis acabariam sendo atendidas num período de meses: os laços da universidade com o IDA —

---

[427] Kurlansky, 2005:272-273.
[428] Ibid., p. 265.

A virada revolucionária

que haviam ganhado larga divulgação quando os estudantes ocuparam o escritório do presidente Kirk e publicaram seus arquivos confidenciais — foram rompidos, o corpo discente teve direito a uma maior representação na administração do *campus*, a construção do ginásio no Parque Morningside foi suspensa e, em agosto, o presidente Grayson Kirk se afastou do cargo. Rudd acabaria retornando ao *campus* após uma suspensão e uma fiança de US$ 2.500. E, apesar de a maioria dos estudantes de Colúmbia não ser a favor da ocupação dos prédios, a opção dos administradores pela força acabou fazendo-os apoiar os radicais durante os protestos, de modo que parecia que a "facção da ação" havia provado a eficácia de seus métodos, como o próprio Rudd escreveria:

> Nossa força nunca foi tão grande quanto na hora de nossa maior militância. Foi também a hora em que resolvemos lutar — descartar todas as cassandras liberais que nos avisavam dos horrores do ataque da polícia e da reação da direita. De certo modo, foi a hora em que superamos nossa timidez e nosso medo da violência [típicos] da classe média. Nós, é claro, seguíamos a liderança dos negros, mas também estávamos abrindo novos caminhos nos quais os estudantes de elite nunca haviam estado antes. Naquela hora, nada podia nos derrotar, nem a polícia, nem os atletas, nem os docentes liberais, tão traiçoeiros e ainda assim tão impotentes, só a nossa própria [...] fraqueza e nosso julgamento político ruim. O mundo liberal ficou paralisado; os radicais tiveram uma visão de como é a vitória.
>
> [...]
>
> Acima de tudo, aprendemos quase acidentalmente a grande verdade afirmada pelo dirigente Mao Tse-tung: "Ouse lutar, ouse vencer".[429]

Em 6 de junho, um segundo assassinato causaria comoção nacional, quando pela segunda vez um Kennedy foi assassinado em circunstâncias controversas. Agora era Robert, candidato à presidência com os discursos das "pombas" (opositores da guerra), morto a tiros por um jovem palestino mentalmente desequilibrado chamado Sirhan B. Sirhan. Uma esperança para o movimento antibelicista, e mesmo para alguns radicais que alegavam desdém por eleições, a morte de RFK chocou o país. O próprio Tom Hayden, que em conversa com Todd Gitlin chamara Kennedy de "fascistinha", ficou desolado com sua morte, inclusive comparecendo

---

[429] Rudd, 1969:311-312.

ao funeral. Gitlin (1987:310), que também demonstrava desprezo pelas eleições como instrumento de mudança social, definiria a sensação: "Nós ainda queríamos que o sistema funcionasse, e o odiamos por falhar conosco".

Hayden, agora à frente da Mobe, foi um dos protagonistas do quinto grande incidente violento de 1968. Desde o início do ano, ele ajudara a planejar e articular uma grande manifestação que teria lugar durante a convenção democrata de Chicago, prevista para agosto. O protesto reuniria todo tipo de opositores à guerra, dos Panteras Negras aos pacifistas e *Yippies*.[430] Até Martin Luther King havia aceitado participar, antes de ser assassinado em abril. A ideia inicial era protestar contra a oficialização da candidatura de Johnson à reeleição, aproveitando a publicidade do evento para reafirmar a condenação à Guerra do Vietnã. Com a abdicação de LBJ, o foco passou a ser o apoio a Eugene McCarthy, que tinha o fim da guerra como principal (senão única) plataforma. A possível candidatura de RFK por pouco não sustou os planos, mas, com sua morte, acabou-se mantendo o planejamento. O objetivo era forçar o Partido Democrata a uma posição clara a favor da paz, sob pena de perder segmentos importantes do eleitorado. Para Hayden, em particular, a manifestação tinha ainda a função adicional de esclarecer a natureza do poder nos Estados Unidos e confirmar se, de fato, existia alguma esperança de verdadeira democracia no sistema ou se, pelo contrário, havia realmente uma elite entrincheirada no poder alheia à vontade popular. Se houvesse, os protestos iriam desmascará-la ao expor sua brutalidade diante das câmeras.[431]

Hayden tentou alistar a SDS na coalização que patrocinaria o protesto, em vão. A SDS só decidiria atuar em Chicago na última hora, como uma força independente, para tentar atrair novos membros entre os participantes. Mas Hayden registrou em suas memórias as suas impressões sobre o tipo de SDS que encontrou. "Rennie [Davis, ex-coordenador-geral do Erap] e eu éramos vistos como da velha guarda, ou talvez rivais mais velhos, da nova liderança, que nos classificou como politicamente 'reformistas', se não já 'burgueses'".

---

[430] Os *yippies*, ou Youth International Party (Partido Internacional da Juventude), eram um grupo de adeptos da contracultura, fundado por Abbie Hoffman e Jerry Rubin, e conhecido por ações bem-humoradas e chamativas ("teatro de guerrilha") de crítica aos valores vigentes. Em uma de suas ações mais famosas, causaram caos na Bolsa de Valores de Nova York jogando dinheiro no chão (parte do qual, diga-se, era verdadeiro). Cf. Gitlin, 1987:230-239.

[431] Hayden, 1988:256-257.

A virada revolucionária   257

> É verdade que não nos sentíamos confortáveis com o desenvolvimento da retórica abstrata e do feroz faccionalismo na organização, que um dia fora como uma família. Tendo abandonado Port Huron, os líderes oficiais da SDS agora faziam pronunciamentos tais como "Respeitar e operar dentro da realidade das liberdades civis burguesas é permanecer escravizado", ou "O problema com a democracia participativa é a sua inadequação básica como um estilo de trabalho para uma organização radical séria". [...] Nunca esquecerei um secretário nacional particularmente arrogante, Michael Klonsky, o filho grosseiro e antiquado de um marxista doutrinário, condenando Rennie e eu por sermos "Nova Esquerda", com o que ele queria dizer que todo o período entre 1960-68 tinha sido [uma perda de tempo] na classe média por parte da SDS. Agora, dizia ele, a organização estava nos trilhos, abraçando o marxismo doutrinário. Acabou acontecendo que os Klonsky, iludidos em se verem como os próximos Lênins, estavam preparando o túmulo não do capitalismo, mas da SDS.[432]

A manifestação, em princípio, seria não violenta e estritamente legal. Mas havia empecilhos. O prefeito de Chicago, Richard Daley (o mesmo que ordenara à polícia que atirasse para matar nos levantes de abril), um dos "chefes" do Partido Democrata, havia transformado os arredores da convenção numa praça-forte. Havia arame farpado ao redor do local do evento e também um enorme contingente policial, já famoso pela brutalidade, de prontidão: 12 mil homens, apoiados por 5 mil soldados do Exército e 6 mil da Guarda Nacional. As autorizações para manifestações eram sistematicamente negadas, o que enfraqueceu o comparecimento de manifestantes e fez com que líderes importantes de movimentos sociais, como o reverendo Jesse Jackson, desencorajassem seus seguidores a participar. Os organizadores decidiram levar o planejamento adiante, usando os parques públicos como quartel-general. Acabaram aparecendo apenas alguns milhares de pessoas, bem menos do que o inicialmente esperado.

Os manifestantes estavam preparados para a ação da polícia. Haviam se planejado para a realização de protestos descentralizados, em pequenos grupos, já prevendo que os líderes poderiam ser presos. Tendo aprendido as lições da Semana de Parar o Alistamento do ano anterior, também recorreriam à tática móvel. Os organizadores treinavam métodos de reação caso a polícia tentasse efetuar prisões, incluindo movimentos de defesa pessoal e técnicas de como proteger

---

[432] Hayden, 1988:259.

partes sensíveis do corpo de cassetetes e botas. Noções de primeiros-socorros, inclusive com especificações para ataques com o spray químico da polícia, eram parte essencial do treinamento.[433] Na maior democracia do mundo, ser um dissidente militante agora requeria preparativos de guerra.

A convenção começou no dia 25 de agosto, um domingo. À noite, às 23 horas, a polícia fez valer o toque de recolher baixado pela prefeitura e avançou sobre os militantes acampados no Parque Lincoln. Começava o que uma investigação oficial posterior qualificaria como um "motim da polícia".

> Numa longa linha de três homens de profundidade, os policiais pareciam prestes a atacar, e então as equipes de televisão ligaram as luzes de suas câmeras, fazendo a frágil barricada parecer mais substancial, ao lhe conferir profundas sombras negras. Os homens da imprensa tinham começado a usar capacetes. Havia bandeiras, a bandeira vietcongue, a bandeira vermelha da revolução e a bandeira negra da anarquia. Os policiais começavam a aparecer. Os Yippies, embora visivelmente temerosos, não recuaram. De repente, ouviu-se um som estranho de alguém cantarolando e Allen Ginsberg novamente apareceu, liderando um grupo com seu "Om".
>
> Mas o om, que visava a tornar ambos os lados pacíficos, não funcionou, desta vez. Os policiais começaram a empurrar a multidão para trás, a multidão gritava "Porcos!" e "Oinc, oinc!", e os policiais começaram a brandir cassetetes. [...] A polícia batia em todos que estavam à vista. Após conduzir a multidão para fora do parque, eles os espancavam nas ruas. Arrancaram espectadores das calçadas e os espancaram. Espancaram jornalistas e espatifaram câmeras. Vasculharam uma área de vários quarteirões ao redor do parque, dando com os cassetetes em todo mundo que encontravam. Depois da luta daquela noite, os policiais foram para a área de estacionamento do [Parque Lincoln] e cortaram os pneus de todos os carros que tinham um adesivo da campanha de McCarthy.
>
> O empresário da *Playboy*, Hugh Hefner, saiu de sua mansão em Chicago e recebeu uma pancada de um cassete. Ficou tão irado que financiou a publicação de um livro sobre a violência da polícia durante a convenção, *Law and disorder*.[434]

---

[433] Hayden, 1988:299.
[434] Kurlansky, 2005:367.

A brutalidade no Parque Lincoln deu início a uma série de perseguições e confrontos que tomou conta de Chicago nos dias subsequentes, sempre às vistas da imprensa. Mas até ela empalideceu comparada à batalha campal da noite de quarta-feira, 28 de agosto, que começou no Parque Grant, perto do Hotel Hilton, onde os participantes da convenção democrata estavam hospedados. Quando a polícia atacou, em reação a um hippie que tentou virar uma bandeira americana de cabeça para baixo, e o espancamento em massa teve início em meio a nuvens de gás lacrimogêneo, pequenos grupos de manifestantes escaparam e rumaram para o Hilton, onde houve um novo confronto. "Ônibus cheios de mais policiais de capacetes chegaram. Eles se puseram em linha, começaram a marchar, levantando os braços e cantando 'Matar, matar, matar'", espancando os manifestantes ali mesmo. Em consequência, os vidros da entrada do hotel se quebraram, e tanto os policiais quanto suas vítimas invadiram o ambiente luxuoso onde a elite política do Partido Democrata estava, continuando a batalha ali mesmo. "Era pura e simplesmente um exercício de vingança e punição; os manifestantes tinham provocado, e alguns deles [eram] até perigosos, mas isto continuou depois de qualquer possível ameaça ter sido extinta."[435] E, mais uma vez, a presença da imprensa não deteve a fúria policial: o massacre era transmitido *ao vivo* para o mundo todo pela televisão. "Manifestantes, repórteres, pessoal da campanha de McCarthy, médicos, todos começaram a cambalear pelo saguão do Hilton, com o sangue jorrando de ferimentos na cabeça e no rosto."[436] Por dias, o Hilton ficou cheirando a uma mistura de gás lacrimogêneo com as bombas de cheiro levadas por alguns manifestantes. Ao fim de quatro dias de luta, mais de mil pessoas ficaram feridas (incluindo 192 policiais) e 662 foram presas.

No interior da convenção, onde também houve agressões físicas entre os delegados, a pré-candidatura do senador Eugene McCarthy, que havia mobilizado muitos ativistas da Nova Esquerda que ainda tinham esperanças de reformar o sistema e parar a guerra pelo voto, foi derrotada pela do vice-presidente Hubert Humphrey, que prometia um governo de continuidade em relação ao de Lyndon Johnson. Antes de ir embora da cidade, ele declararia em uma entrevista à rede de televisão CBS:

---

[435] Marwick, 1998:669-670.
[436] Kurlansky, 2005:371.

Só Deus sabe como qualquer pessoa que vê esse tipo de coisa fica com o coração partido, e eu fiquei. Mas acho que a culpa deve ser posta em quem merece. Acho que devemos parar de fingir que o prefeito Daley fez alguma coisa errada. Ele não fez [...]

Sei o que causou essas manifestações. Foram planejadas, premeditadas por certas pessoas, neste país, que sentem que tudo o que têm de fazer são tumultos, e assim conseguirão o que querem. Não querem trabalhar por meio do processo pacífico. Não tenho tempo para essas pessoas. A obscenidade, a blasfêmia, a sujeira que foi proferida noite após noite, na frente dos hotéis, foi um insulto para todas as mulheres, todas as mães, todas as filhas, na verdade, todos os seres humanos, é o tipo de linguagem que ninguém tolerará, absolutamente [...] Causa alguma surpresa a polícia ter precisado agir?[437]

Em parte, Humphrey tinha razão. Havia, realmente, uma minoria entre os manifestantes disposta a protestar por meio de atos de vandalismo — os *enragés*, como Todd Gitlin, que foi um observador de bastidores dos incidentes, se referiria a eles. Entretanto, não havia dúvidas de que, provocações à parte, a polícia fora o grande agente da violência que tomara conta de Chicago durante a convenção. Mesmo quando o número de manifestantes chegou ao ápice nos últimos dias, aproximadamente uns 8 a 10 mil, ainda havia quase três policiais para cada um deles, e mais do que isso nos primeiros dias. A violência chegara a tais requintes que, já depois do grande confronto no Hilton, os policiais foram buscar os adeptos de McCarthy no seu quartel-general de campanha, no 15º andar do hotel.

Segundo pesquisas de opinião, o grande público concordava com a avaliação de Humphrey. Para começar, a opinião agora prevalecente de que a Guerra do Vietnã fora um "erro" não significava apoio ao movimento antibelicista, ainda largamente associado a "hippies" malvistos. Também já existia uma percepção de que os radicais de forma geral eram meros causadores de tumulto, e de que, para eles, a resposta das autoridades deveria ser a manutenção inflexível da lei e da ordem. Batalhas como a de Chicago, a ocupação de Colúmbia e tantas outras ações militantes postas em prática pelos inúmeros grupos radicais que emergiam pelo país só reforçavam essa ideia.[438]

---

[437] Kurlansky, 2005:374.
[438] Debenedetti e Chatfield, 1990:229.

"O movimento, como a sociedade, ficou fora de controle", diria Martin Jezer. A confrontação, para alguns militantes, havia se tornado um fim em si, uma espécie de epifania, e agora, além dos *sit-ins* e das táticas de obstrução, como as divulgadas por Carl Davidson, havia também os coquetéis molotov e as bombas. Somente na primavera e no outono de 1968, foram 51 casos nos *campi* norte-americanos, que recebiam doses generosas de atenção por parte dos meios de comunicação.[439] A "sabotagem revolucionária", como a chamou Andrew Kopkind, era geralmente voltada contra prédios e instalações ligadas aos militares, como, por exemplo, o ROTC nos *campi*. Mas havia lances mais ousados.

> Não há necessidade de uma coordenação nacional, e não há evidência de que ela exista. Ações relacionadas emergem natural e espontaneamente de causas similares: jovens revolucionários em Delaware não precisam de ordens de Berkeley para atacar o posto de alistamento local. As notícias de um incidente se espalham rapidamente de costa a costa no *underground* radical, e o próprio conhecimento de que uma guerra está em curso dá apoio e encorajamento a todos em volta.

O primeiro ataque ao prédio do ROTC de Berkeley foi seguido pelo incêndio de um centro similar, de Stanford. Aproximadamente ao mesmo tempo, cabos elétricos suspensos sobre as colinas de Berkeley foram cortados. E então, três gigantescas torres elétricas em Oakland foram derrubadas com uma explosão, deixando cerca de 30 mil casas sem energia e parando o trabalho no Laboratório Lawrence de Radiação em Berkeley. Dias depois de a torre [*sic*] ser destruída, um estudante da Universidade do Colorado, que abandonou o curso, se entregou à polícia para divulgar seu "crime". "Eu tinha de fazer alguma coisa para parar as máquinas deles — assim talvez eles ouvissem que esta guerra tem que parar", disse ele.[440]

Consequentemente, a repressão também aumentava. Pouco depois da primeira crise de Colúmbia, em 9 de maio, o FBI iniciou um programa de vigilância, infiltração e sabotagem voltado contra movimentos radicais negros e antibelicistas. Batizado de *Counterintelligence Program* (Cointelpro), o programa tinha o propósito explícito de "expor, interromper e de outra forma neutralizar as atividades deste grupo [a Nova Esquerda] e das pessoas ligadas a ele. Espera-se que com este

---

[439] Elbaum, 2002:36.
[440] Kopkind (1968), em Goodman, 1970:577.

novo programa as suas atividades ilegais e violentas possam ser reduzidas, quando não suspensas". Já em curso no que tocava aos nacionalistas negros desde o ano anterior, o programa seguia a linha de outros já mantidos pela CIA, que resultaram, coletivamente, na abertura de arquivos de segurança nacional com as fichas de pelo menos 23.500 cidadãos americanos.[441] A fim de garantir essa neutralização, todo tipo de tática era válida: arrombamentos, cartas falsas, colocação de artigos tendenciosos na imprensa e publicação de jornais-títeres na imprensa *underground*, telefonemas forjados, criação e exploração de intrigas entre os militantes, grampeamento de telefones, incriminações forjadas, entre outros recursos ilegais, incluindo o assassinato. Para melhor levantar informações sobre seus alvos, até informações confidenciais do imposto de renda seriam utilizadas.

As maiores vítimas do Cointelpro viriam a ser os movimentos nacionalistas étnicos, como os Panteras Negras, mas também outros que estavam surgindo, como o American Indian Movement (AIM, Movimento Indígena Americano). Entre 1968 e 1976, 27 panteras e 69 militantes índios teriam sido assassinados em operações escusas por agentes do programa.[442]

Embora esse tipo de programa de vigilância só tenha sido comprovado décadas depois, a ideia de que havia agentes infiltrados, não raro atuando como agentes provocadores, era amplamente difundida entre os grupos militantes. Em 1969, por exemplo, a imprensa radical já apresentava o depoimento de Don Meinshausen, um estudante de 19 anos que havia atuado como um colaborador do House Internal Security Committee (Huac, Comitê de Segurança Interna da Câmara) em núcleos da SDS e, por um curto período, no próprio Escritório Nacional. Chamado a testemunhar perante o órgão, porém, Meinshausen havia mudado de ideia quanto a quem deveria dedicar sua lealdade e seu depoimento acabaria sendo suspenso.[443] Ainda em 1968, durante a convenção da SDS, notando o quanto um determinado contingente de participantes destoava dos demais (a maioria tinha cabelos compridos e barbas, ou usava o "uniforme" do PL), uma das organizadoras improvisou um falso seminário sobre explosivos e métodos de sabotagem, ao qual acorreram os suspeitos de infiltração, que assim foram desviados dos verdadeiros debates dos convencionais.[444]

---

[441] Churchill e Wall, 2002:177-178.

[442] Berger, 2006:63.

[443] *Hard Times*, Sept. 29-Oct. 6, 1969, em Goodman, 1970:99-101.

[444] Heineman, 1993:188.

Em 1968, portanto, as tendências da Nova Esquerda de maneira geral, o seu antagonismo ao sistema e, agora, ao próprio Estado americano estavam em franco processo de acirramento. Ideias revolucionárias eram correntes, a repressão havia se intensificado e esperanças reformistas — encarnadas por líderes como Martin Luther King e Robert Kennedy, ambos assassinados — pareciam em baixa, pelo menos para os que se diziam radicais. Ao lado disso, havia sempre a questão da guerra, cuja crueldade podia ser assistida pela TV, mas que, apesar de todos os esforços e enfrentamentos, seguia seu curso em meio a negociações de paz que não progrediam.

Um movimento revolucionário da juventude

A situação da SDS a partir de meados de 1968 era paradoxal. O incidente de Colúmbia sobrecarregara o Escritório Nacional de pedidos de filiação. Segundo Mike Spiegel, que atuava no Escritório Nacional na época, várias vezes por dia vinham ligações dizendo algo como: "Bem, conseguimos 250 pessoas na reunião de ontem à noite. O que fazemos agora?". Isso além das duas ou três sacolas diárias repletas de correspondência.[445] Já não se sabia mais quantas pessoas efetivamente se consideravam membros da SDS, uma vez que as regras variavam de núcleo para núcleo. A estimativa feita pelo Escritório Nacional, porém, era de 100 mil pessoas. Apesar dessa aparente pujança, na verdade a organização caminhava para a desintegração.

O problema principal era ainda o faccionalismo. Já há tempos a SDS tinha correntes as mais variadas, de liberais a anarco-sindicalistas. Entretanto, os grupos majoritários nas reuniões nacionais, o PL e o pessoal do Escritório Nacional, protagonizavam uma disputa acirrada para tornar seus programas a "linha" oficial da organização. Greg Calvert e Carol Neiman lamentariam o novo tom assumido pelas reuniões:

> Sentar em um encontro da SDS, que um dia fora uma mistura de grupo de encontro com reunião quacre, se tornou uma agonia infernal quando a intelectualização e a manipulação parlamentar substituíram a partilha de experiência e a decisão por consenso. O estilo anarquista dos primeiros dias tinha, em 1968, sido trocado por debates rígidos nos quais facções organizadas não mais tratavam dos sentimentos e experiências das pessoas, mas falavam

---

[445] *Rebels with a cause*. Direção de Helen Garvy (2000).

na linguagem pseudocientífica do marxismo-leninismo. Deveria ter ficado claro a qualquer um de posse de sua sanidade instintiva que essas discussões talmúdicas, debates ideológicos e aprovação de resoluções indicavam sintomas de uma enfermidade profunda no corpo político da Nova Esquerda, e não eram parte de uma arena de confrontação significativa.[446]

O PL queria impor sua visão de que era necessária uma aliança entre operários e estudantes, que seria implementada através da tática de "construção de base", ou seja, os estudantes deveriam abandonar tudo que pudesse alienar os trabalhadores, de cabelos compridos às drogas, e se aproximar o máximo possível deles. Táticas de confrontação com o Estado, como a ocupação de universidades, acabavam sendo contraproducentes, uma vez que despertavam a antipatia do público operário. Todas as outras questões, como o racismo e o feminismo, e até mesmo a guerra, eram secundárias, derivações da contradição maior entre trabalhadores e a classe dominante. Quanto à revolução, o PL não tinha ilusões de que ela aconteceria em breve, e por isso a sua estratégia era manter seu trabalho educacional, aumentando seu apoio, até que um dia o momento certo finalmente chegasse.

A facção ligada ao Escritório Nacional também se considerava comunista — a secretária interorganizacional escolhida nesse ano, Bernardine Dohrn, fazia questão de se declarar uma comunista revolucionária —, mas sua abordagem era bem diferente. Adaptando ensinamentos do autor francês Régis Debray, que por sua vez tivera como inspiração os revolucionários cubanos, esse grupo acreditava no despertar da consciência revolucionária das massas por meio da ação exemplar de um pequeno grupo independente de revolucionários, o *foco,* que era a um só tempo uma liderança política e um grupo militar em luta com o Estado opressor.[447] Isso significava que era possível começar a preparar uma revolução agindo agora, sem a preocupação tradicional de esperar o amadurecimento das condições revolucionárias da sociedade. Nas palavras de Mark Rudd (1969:296), que manteve seu elo com a SDS e era adepto dessa perspectiva de educação pelo ato:

> Quando estudantes neutros ou liberais ou mesmo direitistas veem outros estudantes, muito parecidos com eles, arriscando carreiras, segurança física e expondo-se à possibilidade de prisão, eles começam a questionar as razões políticas pelas quais a vanguarda está agindo e, concomitantemente, a sua pró-

---

[446] Sale, 1974:489.
[447] Coser, 1970:128-134.

pria posição. Aqui, a educação e a propaganda são essenciais para mostrar as questões para as pessoas, e também o raciocínio por trás da ação. Em nenhum outro momento "organizar" e "conversar" são mais importantes como antes, durante e depois da ação militante.

O "acionismo" que Rudd encarnara tão bem em Colúmbia se relacionava à união entre o pessoal e o político preconizada pela Nova Esquerda — o ato militante como um gesto que tinha dimensões não apenas políticas, mas também existenciais. Mais do que um passo no caminho da tomada do poder, ele "fornecia aos radicais um meio de basear suas palavras na ação e de viver a substância de seus valores" e era "um antídoto experiencial para a complacência, a apatia, e a autossatisfação superficial que definia para os jovens esquerdistas a corrente principal de sua sociedade".[448] Bill Ayers, outro membro da SDS que fazia parte de um grupo altamente agressivo em Ann Arbor chamado de "Gangue Jesse James", definiria a importância pessoal da militância da seguinte forma:

> Você tinha a responsabilidade de ligar sua conduta à sua consciência [...] Se você acreditava em algo, a prova dessa crença era agir de acordo com ela. Não era esposá-la com os devidos tratados ou manifestos. Nós éramos militantes. Isso era o que nós éramos. Nós éramos militantes antes de sermos pensadores, éramos militantes antes de sermos teóricos [...] A militância é uma posição no mundo, uma forma de estar no mundo que diz que de alguma forma eu ponho o meu corpo no meio do caminho do funcionamento normal das coisas, e assumo as consequências de tê-lo feito [...] A declaração é o meu corpo no meio do caminho, e uma vez feita essa declaração, você abre um espaço público onde um monte de gente tem que pensar e agir de modo diferente [...] A militância era o padrão pelo qual medíamos a nossa energia de vida.[449]

Em princípio, isso em nada diferia do que já não existia antes, por exemplo, no SNCC ou na própria SDS, para não dizer na campanha dos direitos civis em geral e de tantos outros movimentos que ela inspirou. Entretanto, nesse fim de década, esse "*ethos* da resistência" havia adquirido cores diferentes. Nas palavras de Andrea Cousins, também da SDS, havia agora

---

[448] Varon, 2003:220.
[449] Ibid., p. 221.

Uma espécie de *ethos*... [segundo o qual] você tinha de ser politicamente ativo o tempo todo, [...] se você fosse sério sobre [a política], você [...] a punha em primeiro lugar. E se você não estivesse fazendo isso, você estava na verdade sendo autoindulgente e não estava fazendo a coisa certa [...] Nós nos oprimíamos uns aos outros com um tremendo senso de princípio moral. Estávamos em uma espécie de camisa de força, tendo de provar uns para os outros que estávamos fazendo o tipo certo de trabalho político, e pensando da forma correta [...] Havia uma tal hierarquia [...] com pessoas que estavam certas e pessoas que estavam erradas, um tremendo moralismo.[450]

Nos primeiros anos do "Movimento", "pôr o corpo na linha" significava uma tomada de posição moral, um desafio ao opressor e também a subversão, ainda que momentânea, de uma rotina fundada na injustiça; mas isso se dava em um contexto essencialmente otimista, no qual se partia do princípio de que a repressão desencadeada pelos militantes, combinada à publicidade atraída por seus protestos, faria com que a sociedade em geral tivesse de encarar suas próprias contradições. Por exemplo, a de afirmar-se uma democracia onde todos são iguais perante a lei e, ao mesmo tempo, permitir que os negros ficassem com as piores escolas, fossem proibidos de frequentar determinados espaços públicos e se tornassem o alvo preferencial dos abusos da polícia. Ao mostrar que havia um choque entre os *valores* socialmente aceitos e a realidade, esperava-se impulsionar a implementação de reformas que, de outro modo, talvez nunca viessem. Em 1968, contudo, a visão era outra: a militância não era um catalisador para reformas vindas de cima, para *melhorar* o sistema e pô-lo em sintonia com seus próprios princípios; ela era uma tática de combate, uma demonstração pessoal de guerra contra um sistema essencialmente perverso e podre. Arriscar-se não era mais, como no tempo do SNCC dos primeiros anos, uma opção entre várias, escolhida pelos militantes da organização mas não necessariamente *exigida* de todos os que quisessem colaborar com a causa. Agora, nos tempos de antagonismo acirrado que haviam começado em 1967, *engajamento* e *risco* se tornavam cada vez mais indissociáveis, levando à lógica de extremos ilustrada por uma prática chamada de *gut check* (algo como "checagem de estômago" ou de coragem), explicada pelo membro da SDS Robin Palmer:

---

[450] Klatch, 1999:188.

A virada revolucionária 267

Se você não faz, você é um covarde. Se você não faz, você não está pensando nos vietnamitas. [...] Você é um racista porque os negros têm de viver assim no gueto o tempo todo. Você é um racista porque os vietnamitas estão sendo bombardeados como loucos o tempo todo. Crianças mutiladas, mulheres estupradas... E você está preocupado com ser preso? E você está preocupado com levar pancada na cabeça com um cassetete?[451]

Segundo Palmer, o *gut check* "usava os temas de raça e privilégio para envergonhar e intimidar aqueles que sentiam dúvida quanto a correr algum risco; qualquer alternativa equivalia a covardia, hipocrisia, ou mesmo cumplicidade com a opressão".[452] Ser um estudante universitário branco, de classe média, no país mais rico do planeta — e, por extensão, ser beneficiário direto da exploração imperialista de um número incontável de pessoas —, criava um débito moral que precisava ser saldado de alguma forma. E nesses tempos de guetos em chamas, guerra sangrenta e interminável, violência maciça contra dissidentes, brutalidade policial no *campus*, líderes políticos assassinados e "colônias internas" pegando em armas — enfim, quando o capitalismo imperialista parecia imerso numa crise, tudo parecia indicar, aos olhos da facção do Escritório Nacional da SDS (e em muitos outros na Nova Esquerda em geral), que essa "solução" teria de ser ainda mais audaciosa do que o que fora tentado até então. Nas palavras de um dos membros desse grupo: "Nós [deixamos de ser os] jovens garotos com uma visão moral que éramos, para percebermos que estávamos nos opondo à estrutura de poder mais pesada do mundo", e por isso "as pessoas procuravam por algo que eu quase considerei soluções mágicas, porque isso era assustador".[453] Em outras palavras, o impulso militante ganhava força num cenário que analistas posteriores chamariam de "apocalíptico",[454] em que forças imensas rumavam para a confrontação próxima e, como no Dia do Juízo bíblico, seria preciso tomar partido por um dos lados. Aos olhos de muitos, a chave para isso residia numa palavra já muito conhecida: revolução.

Há algum tempo a SDS falava abertamente em revolução, mas os meios de alcançá-la não pareciam tão certos. Os negros, tal como representados pelos Panteras Negras, o Poder Negro e a intensidade das revoltas nos guetos, pareciam

---

[451] Klatch, 1999:223.

[452] Ibid., p. 223.

[453] Ibid., p. 224.

[454] Cf. Gitlin, 1987:345-348; Klatch, 1999:186; e Varon, 2003:230.

marchar para uma guerra de libertação nacional no sentido estrito; os vietnamitas haviam posto, contra todas as expectativas, a força militar americana em xeque em nome de uma revolução popular; em todo o Terceiro Mundo, lutas anticoloniais estavam em curso e vencendo (várias nações africanas haviam conquistado sua independência em anos recentes). E embora uma visão de mundo em termos de luta de classes tivesse se tornado corrente nas discussões internas da SDS nacional, e em muitos núcleos também, restava saber qual das variantes do marxismo seria a mais adequada à situação norte-americana. Para o PL, o caminho tradicional era o único possível; mas, para a facção do Escritório Nacional, as coisas não eram tão simples. Escrevendo em artigo de 2005, Mark Rudd fala desse dilema:

> O marxismo já tinha nos dado o que parecia ser uma análise extremamente útil da guerra, do racismo e da estrutura de classes neste país. A guerra era parte de um grande esquema de dominação global que os EUA estavam implementando desde o fim da Segunda Guerra Mundial. O imperialismo americano precisava de mão-de-obra e mercados e recursos naturais (como o petróleo) e bases militares com as quais impor seu domínio. Opondo-se a ele estavam movimentos de libertação nacional tais como o do Vietnã e o de Cuba, que eram fortes o bastante para não apenas desafiar o controle dos EUA, mas para também alcançar efetivamente a libertação e a revolução. Nós percebemos, é claro, que essas revoluções vitoriosas eram lideradas por marxistas-leninistas. Os cubanos e os vietnamitas, a quem encontramos, estavam entre as pessoas mais bacanas do mundo, pensávamos nós.
>
> A atração exercida pelo marxismo era aumentada pelo fato de que nossos professores o desprezavam. Eles eram na maioria liberais que não tinham outra explicação para a guerra que não a de um erro bem-intencionado da parte de democratas liberais como Kennedy e Johnson. Eles eram parte da estrutura de privilégios de classe que as universidades foram criadas para manter! Que se danassem!
>
> Uma vez que decidimos seguir a estrada marxista, as coisas começaram a ficar incertas. Fomos defrontados com uma questão a mais: que ramo do marxismo devemos seguir? Era como se você repentinamente tivesse uma visão de que Jesus era o caminho, e então consultasse as páginas amarelas para descobrir a que igreja deveria ir no domingo. Que confusão!

A "igreja" encontrada por esse grupo, e o "credo" que ela usaria para se opor à aliança entre estudantes e operários aventada pelo PL (e ao mesmo tempo dar uma resposta à ênfase do partido nestes últimos), foi uma combinação de anti-imperialismo, terceiro-mundismo e linguagem revolucionária marxista, cuja primeira formulação oficial seria apresentada (e *aprovada*) em dezembro de 1968, no Conselho Nacional da SDS. De autoria de Mike Klonsky, seu título era: *Toward a revolutionary youth movement* (Rumo a um movimento revolucionário da juventude).

> Neste momento, muitos em nosso movimento devem ter percebido que os estudantes sozinhos não podem e não serão capazes de derrubar o capitalismo, o sistema que está na raiz da opressão do homem. [...] Como estudantes, temos sido doutrinados com muitas noções racistas e contra a classe trabalhadora, e que por sua vez têm produzido racismo e chauvinismo de classe na SDS e foram largamente responsáveis pelo foco no poder estudantil que o nosso movimento mantém por muitos anos. [...] Estamos indo além disso agora, mas esse movimento deve ser planejado cuidadosamente e entendido por todos.
>
> [...] Devemos perceber nosso potencial para alcançar novas bases no *campus* e fora dele, e construir a SDS como um movimento juvenil que é revolucionário.
>
> A noção de que devemos permanecer simplesmente como "uma organização estudantil anti-imperialista" não é mais viável.

O documento, após um breve comentário sobre a opressão dos jovens nas instituições de ensino e pelo desemprego, volta ao tema da juventude revolucionária, que teria quatro funções: lutar ao lado daqueles que combatem o imperialismo (como os vietnamitas e os negros), reconhecendo que seus esforços são a "verdadeira expressão da classe trabalhadora em seu nível mais consciente"; divulgar a análise classista das instituições capitalistas por meio da propaganda e de ações incisivas exemplares, de modo a levar outras pessoas a uma consciência e uma luta mais elevadas; organizar jovens trabalhadores e, por fim, admiti-los na própria SDS, que assim deixaria de ser um movimento estudantil. Mais adiante, no tópico racismo, Klonsky endossa a leitura de que a luta contra o racismo por parte do "movimento de libertação negra" era ao mesmo tempo anticolonial e parte da luta de classes. Por conseguinte, iniciativas como o "capitalismo negro" (que anos antes fora aventada, por exemplo, por Malcolm X) deveriam ser respeitadas por sua natureza anticolonial e, não, chamadas simplesmente de "nacionalismo burguês".

Para a implementação de um movimento revolucionário a partir dessa análise, Klonsky propõe uma mudança de foco na SDS. No campo da construção da consciência de classe, os organizadores deveriam concentrar suas energias em instituições de ensino frequentadas por jovens trabalhadores, incluindo escolas secundárias. Essas ofensivas deveriam apresentar a universidade *"como um braço das corporações* que exploram e oprimem os trabalhadores", e a SDS deveria ver a universidade em si "como uma corporação que [os] oprime diretamente". Alianças deveriam ser feitas com os empregados não acadêmicos dos *campi* na luta contra o "inimigo comum", a universidade, e, nesse espírito, a SDS deveria "desestudantizar" outros estudantes atacando os "falsos privilégios" universitários, incluindo a sua isenção de serviço militar. Fora do *campus*, alguns membros deveriam ir às fábricas e lojas, bem como às comunidades operárias, "para melhor entender a opressão material dos trabalhadores industriais, e também erradicar preconceitos" que pudessem ter contra eles. Deveria ser dado apoio à "luta de libertação" no interior das Forças Armadas, e a juventude deveria ver sua luta e a dos vietnamitas como uma só, contra o imperialismo, de forma que a guerra tinha de continuar sendo um tema a se explorar. Finalmente, a natureza racista e classista do sistema escolar público deveria ser combatida, enquanto jovens que largaram a escola ou estavam desempregados deveriam ser atraídos para o movimento.

O outro braço da proposta era a luta contra o racismo institucional, promovido por "instituições imperialistas". Para combatê-lo, deveriam ser desenvolvidos programas para "atacá-lo agressivamente" e fazê-lo parar de atuar. Os alvos, diz o autor, deveriam incluir: institutos policiais nos *campi*, o sistema imobiliário ("A Universidade de Chicago está entre os maiores senhorios de favelas da cidade"), centros de contrainsurgência ("incluindo centros de pesquisa e planejamento e escolas de sociologia e educação, que ensinam racismo às pessoas para que possam derrotar os esforços dos negros), o racismo na sala de aula ("especialmente nas escolas secundárias, onde os estudantes são forçados por lei a sentar e ouvir distorções históricas racistas e com preconceitos de classe"). Por último, dever-se-ia lutar por uma maior admissão de negros e latinos nas universidades, não por razões acadêmicas ou igualdade de oportunidades, mas para aumentar a militância no *campus*.[455]

---

[455] Klonsky, 1971:216-221.

Com essa resolução, estava criado o Revolutionary Youth Movement (RYM, pronuncia-se "rim"), uma vaga aliança das correntes revolucionárias opostas ao PL. O texto de Klonsky mostra como a facção do Escritório Nacional havia encontrado o novo agente revolucionário: o "Terceiro Mundo", representado por todas as minorias étnicas (no interior dos EUA) e pelos vietnamitas, que estavam em combate literal com a face mais brutal da opressão imperialista norte-americana. Ao ter como chave interpretativa a noção de "imperialismo", o RYM agrupava em uma única vanguarda revolucionária organizações como a SDS, os diversos nacionalismos étnicos, os países subdesenvolvidos (inclusive Cuba), os jovens e os trabalhadores, ao mesmo tempo em que tinha diante de si um inimigo muito claro e próximo: os próprios Estados Unidos da América, a maior encarnação da opressão capitalista.

Com a aprovação de *Toward a revolutionary youth movement*, pela primeira vez uma maioria no Conselho Nacional da SDS aprovava a criação de um movimento revolucionário com uma análise classista. Restava apenas decidir em que direção ele seguiria: se a da ortodoxia rígida do PL, ignorando a cultura juvenil então em voga e pensando numa revolução futura, ou se a do RYM, com sua perspectiva terceiro-mundista e anti-imperialista, focada na ação e aberta aos valores juvenis de sua época. A decisão ficou para a convenção nacional de 1969, iniciada em 18 de junho, em Chicago. Seria a maior da história da SDS, com 1.500 a 2 mil participantes.

O nível de hostilidade entre as facções era visível desde a entrada, pois o RYM teve o cuidado de estabelecer um grupo de segurança encarregado de não deixar armas entrarem no local da convenção. "Nós sabíamos que haveria uma divisão, e queríamos ter certeza de que não haveria muitas armas de fogo e facas ou o que fosse entrando no prédio", disse um dos membros do RYM. De fato, a equipe de segurança coletou centenas de facas.[456]

Os dias seguintes foram particularmente intensos. No próprio dia 18, discutiram-se apenas questões procedimentais, como a presença ou não da imprensa: houve trocas de socos diárias entre os convencionais, estudantes das universidades estaduais de Michigan e Kent balançaram ameaçadoramente correntes de motocicleta a centímetros dos rostos de alguns companheiros de delegação, discursos de representantes de grupos nacionalistas étnicos (Panteras Negras; os Boinas Marrons, que falavam pelos chicanos; e os Jovens Lordes, pelos porto-riquenhos)

---

[456] Berger, 2006:83.

criticando a posição do PL de vê-los como "reacionários". A mistura entre encontro de quacres e terapia de grupo a que Calvert e Neiman se referiram havia ganhado ares mais parecidos com os de um encontro de gangues. Mas foi nesse clima que um grupo do RYM apresentou um extenso documento cujo título baseava-se em um trecho de uma canção de Bob Dylan, *You don't need a weatherman to know which way the wind blows* (Você não precisa de um homem do tempo para saber em que direção o vento sopra).

O texto, assinado por Bernardine Dohrn, Mark Rudd, Bill Ayers e mais oito pessoas (Karin Ashley, John Jacobs, Jeff Jones, Gerry Long, Howie Machtinger, Jim Mellen, Terry Robbins e Steve Tappis), era uma elaboração da resolução de Klonsky sobre o movimento revolucionário juvenil.[457] A "principal luta acontecendo hoje no mundo é entre o imperialismo dos EUA e as lutas de libertação nacional que se opõem a ele". Reconhecia-se que os trabalhadores brancos norte-americanos haviam obtido certos confortos materiais ao longo dos anos, mas isso só havia sido possível por conta da exploração dos povos do Terceiro Mundo, num jogo de soma zero. A "colônia interna" negra era a vanguarda de uma nova revolução americana, e poderia fazê-la por si mesma, já que tinha um papel tão essencial na manutenção do capitalismo americano que a sua simples conquista da autodeterminação bastaria para iniciar o processo revolucionário; mas, como isso implicaria altos custos para os negros e a revolução beneficiaria a todos, os brancos deveriam se organizar separadamente para auxiliá-los. Dizer que os negros não deveriam se insurgir ou que deveriam fazê-lo sozinhos era ser, na verdade, racista.

Quanto ao método para alcançar a revolução, os revolucionários não deveriam confiar em frentes unidas com a pequena burguesia (embora pudesse haver colaboração quanto a questões específicas). A derrota do imperialismo americano só viria com a criação de "dois, três, muitos Vietnãs", pois, no pensamento do revolucionário chinês Lin Piao, a fraqueza do imperialismo americano consistia em se envolver em lutas simultâneas muito distantes de sua base de poder. A revolta dos povos do Terceiro Mundo, contando a colônia interna negra, faria os EUA dispersarem demais as suas forças, abrindo caminho para a derrubada revolucionária da ordem existente. E a fim de colaborar nessa luta mundial contra a opressão, caberia aos *jovens* brancos americanos (pois a classe traba-

---

[457] Ashley et al., 1970:51-90. Também disponível em: <http://www.radicaleducation.org/weather/weatherman_document. txt>. Acesso em: 5 fev. 2007.

A virada revolucionária 273

lhadora branca não iria abrir mão de seus privilégios), também eles oprimidos pelo imperialismo na forma de escolas autoritárias, desemprego, serviço militar e repressão generalizada, se organizar, deixando seus eventuais privilégios estudantis e se unindo aos trabalhadores como um todo. Eles deveriam ter sempre em mente que a luta agora não era por melhorias materiais, mas para derrotar a raiz de todos os problemas, o imperialismo. "O imperialismo é sempre a questão", e deveria ser abordado sempre que possível, pois ele estava no fundo de qualquer problema social significativo. Assim, por exemplo, em Colúmbia, "não era o ginásio, em particular, que era importante na luta, mas a forma pela qual [ele] representava, para o povo do Harlem e de Colúmbia, a invasão imperialista da colônia negra por Colúmbia". Era fundamental que se compreendesse isso, pois, com o imperialismo, qualquer luta por reformas ou pelo melhoramento das condições materiais seria inútil.

Uma seção inteira era dedicada à relação ente o RYM e os "porcos", isto é, os policiais. Advogava-se o início de movimentos que reivindicassem a retirada dos policiais das escolas, a invasão de lugares protegidos por eles e o desafio a toques de recolher, de forma "a definir cada luta [...] como uma luta contra as necessidades do capitalismo e do Estado". Mostrando a influência dos Panteras Negras, os revolucionários deveriam receber um treinamento que os capacitasse a lidar com a repressão do "porco", incluindo noções de caratê, de como se movimentar nas ruas e no bairro onde atuassem, treinamento médico, e até, segundo a necessidade, autodefesa armada, "o tempo todo seguindo o princípio de que 'o poder político está no tambor de uma bala'". Esses grupos de autodefesa, como os Panteras, fariam patrulhas de vigilância à atuação policial, e visitariam delegacias e tribunais sempre que alguém fosse preso.

Mas é na última seção que o documento expõe o que o RYM desejava efetivamente se tornar.

> A revolução é uma guerra; quando o Movimento neste país puder se defender militarmente contra a repressão total, ele será parte da guerra revolucionária. Isso exigirá uma organização de quadros efetivamente secreta, com quadros capazes, e uma relação integrada com o Movimento ativo baseado nas massas. Para vencer uma guerra com um inimigo tão altamente organizado e centralizado como os imperialistas, será necessária uma organização (clandestina) de revolucionários, tendo também uma "equipe geral" unificada; isto é, combinada em algum ponto com a disciplina sob uma liderança centralizada. Porque a

274 A Nova Esquerda americana

guerra é política, as tarefas políticas — a revolução comunista internacional — deverão guiá-la. Portanto, a organização centralizada de revolucionários deve ser tanto uma organização política quanto uma organização militar, o que geralmente se chama de um partido "marxista-leninista".[458]

Essa organização, para ser efetiva, teria de contar com uma teoria revolucionária unificada, uma liderança testada na prática, para o que se propunha a formação de coletivos revolucionários, que permitissem trocas de experiências ("a nossa teoria deve vir da prática, mas não pode se desenvolver no isolamento"). Mas, acima de tudo, era importante que houvesse uma massa revolucionária ou um movimento revolucionário de massa que possibilitasse a experiência para testar a teoria e a capacidade dos líderes.

> Um movimento revolucionário de massa é diferente da tradicional massa revisionista de "simpatizantes". Ele é mais parecido com a Guarda Vermelha na China, baseada na plena participação e no envolvimento das massas na prática da revolução; um movimento com plena disposição para participar na luta violenta e ilegal. É um movimento diametralmente oposto à ideia elitista de que só os líderes são espertos o bastante para aceitar conclusões plenamente revolucionárias. É um movimento construído na base da fé nas massas populares.
> A função dos coletivos é criar esse tipo de movimento. (O partido não é um substituto para ele, de fato é totalmente dependente dele.) Isso será feito, nesse estágio, principalmente entre a juventude, implementando a estratégia do Movimento Revolucionário da Juventude discutida neste documento. É a prática disso, e não "ensinamentos" políticos abstratos, que determinará a relevância dos coletivos políticos formados.[459]

Considerando que o texto não dava a devida atenção à questão da classe, formou-se uma divisão no RYM, gerando o RYM I e o RYM II. O primeiro, responsável pelo documento apresentado, acabaria sendo apelidado de *Weatherman*, e seu espírito, nas palavras de um dos coautores do texto, era de que a

> revolução estava ao alcance, a questão do poder estava no ar, e, junto com a questão do poder, a questão da luta armada. Nós nos perguntamos como

---

[458] Ashley et al., 1970:87-88.
[459] Ibid., p. 89-90.

A virada revolucionária

desenvolver uma unidade armada, uma brigada ou uma legião ou uma divisão, como construir uma força de militantes clandestinos com uma avançada capacidade de combate. Íamos aprender a lutar lutando, indo do pequeno ao grande, desenvolvendo capacidade e experiência, crescendo em força e poder por meio da prática da revolução. Nós resolvemos criar o Exército Vermelho Americano.[460]

Não houve, porém, muito tempo para resolver como os grupos se relacionariam. No dia 20 de junho, o terceiro da convenção, os Panteras Negras convidados pelo RYM no dia anterior retornaram com uma declaração coassinada pelos Boinas Marrons e os Jovens Lordes exigindo que o PL mudasse sua posição sobre a autodeterminação das minorias e afirmando que a SDS seria "julgada pela companhia que mantém e a eficiência com que lida com facções burguesas" no seio da organização. Era um ultimato para que o PL fosse expulso. Em resposta, o bloco do RYM (I e II) se retirou em massa para uma sala adjacente, com segurança na porta, para decidir o que fazer. No dia seguinte, o bloco mais uma vez se reuniu e, após um discurso que recapitulava a história da SDS e denunciava a visão do PL sobre os esforços anti-imperialistas de negros e vietnamitas, Bernardine Dohrn concluiu: "Nós não somos uma [facção]. *Nós somos a SDS*". Em seguida, o grupo retornou ao salão principal e anunciou a expulsão do PL, que, por sua vez, também se dizia a *verdadeira* SDS.[461]

Nos meses seguintes, os dois RYMs e o PL ainda reivindicariam o legado da SDS, cada lado publicando sua própria versão do semanário *New Left Notes*. Em agosto, os *Weathermen* e o RYM II, que não tinham muito em comum além da oposição ao PL e somavam aproximadamente 4 mil membros remanescentes da SDS, dividiram-se, restando aos *Weathermen* aproximadamente 350 pessoas divididas em coletivos ou comunas pelo país. Mas no nível local, dos núcleos universitários, que haviam sido a grande força da SDS, essas divisões já pouco importavam. A maioria dos núcleos não se filiara a nenhum dos lados, RYM ou PL, e agora, com a fragmentação, simplesmente cortaram relações com o Escritório Nacional (a maioria fecharia em pouco tempo). Segundo Robert Pardun, "a vasta maioria das pessoas na SDS ouvia o debate e apenas dizia: 'Acho que eu vou

---

[460] Ayers, 2003:141.
[461] Berger, 2006:86.

para casa fazer o que faço melhor, que é trabalhar localmente".[462] Não havia mais realmente uma organização e em poucos meses os *Weathermen*, nominalmente a liderança eleita na convenção, depois de algumas ações frustradas de confrontação com a polícia,[463] desmantelaram o que sobrara da estrutura nacional da SDS e venderam todo o conteúdo do Escritório Nacional à Sociedade Histórica do Estado do Wisconsin por meros US$ 300.[464]

A Students for a Democratic Society, fundada em 1960, havia chegado ao fim.

---

[462] *Rebels with a cause*. Direção de Helen Garvy (2000).

[463] Cf. Berger, 2006:95-124.

[464] Sale, 1974:647. Logo depois, seguindo seu próprio preceito, o grupo caiu na clandestinidade, de onde ganharia fama com ataques a bomba e ações armadas de menor escala até debandar em 1976.

5
Réquiem para uma nova esquerda

Falar do fim da Students for a Democratic Society implica pôr em perspectiva o que ela significou e o seu legado. Trata-se agora de fazer uma síntese das ideias que constituíram o eixo deste trabalho.

Por anos, a SDS encarnou a maior tentativa de se ter uma organização da Nova Esquerda em nível *nacional*. Em sua busca por uma abordagem multitemática, ampla, capaz de englobar os diversos problemas da sociedade norte-americana, fossem políticos, econômicos, culturais ou, acima de tudo, éticos, numa análise ampla e *radical* no sentido mais básico de ir às raízes, de ver as ligações entre questões aparentemente díspares, ela representou um dos mais promissores esforços de renovação da esquerda americana de sua época. Tendo sonhado durante anos com uma nova forma de ver a política, ou melhor, de *fazer* política, mesclando a busca do bem comum com uma postura *pessoal*, procurando materializar a "comunidade amada" por meio do ideal da democracia participativa, a SDS foi em sua curta existência um referencial importante para milhares e milhares de jovens, nos *campi* ou fora deles, que procuravam alguma forma de orientação quanto ao *que fazer* em uma época de crise. Em uma época em que as certezas tranquilas de uma sociedade afluente começaram a ser abaladas uma a uma — nos *sit-ins* e protestos que expunham o racismo virulento explícito do Sul (e disfarçado do Norte), nas denúncias do papel nem sempre benigno desempenhado pelos EUA no mundo, no questionamento do autoritarismo universitário, na crítica à complacência de uma sociedade aparentemente amortecida em seus próprios ideais —, a SDS procurou reunir potência intelectual e coragem militante na tentativa de convencer a população americana de que o mundo de prosperidade construído no pós-II Guerra não era nem tão perfeito, nem muito menos tão *aceitável*, quanto os ideólogos dos anos 1950 sugeriam. Do Mississipi à baía dos Porcos, dos guetos do Norte aos salões espaçosos das grandes universidades e aos gabinetes do House Un-American Activities Committee (Huac), havia muito pelo que se indignar na poderosa América.

Naturalmente, a SDS não estava sozinha nesse esforço. O movimento negro, tanto na fase da luta pelos direitos civis quanto na do nacionalismo surgido depois, foi, desde o primeiro dia da organização, uma inspiração e um modelo. Seu fascínio para os estudantes brancos não se devia a considerações eleitorais ou mesmo a questões meramente legais; era a admiração que se prestava a heróis, a homens e mulheres, muitos deles estudantes como os membros da SDS, que tinham a coragem de enfrentar o *status quo* em sua face mais perversa. A eles a SDS se juntou desde o princípio, seguindo a premissa de que um sistema regido por liberais, contando com um movimento popular organizado e forte o bastante para dar a estes últimos cobertura política contra os conservadores, teria o mesmo engajamento que os radicais para a implementação das reformas urgentes de que o país precisava. Quando, porém, a SDS percebeu que era objeto de desconfiança de sua própria organização-mãe; que o anticomunismo que os estudantes desprezavam — responsável tanto pelo cerceamento dos direitos democráticos quanto, em 1962, pelo que poderia ter sido uma guerra nuclear — os separava dos esquerdistas democráticos mais velhos; e que, finalmente, os liberais no poder não tinham o mesmo senso de urgência que os jovens radicais para golpear a base política de uma corrente conservadora notoriamente racista, ela se viu mais isolada do que o previsto. Da mesma forma que o Student Nonviolent Coordinating Committee (SNCC), cuja fé nos canais políticos nacionais foi abalada em Atlantic City, a SDS se convenceu de que teria de abrir seu próprio caminho. Não poderia contar com a Velha Esquerda para orientá-la; não poderia contar com os liberais para ter uma base de poder; e, em busca de um papel mais ativo na reforma social, vislumbrou a construção de seu próprio movimento inter-racial de massas, baseado na organização de comunidades pobres, os grandes excluídos da afluência. Desiludida da Esquerda Reformista, no dizer de Richard Rorty, a SDS espelhou-se no que julgava ser o mais admirável e o mais honesto dos modelos radicais: o SNCC, ao lado do qual tantas de suas lideranças haviam enfrentado a morte e o fanatismo nos rincões sulistas. Munida, como era habitual, de uma análise teórica, a SDS entregou-se ao que Lewis Feuer chama de "populismo" característico dos movimentos estudantis radicais: a busca "por alguma classe inferior oprimida com a qual se identificam psicologicamente", e pela qual podem "oferecer-se em autossacrifício".[465] Como os *narodniks* da Rússia oitocentista, que deixaram suas escolas de elite para despertar a consciência política dos camponeses explorados, a SDS conduziu jovens matriculados nas mais prestigiadas universidades do país aos guetos, aos cortiços, aos bairros pobres das grandes metrópoles do Norte, para dar início ao movimento que iria salvar a América de si mesma. Foram mobilizar os pobres vivendo como eles, trocando as salas de aulas por prédios malconservados, a serenidade do *campus* pela precariedade das ruas inseguras, a companhia da elite do país pela de dependentes de auxílio-desemprego, bêbados, membros de gangues e subempregados, policiais brutais, entre outros protagonistas de uma realidade bem diversa da dos subúrbios de onde muitos desses voluntários vinham. Em um movimento que, como se viu, chegaria a chamar a atenção do governo, a SDS abriu mão da sua visão original (devida a C. Wright Mills) de que a chave para a transformação dos EUA estava com os intelectuais universitários; embora estes tivessem o papel de organizadores, seria dos pobres e dos desempregados de ambas as raças, descartados pelas grandes corporações e pelo discurso autocongratulatório dos anos 1950, que viria a contestação à injusta ordem vigente. Mudar o sistema exigia a intervenção de quem estava *fora* dele, e nada punha alguém tão fora de suas benesses quanto a dura rotina da pobreza.

Frustrada com uma Velha Esquerda que lhe parecia "morna" e preocupada demais em salvar o mundo do cadáver de Stálin para se engajar em mudá-lo, a solução da SDS foi tentar tornar-se uma versão branca e mais intelectualizada do SNCC. Descompromissada com os sindicatos industriais, nos quais não reconhecia o papel transformador atribuído pelos veteranos, a SDS julgava-se superior pelo engajamento na ação. Tamanho era o entusiasmo pela organização comunitária, com sua mistura de ato político e concretização de um modo de vida democrático-participativo, livre das hierarquias convencionais de classe, posição social ou cor de pele, que chegou-se até mesmo a ventilar a hipótese de o *Economic Research and Action Project* (Erap) absorver a própria SDS. Embora isso não tenha acontecido, já indicava o papel secundário que a ênfase inicial em análises intelectuais e protestos ocasionais, dada por Al Haber, havia assumido

---

[465] Cf. Feuer, 1969:20.

para alguns no seio da organização (entre eles, o grande entusiasta do Erap, Tom Hayden). Para esses, o valor do ativismo, da militância, era *agir* pelo que era certo, mesmo, como seria o caso a partir de certo momento nos projetos do Erap, que não houvesse uma teoria adequada por trás. Destituída da certeza doutrinária que caracterizava a Velha Esquerda, ou assim ela pensava, a SDS estava aberta já em meados da década a uma abordagem mais experimental em seus projetos. E possivelmente foi por isso mesmo que eles duravam tão pouco: numa organização de recursos materiais precários e mão de obra voluntária, condicionada aos recessos escolares, a paciência não era a maior das virtudes. Isso, combinado às dificuldades práticas de manter os projetos e ao pouco interesse do seu público-alvo, fez com que quase todos eles fossem fechados. O movimento inter-racial dos pobres, a primeira grande iniciativa concebida e iniciada pela própria SDS (ainda que inspirada pelos métodos do SNCC), acabou não se concretizando. Embora relevante na formação político-ideológica dos voluntários, que viveram uma realidade que muitos só conheciam por livros, e certamente uma experiência pessoal das mais intensas, o Erap acabaria naufragando.

Foi nesse período de transição, de busca por uma nova grande causa (ou de preparação para o retorno ao "normal" das atividades educativas no *campus*), que a SDS, antes que outros grupos estudantis, se viu às voltas com questões de política externa. E o fez quase por acidente. Em todas as narrativas escritas por seus ex-membros, bem como na maioria dos historiadores que procuram explicar o surgimento da Nova Esquerda americana, a ênfase nas questões nacionais está presente. Os críticos sociais que primeiro inspiraram a crítica à sociedade afluente eram americanos; a causa que foi o grande estopim dos protestos estudantis da década, os direitos civis, era tipicamente americana; e a abordagem novo-esquerdista da Guerra Fria, tal como se lê na *Declaração de Port Huron*, centrava-se também na postura do governo americano e na sua responsabilidade pela tensão internacional (contrapondo-se à visão oficial de que essa culpa cabia exclusivamente ao "totalitarismo" expansionista soviético), bem como nos interesses que as alimentavam. São narrativas muito autocentradas em termos nacionais; as questões externas aparecem pouco e em segundo plano. Isso não surpreende, considerando-se que a Nova Esquerda americana, branca ou negra, enfatizava o plano interno. A própria *Declaração de Port Huron* argumenta que o destaque demasiado às questões internacionais, típico da Guerra Fria, acabava prejudicando a abordagem de problemas domésticos prementes. Nesse contexto, até o início de 1965, dificilmente seria de se prever que radicais tão voltados para seu próprio país e sua própria cultura estariam rastreando ligações internacionais entre bancos americanos e o regime racista da África do Sul ou pesquisando e divulgando a história de um país rural do outro lado do mundo. Da mesma forma, seria difícil dizer que, no caso de uma organização que se orgulhava de mostrar as conexões entre temas os mais variados, um assunto relacionado à política externa americana ganharia tanta importância a ponto de ofuscar, em certa medida, todos os demais.

O discurso de Paul Potter na grande marcha de abril mostra como a Guerra do Vietnã foi vista apenas como mais uma manifestação de um problema já percebido, um sintoma de uma doença que não era nova aos olhos dos radicais. O "sistema" não foi uma criação da escalada ou do incidente de Tonkin; estes é que se encaixavam nele, constituindo mais um item numa lista de distorções e mazelas que já vinha de antes. Ninguém imaginava que a guerra teria a importância que teve para a SDS quando a marcha foi planejada e o discurso escrito; mas também não seria justo dizer que essa foi propriamente uma escolha da SDS, visto que a adesão ao movimento antibelicista, já numa posição de proeminência, lançou-a numa situação difícil. Como não enfatizar um tema diretamente responsável pela disparada no número de filiados? Por outro lado, como manter a identidade multitemática e democrática da organização, quando esse mesmo contingente de novos membros dispunha-se, valendo-se de sua força numérica, a reestruturar a própria SDS? E no meio desse esforço, e da disputa que se criou entre novatos e veteranos, uns ansiosos por democratizar tudo o que pudessem, e outros assustados sem saber ao certo o que fazer com os "invasores" que se apossavam da *sua* organização, que diretrizes dar a uma SDS em constante crescimento, posta agora na mira dos holofotes, mas que já apresentava dificuldades de chegar a um consenso até mesmo sobre seus próprios procedimentos decisórios? Encarando esses dilemas, a SDS entrou num processo de descentralização que deixou aos núcleos locais as decisões que a liderança nacional não tomava, mais por incapacidade do que por escolha. No entanto, foi justamente nessa época internamente conturbada (aos olhos de seus veteranos, pelo menos) que ela cresceu como nunca.

A SDS distinguia-se de outros grupos considerados de Nova Esquerda, além da pluralidade temática, por ter um caráter *nacional*. O SNCC, por exemplo, uma organização de quadros e não de filiados, tinha, apesar de sua importância simbólica, um caráter *regional* — nascera no Sul e lá se manteve por muito tempo. Mesmo os movimentos negros mais moderados, como a Southern Christian Leadership Conference (SCLC), de Martin Luther King, tinham uma base mais identificada com o Sul (embora King começasse, em seus últimos anos, a se voltar para o combate à desigualdade econômica no país como um todo[466]). A SDS, por outro lado, espalhava-se por um número crescente de universidades, tendo quebrado a "fronteira" inicial da Costa Leste e adentrado o interior do país — a base da "pradaria". Seu caráter descentralizado facilitava sua expansão, uma vez que um grupo de simpatizantes podia criar um núcleo em um *campus* e depois filiá-lo à organização nacional. Como cada núcleo tinha uma larga margem de autonomia, sendo livres para agir segundo as condições e os interesses locais, a SDS pôde crescer apesar das reuniões improdutivas, das votações contestadas, das longas discussões em busca do consenso democrático-participativo, das propostas ignoradas e até mesmo dos conflitos faccionais que começavam a surgir. A descentralização, nesse contexto, manteve o dinamismo da organização, muito embora a cúpula nacional apresentasse problemas para dar conta desse crescimento, já que, além das velhas dificuldades administrativas, o atravancamento dos mecanismos de representação e *feedback* nas reuniões nacionais contribuía para isolar a equipe do Escritório Nacional. Se, por exemplo, o Conselho Nacional, que contava com representantes dos núcleos, não estava funcionando bem, ou se os delegados que efetivamente compareciam a ele não eram representativos de fato dos seus *campi* de origem, ficava difícil para os membros comuns supervisionarem o Escritório Nacional, da mesma forma que para este se criava o problema de saber o que a massa dos membros realmente pensava. Nesse contexto de afastamento entre os líderes nacionais e os membros em geral, e de atrofia representativa do Conselho Nacional e das convenções anuais, a SDS se tornava um campo propício para que um grupo sectário como o PL ganhasse um peso desproporcional ao seu número de membros e à sua influência de fato no nível local.

Entretanto, a descentralização, por si só, não responde pelo extraordinário crescimento que a SDS sofreu entre 1965 e 1969. Essa expansão foi impulsionada por um movimento social nascido em torno do grande tema unificador da esquerda norte-americana, especialmente na ala estudantil em que a Nova Esquerda tinha sua base: a Guerra do Vietnã. Ultrapassando teorias políticas ou lealdades organizacionais, mais do que qualquer outra causa, a oposição à guerra mobilizou uma grande diversidade de setores e movimentos, desde os mais politizados no sentido tradicional até os mais ligados à contracultura, que punham suas diferenças de lado em prol de uma luta comum. O Vietnã reunia

---

[466] Marwick, 1998:575-577, 645-654.

diversos fatores que facilitavam essa unificação: uma luta assimétrica entre uma superpotência e um país pequeno e pobre, a ameaça à vida dos jovens cidadãos representada pelo alistamento militar (reforçada pela alta contagem de baixas americanas), o racismo (pois era corrente a ideia de que pobres e negros, em sua maioria desprovidos dos meios de isenção dados aos universitários, tinham uma representação desproporcional nas tropas), a divulgação da destruição sofrida pelos vietnamitas do Sul e do Norte, além de uma série de considerações extra-morais a respeito do custo-benefício do conflito. Por último, mas não menos importante, a guerra expunha uma faceta do Estado americano que contrastava com aquela mais benevolente da Nova Fronteira e da Grande Sociedade, especial-mente a partir de fins de 1967, quando a repressão às manifestações pela paz se intensificou. Tais fatores criavam um ponto de convergência entre o antibelicismo e outras causas específicas, além de também atraírem pessoas que não se viam como radicais. E assim a SDS, já na condição de maior representante da Nova Esquerda americana na segunda metade da década, tinha agora a oportunidade de fazer causa comum com setores sociais até então fora de seu foco estudantil (que voltara a ser uma prioridade em 1966 e 1967).

O acirramento de antagonismos por que passava a sociedade americana nesse momento coincidia ainda com uma longa série de insurgências estudantis que ocorreram em vários países, chegando a paralisar a França em maio, e pro-vocando, na Itália, na Alemanha Ocidental e no Japão, para citar somente alguns países, manifestações em que a destruição de propriedades, a tomada de prédios e o confronto com a polícia eram frequentes. Tais formas de manifestação eram animadas por reivindicações de reforma universitária e pela crítica ao capitalismo. Nos casos italiano e francês, a aliança com os sindicatos operários potencializou o alcance do movimento estudantil; na França, em particular, por algum tempo essa coalizão pareceu ser capaz de derrubar o governo de De Gaulle. A partir de agosto, coincidindo com a realização da fatídica convenção democrata em Chicago, os estudantes da Tchecoslováquia participaram de um movimento de resistência passiva à intervenção militar russa em seu país, motivada por uma tentativa de abertura ao regime. Em outubro, na Grã-Bretanha, a oposição à Guerra do Vietnã, "a única causa em torno da qual os estudantes britânicos se reuniram com alguma força substancial durante os últimos anos da década de 1960", organizou uma marcha de 100 mil pessoas, apenas uma de várias ações de protesto contra o conflito (aqui, sem que houvesse repressão do governo). E, fora do âmbito dos países capitalistas avançados, no México, perto do início dos

Jogos Olímpicos, em outubro, protestos estudantis por reforma universitária foram reprimidos com extrema violência pela polícia e pelo Exército, resultando em centenas de mortos e feridos, além de milhares de prisões.[467]

Nesse contexto global de revolta, é notável como as narrativas americanas são autorreferenciadas. A não ser por uma ou outra menção específica, como a da influência estudantil francesa na "tática móvel" de enfrentamento da polícia aplicada na Semana de Parar a Guerra, ou da declarada admiração que muitos radicais nutriam pela Revolução Cubana (e, mais tarde, pelos vietnamitas), os ex-militantes da SDS (bem como a historiografia a seu respeito), a mais ativa organização estudantil da esquerda norte-americana nesse período, não parecem tomar conhecimento do que os movimentos da Nova Esquerda estavam fazendo em outros países. As referências ao estrangeiro são poucas e, quando ocorrem, quase sempre se relacionam a *teorias* importadas — como a de Débray sobre o valor da ação exemplar na criação de um movimento revolucionário, ou a de Fanon sobre a libertação colonial, para não mencionar Mao Tsé-tung, Ho Chi Minh e Che Guevara, alçados a ícones. O grau de intercâmbio entre os estudantes radicais dos EUA e os de outros países, por essas narrativas, permanece em grande parte um mistério. Em vez disso, a ênfase está sempre voltada para a própria sociedade americana, seus já antigos fatores de descontentamento, agora agravados pela guerra, e a perda dos laços de esperança que ainda uniam alguns radicais ao sistema. Ao falar, por exemplo, da virada revolucionária que eletrizaria a SDS nesse fim de década, seu ex-presidente Carl Oglesby diria:

> Martin Luther King morto em abril e, apenas dois meses depois, também Kennedy. O que você faz? Consegue um novo herói e passa anos ensinando a ele e fazendo os debates e os *sit-ins* e empurrando as pessoas para ele, e ele para as pessoas — fazer tudo de novo enquanto as pessoas estão morrendo no Vietnã e em tantos outros países? É por isso que as pessoas começaram a falar em revolução, porque a reforma estava parecendo uma rua sem saída. Quantas vezes você sobe em uma árvore só para vê-la cortada debaixo de você?[468]

A ideia de revolução já estava presente no discurso da liderança da SDS há tempos, mas os eventos de 1968, que pareciam apontar para o desmoronamento

---

[467] Boren, 2001, caps. 8 e 9, passim.
[468] Fraser, 1988:285-286.

da ordem estabelecida e para uma chance real de derrubada de um governo beligerante e ilegítimo, levaram-na a um nível mais alto. Instigados externamente pela rápida sucessão de crises que acometiam o país e, no plano interno, pelo avanço do Progressive Labor Party em suas fileiras, a opção dos líderes da SDS por fazer da organização um movimento revolucionário estava longe de ser gratuita. Foi antes um ato de coerência ideológica num quadro que eles viam como de extrema urgência — embora fundado num cálculo errôneo sobre as disposições da população e até mesmo dos próprios membros da SDS, dos quais esses líderes vinham se isolando desde o emperramento dos mecanismos internos de representação. Como se procurou demonstrar no capítulo anterior, os EUA não haviam chegado ao estado crítico que os revolucionários da SDS supunham; mesmo após um evento das proporções da batalha de agosto na convenção de Chicago, a maior parte da população não compartilhava a visão radical de que as instituições políticas estavam deslegitimadas e que, portanto, era preciso derrubá-las. Tanto foi assim que, nas eleições de 1968, o presidente eleito foi um notório conservador, que falava em nome de uma "maioria silenciosa" pouco afeita a militantes e a ideias de revolução, Richard Nixon. No seio da própria SDS, onde se deveria esperar que essa perspectiva de confrontação tivesse um apoio mais amplo, tal não aconteceu: quando os choques entre RYM e PL, cada um brandindo sua própria estratégia de revolução, chegaram ao ápice, na convenção de 1969, a fragmentação decorrente simplesmente dispersou a base da SDS. Para muitos desses estudantes que se afastaram, a SDS já não representava uma forma criativa e atraente de fazer política — pelo contrário, era ela, e não eles, que havia "desertado da Nova Esquerda" ao abraçar variações do marxismo-leninismo outrora característico da Velha Esquerda. Enquanto as antigas facções seguiam seu próprio rumo, em uma cruzada guerrilheira contra o Estado ou na preparação de uma aliança entre estudantes e operários visando à revolução futura, os demais continuavam se dedicando às múltiplas causas que emergiam, além de continuarem militando contra a guerra.[469]

Foi durante e após a agonia da SDS que a Nova Esquerda americana chegou ao ápice. O fim de sua maior organização nacional nem de longe implicou o fim do novo esquerdismo como um *movimento social*. Pelo contrário, o ativismo prosseguiu e aumentou, agora espalhado por uma miríade de organizações menores, atuantes no nível local. Questões até então secundárias na abordagem da SDS

---

[469] Rossinow, 2003:244.

passaram a ganhar destaque considerável, como a liberação feminina, enquanto outras ainda largamente ignoradas emergiram, como o movimento de direitos dos homossexuais, cujo marco inicial foi o incidente de Stonewall, em junho de 1969. Mesmo nos *campi*, as greves estudantis atraíram um número cada vez maior de pessoas, chegando ao auge em 1970, quando o governo Nixon decidiu levar a Guerra do Vietnã ao território do Camboja e cerca de 1,5 milhão de estudantes entraram em greve nacional, fechando um quinto das universidades do país por períodos que variaram de um dia ao restante do ano letivo.[470] "De fato, foi nos anos pós-SDS que a Nova Esquerda [...] construiu uma cultura do [M]ovimento totalmente desenvolvida." Nesses anos pós-1969, a Nova Esquerda se tornou "em grande medida um movimento branco, anti-imperialista, anticapitalista, com uma forte inclinação neoanarquista e um componente feminista muito proeminente".[471] E de tal forma sua nova cultura grassou que

> entre 1969 e 1973 [...], em muitos locais do país, gente jovem (e não tão jovem) pôde, se assim desejasse, evitar quase inteiramente a maioria da população americana, que não era influenciada pelo radicalismo político e cultural. No começo dos anos 1970, os radicais viveram como nunca as vidas que tinham tanto esperado, especialmente se estivessem nos lugares certos. Eles quase viviam em outro país, uma América alternativa, repleta de pessoas com engajamentos similares e afinidades. Durante esses breves anos, esta foi, apesar das sombras conservadoras que recaíam sobre o sistema político dos EUA, fundamentalmente uma cultura esperançosa do [M]ovimento, aparentemente completa em si mesma e esposando uma aspiração de que um dia pudesse superar a cultura "careta" predominante. Essa América alternativa [...] não durou muito tempo. Mas enquanto durou ela foi real, e não deve ser esquecida. Esta foi a última fase da Nova Esquerda.[472]

Isso não significa que a perda da SDS não tenha sido sentida. Apesar de seus problemas, ela oferecia um foco para a esquerda nacional, era um "palco central onde os debates nacionais sobre a estratégia esquerdista podiam se dar". Com o seu fim, "tornou-se gradualmente mais difícil para os ativistas de esquerda ver uns aos outros, e a si mesmos, como membros de um movimento nacional coerente".

---

[470] Cf. Debenedetti e Chatfield, 1990:279-280.

[471] Rossinow, 2003:246.

[472] Ibid., p. 244.

Sem essa referência, o separatismo entre os movimentos tornou-se mais fácil, e esse fato, aliado a disputas faccionais e cisões que se multiplicavam, contribuiria para o declínio das organizações radicais e de sua capacidade de mobilização, levando alguns ativistas, como Paul Buhle, a publicar "obituários" para a Nova Esquerda em 1972.[473]

Contudo, alguns outros fatores também podem ser apontados como tendo contribuído para essa decadência, além da falta de um espaço nacional de trocas e debates como era a SDS. O primeiro deles foi que o grande componente unificador, a Guerra do Vietnã, foi perdendo força à medida que o governo Nixon — reconhecendo, como o de Lyndon Johnson, que a guerra não podia ser vencida — foi diminuindo o engajamento direto das Forças Armadas americanas em combate e adotando uma política gradual de "vietnamização", isto é, deixar o Vietnã do Sul responsável por sua própria defesa militar. Nesse processo, a oposição à guerra já havia deixado de ser largamente associada a radicais, fazendo-se presente em setores mais moderados e, aos olhos do público, "mais respeitáveis" do cenário político. Ao comentar uma grande mobilização antibelicista em 1º de maio de 1971, John Patrick Diggins afirma que "o movimento contra a guerra pertencia mais aos estudantes e ao público em geral que à Nova Esquerda. 'A paz se tornou respeitável', gritou, desgostoso, Jerry Rubin".[474] E agora que a guerra entrava em refluxo, opor-se a ela por via dos canais existentes parecia finalmente uma alternativa viável. Segundo Van Gosse (2005:191), depois de tantas turbulências na década que passara, o liberalismo nos anos 1970 havia se transformado, tornando-se mais "radical", ou seja, assimilando um número considerável de militantes do "Movimento" que agora procuravam atuar pela via eleitoral, candidatando-se eles próprios ou engajando-se em plataformas afins com as suas ideias. Assim, antibelicistas apoiaram ativamente a candidatura presidencial de Eugene McCarthy em 1972, que tinha o fim do envolvimento americano no Vietnã como sua grande proposta; líderes do Partido Pantera Negra procuraram eleger-se para cargos municipais; militantes "chicanos", que seguiam o exemplo do nacionalismo negro, fundaram um partido próprio, o Raza Unida; grupos feministas de pressão engajaram-se pela aprovação de legislação que garantisse a plena igualdade entre homens e mulheres, e até Tom Hayden participou de campanhas eleitorais na

---

[473] Rossinow, 2003:243.
[474] Diggins, 1992:261.

Califórnia.[475] Depois de anos de choques e conflitos, muitos veteranos da Nova Esquerda encontraram em um Partido Democrata mais aberto a possibilidade de, enfim, atuarem *dentro* do sistema. Assim, elementos que haviam contribuído sobremaneira para que os militantes da Nova Esquerda se sentissem marginalizados pelo liberalismo vigente nos anos 1960 — a guerra e a falta de colaboração dos próceres democratas — foram sendo eliminados.

Apesar do funeral proposto por Buhle em 1972, os historiadores ainda debatem o momento exato da "morte" da Nova Esquerda norte-americana.[476] No sumário historiográfico feito por Doug Rossinow, o mês de janeiro de 1973, quando a Guerra do Vietnã terminou oficialmente para os EUA e a Suprema Corte americana determinou a legalidade do aborto na decisão do caso *Roe v. Wade*, é um marco "tão bom quanto possamos estabelecer". Não que não houvesse radicais de diversos matizes atuando, mas a consciência coletiva de que faziam parte de um mesmo "Movimento" já não era mais visível.[477]

O que restou? Não se pode negar que a Nova Esquerda, representada durante quase uma década principalmente pela SDS, deixou um legado. Ela teve um papel muito importante na demolição da ideia de que a sociedade americana era regida por um "consenso" e de que somente extremistas mal-intencionados dirigidos por uma potência rival seriam capazes de questionar o modo de vida construído pela sociedade afluente. Longe disso, ela mostrou que era perfeitamente possível construir uma crítica social, política e econômica fundada no próprio pensamento americano, uma crítica tornada ainda mais vigorosa pela ênfase em *valores* que nem mesmo os patriotas mais conservadores diriam não serem genuinamente americanos. E mesmo depois que essas raízes nacionais não eram mais tão evidentes, com a larga difusão do marxismo-leninismo entre os grupos mais militantes, a Nova Esquerda não deixou de ser um lembrete à sociedade americana de que a antiga era da "complacência" estava morta. E, embora após a dispersão da SDS as lutas tenham ganhado um caráter mais segmentado — mulheres, homossexuais, reforma estudantil, entre outros[478] —, sua militância, muitas vezes cultivada em

---

[475] Cf. a nota biográfica de Hayden publicada em seu site pessoal, disponível em: <http://tomhayden.com/biography.htm>. Acesso em: 11 fev. 2007.

[476] Rossinow, 2003:244-247.

[477] Ibid., p. 246.

[478] Os movimentos nacionalistas étnicos do fim da década de 1960, segundo Rossinow (2003:248), não se consideravam parte da Nova Esquerda, pois se identificavam primariamente como movimentos de libertação nacional.

outras causas e movimentos como a própria SDS e o SNCC nos anos anteriores, ajudou a construir uma sociedade mais livre e igualitária do que a que encontraram. Se é verdade que a tão sonhada revolução nunca veio, também é verdade que, depois dos anos 1960,[479] a sociedade americana e, em certo grau, também o mundo jamais foram os mesmos.

---

[479] Para alguns historiadores, é mais apropriado falar em "longos anos sessenta", estendendo o período até os primeiros anos da década seguinte. Cf. Marwick, 1998.

À guisa de posfácio

É tradicional em trabalhos de pesquisa elencar sugestões para futuras pesquisas. No caso do historiador da Nova Esquerda norte-americana, especialmente o que a estuda de fora dos Estados Unidos, há várias questões que ainda aguardam uma melhor exploração. Como foi dito na introdução, a maioria dos estudos disponíveis diz respeito à SDS como entidade nacional, um movimento estudantil de massa; porém, especialmente após 1965, a maior parte de sua atividade nascia no nível local, no dia a dia da militância no *campus*, necessariamente assumindo uma multiplicidade de formas segundo a cultura e as prioridade locais. Nos últimos anos têm surgido trabalhos interessantes explorando esse nível da SDS, como o de Doug Rossinow (1998) sobre o núcleo da SDS em Austin, na Universidade do Texas. Como os diferentes núcleos se comportaram em relação às várias fases da SDS nacional é um dos campos promissores oferecidos ao historiador da SDS e da Nova Esquerda em geral. Até que ponto a influência da SDS nacional era aceita? Havia uma comunicação efetiva entre o núcleo de determinada universidade e a sede da organização? E a relação com os outros grupos atuantes no *campus*, inclusive os mais conservadores e os identificados com a esquerda tradicional? No que toca ao campo ideológico, teria sido a rejeição ao liberalismo que se manifestava nas lideranças já antes do *boom* de 1965 uma característica tão disseminada assim e, não sendo, como essa divergência era justificada? Qual o alcance da infiltração do PL, tão falada em quase todas as memórias de ex-membros da SDS, e como os membros dos núcleos, possivelmente menos comprometidos com normas parlamentares, lidavam com ela? Ainda nessa linha da infiltração, será possível levantar o grau de influência que programas de infiltração policial tiveram na SDS, e avaliar como influíram em sua desintegração? E como eram as relações da SDS com as tendências culturais que emergiam nos anos 1960, como a contracultura: teriam sido objeto de alguma problematização? E o que se pode dizer das relações entre a Nova Esquerda norte-americana e a de outros países? Teriam esses movimentos sido tão isolados entre si quanto as fontes mais centradas na SDS sugerem? E, indo para o outro lado do espectro político, há também o problema da militância de direita entre a juventude dos anos 1960, um campo ainda minoritário nos estudos sobre o período.

Finalmente, para os interessados na história do presente, um fato novo oferece um campo ainda não explorado. Em 4 de agosto de 2006, no Salão Cobb da Universidade de Chicago, uma nova Students for a Democratic Society deu início a sua primeira convenção, sob os auspícios de ninguém menos que Al Haber. Ressuscitada pelo ativista Pat Korte, com a bênção de vários veteranos da formação original,[480] a nova SDS se propõe a atualizar velhos temas e a enfrentar os desafios de uma América que, ironicamente, ainda debate se existe ou não uma esquerda em seu espectro político.[481] Se ela vai estar à altura da tarefa, ainda é cedo para dizer. Mas a sua própria existência indica que, décadas depois da "morte" de sua antecessora, a esperança de uma Nova Esquerda ainda sobrevive. Que essa nova vida seja longa e próspera.

---

[480] Knight, 2006.
[481] Rossinow, 2003:246-247.

Fontes e bibliografia

Bibliografia

ALBERTI, Verena. *Ouvir contar:* textos em história oral. Rio de Janeiro: FGV, 2004. 196p.

ANDERSON, Terry H. *The movement and the sixties:* protest in America from Greensboro to Wounded Knee. New York, Oxford: Oxford University Press, 1995. 500p.

ARENDT, Hannah. *Crises da República.* São Paulo: Perspectiva, 1973. 205p.

ASHLEY, Karin et al. You don't need a Weatherman to know which way the wind blows. In: JACOBS, Harold (Ed.). *Weatherman.* Berkeley: Ramparts Press, 1970. 519p.

AYERS, Bill. *Fugitive days:* a memoir. New York: Penguin Books, 2003. 308p.

BARDACKE, Frank. Stop the Draft Week. Steps. Free University of Berkeley, Dec. 1967. In: GOODMAN, Mitchell (Ed.). *The movement toward a New America:* the begginings of a long revolution. 2. ed. Philadelphia: United Church Press, 1970. p. 476-479.

BARZUN, Jacques. *From dawn to decadence, 1500 to the present:* 500 years of Western cultural life. New York: HarperCollins, 2000. 877p.

BERGER, Dan. *Outlaws of America:* the weather underground and the politics of solidarity. Oakland, Calif.: AK Press, 2006. 432p.

BERMAN, Paul. *A tale of two utopias:* the political journey of the generation of 1968. New York: W. W. Norton, 1996. 351p.

BERSTEIN, Serge. Os partidos. In: RÉMOND, René (Org.). *Por uma história política.* 2. ed. Rio de Janeiro: FGV, 2003.

BIRNBAUM, Jonathan; TAYLOR, Clarence. *Civil rights since 1787:* a reader on the black struggle. New York: New York University Press, 2000. 943p.

BLOOM, Alexander. *Long time gone:* 60s America then and now. Oxford: Oxford University Press, 2001. (Viewpoints on American Culture).

———; BREINES, Wini. *Taking it to the streets:* a sixties reader. 2. ed. Oxford: Oxford University Press, 2002.

BLUM, John Morton. *Years of discord:* American politics and society, 1961-1974. New York: W. W. Norton, 1992.

BOBBIO, Norberto; MATTEUCCI, Nicola; PASQUINO, Gianfranco. *Dicionário de política.* 12. ed. Brasília: UnB, 2002.

BOREN, Mark Edelman. *Student resistance:* a history of the unruly subject. New York, London: Routledge, 2001. 307p.

BOURDIEU, Pierre. A ilusão biográfica. In: FERREIRA, Marieta; AMADO, Janaína (Orgs.). *Usos e abusos da história oral.* Rio de Janeiro: FGV, 2000. 278p.

BREINES, Wini. *Community and organizing in the New Left, 1962-1968:* the great refusal. New Brunswick, London: Rutgers University Press, 1989. 187p.

BRINKLEY, Alan. *Liberalism and its discontents.* Cambridge, Mass.: Harvard University Press, 1998.

BUHLE, Paul (Ed.). *History and the New Left:* Madison, Wisconsin, 1950-1970. Philadelphia: Temple University Press, 1990. 295p.

BURNER, David. *Making peace with the sixties.* Princeton: Princeton University Press, 1996. Excerto disponível em: <www.writing.upenn.edu/~afilreis/50s/berkeley.html>. Acesso em: 17 out. 2004.

CALVERT, Gregory Nevala. *Democracy from the heart:* spiritual values, decentralism and democratic idealism in the movement of the 1960s. Eugene, Oregon: Communitas Press, 1991. 301p.

CARMICHAEL, Stokely. What we want. *The New York Review of Books,* v. 7, n. 4, Sept. 22, 1966.

CATROGA, Fernando. *Memória, história e historiografia.* Coimbra: Quarteto, 2001. 72p.

CHARTERS, Ann (Ed.). *The portable sixties reader.* New York: Penguin Books, 2003. 628p.

CHAUVEAU, A.; TÉTARD, Ph. *Questões para a história do presente*. Bauru, SP: Edusc, 1999. 132p.

CHURCHILL, Ward; WALL, Jim Vander. *The Cointelpro papers:* documents from the FBI's secret wars against dissent in the United States. Cambridge, MA: South End Press, 2002. 470p.

CLUSTER, Dick (Ed.). *They should have served that cup of coffee:* 7 radicals remember the 60s. Boston: South End Press, 1979. 268p.

COHEN, Mitchell; HALE, Dennis (Eds.). *The new student left.* Boston: Beacon Press, 1967. 339p.

_____; _____ (Eds.). *The new student left.* 2. ed. Boston: Beacon Press, 1969.

COLLIER, Peter; HOROWITZ, David. *Destructive generation:* second thoughts about the '60s. New York: Free Press, 1996. 400p.

COMMITTEE ON INTERNAL SECURITY, US HOUSE OF REPRESENTATIVES. *Anatomy of a revolutionary movement:* "Students for a Democratic Society". Honolulu, Hawaii: University Press of the Pacific, 2005. 175p.

COONEY, Robert; MICHALOWSKI, Helen. *The power of the people:* active nonviolence in the United States. Culver City: Peace Press, 1977. 240p.

COSER, Lewis. Fanon and Debray: theorists of the Third World. In: HOWE, Irving (Ed.). *Beyond the New Left:* a confrontation and critique. New York: McCall, 1970. 250p.

DAVIDSON, Carl. *The new radicals in the multiversity and other SDS writings on student syndicalism.* Chicago: Charles H. Kerr, 1990. 64p. (The Sixties Series, 2).

DEBENEDETTI, Charles; CHATFIELD, Charles. *An American ordeal:* the antiwar movement of the Vietnam Era. New York: Syracuse University Press, 1990.

DIGGINS, John Patrick. *The rise and fall of the American Left.* New York, London: W. W. Norton, 1992. 432p.

EDMUNDS, June; TURNER, Bryan S. *Generations, culture and society.* Buckingham, Philadelphia: Open University Press, 2002. 146p.

ELBAUM, Max. *Revolution is in the air:* sixties radicals turn to Lenin, Mao and Che. New York, London: Verso, 2002. 370p.

ELLIS, Richard J. *The dark side of the left:* illiberal egalitarianism in America. Lawrence: University Press of Kansas, 1998. 426p.

EVANS, Sara. *Personal politics*: the roots of women's liberation in the civil rights movement & the New Left. New York: Vintage Books, 1980. 275p.

FARBER, David. *The age of great dreams:* America in the 1960s. New York: Hill and Wang, 1994a. 296p.

_____ (Ed.). *The sixties:* from memory to history. Chapel Hill: University of South Carolina Press, 1994b. 333p.

FARRELL, James. *The spirit of the sixties:* the making of postwar radicalism. New York: Routledge, 1997. 360p.

FERREIRA, Marieta de Moraes; AMADO, Janaína (Orgs.). *Usos e abusos da história oral.* Rio de Janeiro: FGV, 2000. 278p.

FEUER, Lewis. *The conflict of generations:* the character and significance of student movements. New York: Basic Books, 1969. 543p.

FICHOU, Jean-Pierre. *A civilização americana*. Campinas: Papirus, 1990. 131p.

FORMAN, James. *The making of black revolutionaries*. Washington: Open Hands, 1985. p. 458.

FRASER, Ronald (Ed.). *1968:* a student generation in revolt. New York: Pantheon Books, 1988.

FRASER, Steve; GERSTLE, Gary (Eds.). *The rise and fall of the New Deal order 1930-1980.* Princeton: Princeton University Press, 1989. 311p.

GARCIA, Marco Aurélio; VIEIRA, Maria Alice. *Rebeldes e contestadores:* 1968 Brasil, França e Alemanha. São Paulo: Fundação Perseu Abramo, 1999.

GILBERT, Martin. *A history of the twentieth century, v. 3:* 1952-1999. New York: William Morrow, 1999.

GITLIN, Todd. *The whole world is watching:* mass media in the making & unmaking of the New Left. Berkeley: University of California Press, 1980. 327p.

_____. *The sixties:* years of hope, days of rage. New York: Bantam Books, 1987. 513p.

_____. The achievement of the anti-war movement. In: MYERS, R. David. T*oward a history of the New Left:* essays from within the movement. New York: Carlson, 1989. 201p.

GOMES, Angela de Castro. História, historiografia e cultura política no Brasil: algumas reflexões. In: SOIHET, Rachel; BICALHO, Maria Fernanda Baptista; GOUVÊA, Maria de Fátima Silva (Orgs.). *Culturas políticas:* ensaios de história cultural, história política e ensino de história. Rio de Janeiro: Mauad, 2005.

Fontes e bibliografia   297

GOODMAN, Mitchell (Ed.). *The movement toward a new America*: the begginings of a long revolution. 2. ed. Philadelphia: United Church Press, 1970. 752p.

GOSSE, Van. *Rethinking the NewLeft*: an interpretative history. New York: Palgrave MacMillan, 2005. 240p.

GUARNERI, Carl. *Utopian alternative*: Fourierism in nineteenth-century America. New York: Cornell University Press, 1991. 525p.

HALBERSTAM, David. *The fifities*. New York: Fawcett Columbine, 1993. 801p.

HALE, Grace Elizabeth. *Making whiteness*: the culture of segregation in the South, 1890-1940. London: Vintage Books, 1999. 448p.

HARD times. September 29 to October 6, 1969. In: GOODMAN, Mitchell (Ed.). *The movement toward a new America*: the begginings of a long revolution. 2. ed. Philadelphia: United Church Press, 1970. 752p.

HARRINGTON, Michael. *A outra América*: pobreza nos Estados Unidos. Rio de Janeiro: Civilização Brasileira, 1964. 226p.

HAYDEN, Tom. *Rebellion in Newark*: official violence and ghetto response. New York: Vintage Books, 1967. 103p.

_____. *Reunion*: a memoir. New York: Random House, 1988. 539p.

_____; WITTMAN, Carl. An interracial movement of the poor? In: COHEN, Mitchell; HALE, Dennis (Eds.). *The new student left*. Boston: Beacon Press, 1967.

HEINEMAN, Kenneth J. *Campus wars*: the peace movement at American State universities in the Vietnam Era. New York: New York University Press, 1993. 347p.

HOBSBAWM, Eric. *A era dos extremos*: o breve século XX, 1914-1991. São Paulo: Companhia das Letras, 1995.

HOLZMANN, Lorena; PADRÓS, Enrique Serra. *1968*: contestação e utopia. Porto Alegre: UFRGS, 2003.

HORN, Max. *The Intercollegiate Socialist Society, 1905-1921*: origins of the modern American student movement. Boulder, Colo.: Westview Press, 1979. 259p.

HOROWITZ, David. *Radical son*: a generational odissey. New York: Touchstone, 1997.

_____. *The politics of bad faith*: the radical assault on America's future. New York: The Free Press, 1998. 224p.

HOWARD, Michael; LOUIS, William Roger (Eds.). *The Oxford history of the twentieth century*. New York: Oxford University Press, 2000.

HOWE, Irving (Ed.). *Beyond the New Left*: a confrontation and critique. New York: McCall, 1970. 250p.

_____. *A margin of hope*: an intellectual autobiography. San Diego: Harvest/HBJ, 1982. 360p.

HUNT, Andrew. How new was the New Left? In: McMILLIAN, John; BUHLE, Paul (Eds.). *The New Left revisited*. Philadelphia: Temple University Press, 2003. 274p.

ISSERMAN, Maurice. *If i had a hammer*: the death of the Old Left and the birth of the New Left. New York: Basic Books, 1987. 259p.

_____; KAZIN, Michael. *America divided*: the Civil War of the 1960s. New York: Oxford University Press, 2000. 400p.

JACOBS, Harold (Ed.). *Weatherman*. Berkeley: Ramparts Press, 1970. 519p.

JACOBS, Paul; LANDAU, Saul. *The new radicals*: a report with documents. New York: Vintage Books, 1966. 339p.

JOHNSON, Paul. *Tempos modernos*: o mundo dos anos 20 aos 80. Rio de Janeiro: Biblioteca do Exército, Instituto Liberal, 1994. 667p.

JOSEPH, Peter. *Good times*: an oral history of America in the nineteen sixties. New York: William Morrow, 1974. 473p.

KATSIAFICAS, George. *The imagination of the New Left*: a global analysis of 1968. Boston: South End Press, 1987. 323p.

KAUFMAN, Arnold. The irresponsibility of American social criticism. *Inquiry*, v. 3, 1960.

KERR, Clark. *The uses of university*. Cambridge, Mass.: Harvard University Press, 1963.

KLATSCH, Rebecca E. *A generation divided*: the New Left, the New Right and the 1960s. Berkeley, Los Angeles: University of California Press, 1999. 386p.

KLONSKY, Mike. Toward a revolutionary youth movement. In: WALLERSTEIN, Immanuel; STARR, Paul. *The university crisis reader*. New York: Random House, 1971. 517p. v. II: Confrontation and counterattack.

KURLANSKY, Mark. *1968*: o ano que abalou o mundo. Rio de Janeiro: José Olympio, 2005. 571p.

LEVY, Peter B. (Ed.). *America in the sixties — right, left, and center*: a documentary history. Westport, Conn: Greenwood Press, 1998. 342p.

LICHTENSTEIN, Nelson. From corporatism to collective bargaining: organized labor and the eclipse of social democracy in the postwar era. In: FRASER, Steve; GERSTLE, Gary

Fontes e bibliografia

(Eds.). *The rise and fall of the New Deal order 1930-1980*. Princeton: Princeton University Press, 1989. 311p.

LYND, Staughton (Ed.). *Nonviolence in America*: a documentary history. Indianapolis: Bobbs-Merrill, 1966. 542p. (The American Heritage Series).

_____; HAYDEN, Thomas. *The other side*. New York: The New American Library, 1966. 239p.

LONG, Priscilla (Ed.). *The New Left*: a collection of essays. Boston: Extending Horizons Books, 1970. 475p.

MAILER, Norman. *Os degraus do Pentágono*. Rio de Janeiro: Expressão e Cultura, 1968. 394p.

_____. *O Super-Homem vai ao supermercado*: convenções políticas (1960-68). São Paulo: Companhia das Letras, 2006. 453p.

MALCOLM X; HALEY, Alex. *The autobiography of Malcolm X*. New York: Ballantine Books, 1987. 496p.

MARCUSE, Herbert. *One-dimensional man*: studies in the ideology of advanced industrial society. Boston: Beacon Press, 1964.

MARWICK, Arthur. *The Sixties*: cultural revolution in Britain, France, Italy and the United States, c.1958-c.1974. New York: Oxford University Press, 1998. 903p.

MATTSON, Kevin. *Intellectuals in action*: the origins of the New Left and radical liberalism, 1945-1970. University Park: Pennsylvania State University Press, 2002.

MATUSOW, Allen J. *The unraveling of America*: a history of liberalism in the 1960s. New York: Harper & Row, 1984. 543p.

McCARTHY, Timothy Patrick; McMILLIAN, John (Eds.). *The radical reader*: a documentary history of the American radical tradition. New York, London: The New Press, 2003. 688p.

McMILLIAN, John; BUHLE, Paul (Eds.). *The New Left revisited*. Philadelphia: Temple University Press, 2003. 274p.

MENANDRI, Pierre. *História dos Estados Unidos desde 1865*. Lisboa: Edições 70, 2000.

MILLER, James. *Democracy is in the streets*: from Port Huron to the siege of Chicago. Cambridge: Harvard University Press, 1987. 432p.

MOSES, Greg. *Revolution of conscience*: Martin Luther King, Jr., and the philosophy of nonviolence. New York: Guilford Press, 1997. 238p.

MYERS, R. David. *Toward a history of the New Left*: essays from within the movement. New York: Carlson, 1989. 201p.

NASH, George H. *The conservative intellectual movement in America since 1945*. New York: Basic Books, 1979.

NEWFIELD, Jack. *A prophetic minority*. New York: Signet Books, 1966. 160p.

NOYES, John Humphrey. *History of American socialisms*. New York: Dover, 1966. 678p.

OGLESBY, Carl (Ed.). *The New Left reader*. New York: Grove Press, 1969. 312p.

_____. Notes on a decade ready for the dustbin. In: MYERS, R. David. *Toward a history of the New Left*: essays from within the movement. New York: Carlson, 1989. 201p.

PADRÓS, Enrique Serra. Capitalismo, prosperidade e Estado de bem-estar social. In: REIS FILHO, Daniel Aarão; FERREIRA, Jorge; ZENHA, Celeste (Orgs.). *O século XX*. Rio de Janeiro: Civilização Brasileira, 2000. 302p. v. 2: O tempo das crises.

PARDUN, Robert. *Prairie Radical*: a journey through the sixties. Los Gatos, CA: Shire Press, 2001.

PATTERSON, James T. *America's struggle against poverty, 1900-1985*. Cambridge, Mass.: Harvard University Press, 1986.

_____. *Grand expectations*: The United States, 1945-1974. Oxford: Oxford University Press, 1996. 829p. (The Oxford History of the United States, v. 10).

PECK, Abe. *Uncovering the sixties*. New York: Pantheon Books, 1985. 365p.

PELLS, Richard H. *The liberal mind in a conservative age*: American intellectuals in the 1940s and 1950s. Middletown, Conn.: Wesleyan University Press, 1985.

PHILLIPS, Bernard. C. Wright Mills. In: *Dictionary of modern American philosophers*. Bristol, UK: Thoemmes Press, 2004. 3v.

PITZER, Donald E. (Ed.). *America's communal utopias*. Chapel Hill: University of North Carolina Press, 1997. 560p.

POGREBINSCHI, Thamy. *Pragmatismo*: teoria social e política. Rio de Janeiro: Relume-Dumará, 2005. 193p.

POLLACK, Michel. Memória, esquecimento e silêncio. *Estudos Históricos*, Rio de Janeiro, v. 2, n. 3, p. 3-15, 1989.

_____. Memória e identidade social. *Estudos Históricos*, Rio de Janeiro, v. 5, n. 10, p. 201-212, 1992.

Fontes e bibliografia

POLLETTA, Francesca. *Freedom is an endless meeting:* democracy in American social movements. Chicago: University of Chicago Press, 2002. 283p.

_____. Strategy and democracy in the New Left. In: McMILLIAN, John; BUHLE, Paul (Eds.). *The New Left revisited.* Philadelphia: Temple University Press, 2003.

POTTER, Paul. *A name for ourselves:* feelings about authentic identity, love, intuitive politics, us. Boston, Toronto: Little, Brown, 1971. 238p.

RADER, Dotson. *I ain't marchin' anymore.* New York: Paperback Library, 1969. 160p.

REIS FILHO, Daniel Aarão (Org.). *Intelectuais, história e política (séculos XIX e XX).* Rio de Janeiro: 7Letras, 2000.

_____; FERREIRA, Jorge; ZENHA, Celeste (Orgs.). *O século XX.* Rio de Janeiro: Civilização Brasileira, 2000a. 302p. v. 2: O tempo das crises.

_____; _____ (Orgs.). *O século XX.* Rio de Janeiro: Civilização Brasileira, 2000b. v. 3: O tempo das dúvidas.

RÉMOND, René (Org.). *Por uma história política.* 2. ed. Rio de Janeiro: FGV, 2003a. 472p.

_____. Do político. In: RÉMOND, R. (Org.). *Por uma história política.* 2. ed. Rio de Janeiro: FGV, 2003b.

RORABAUGH, W. J. *Berkeley at war:* the 1960s. Oxford: Oxford University Press, 1990. 277p.

RORTY, Richard. *Para realizar a América:* o pensamento de esquerda no século XX na América. Rio de Janeiro: DP & A, 1999. 148p.

ROSS, Robert J. Primary groups in social movements: a memoir and interpretation. In: MYERS, R. David. *Toward a history of the New Left:* essays from within the movement. New York: Carlson, 1989. 201p.

ROSSINOW, Doug. *The politics of authenticity:* liberalism, christianity, and the New Left in America. New York: Columbia University Press, 1998. 500p.

_____. Letting go: revisiting the New Left's demise. In: McMILLIAN, John; BUHLE, Paul (Eds.). *The New Left revisited.* Philadelphia: Temple University Press, 2003. p. 246-247.

ROSZAK, Theodore. *The making of a counterculture:* reflections on the technocratic society and its youthful opposition. Berkeley, Los Angeles, London: University of California Press, 1995. 304p.

ROTHSTEIN, Richard. Evolution of the Erap organizers. In: LONG, Priscilla (Ed.). *The New Left*: a collection of essays. Boston: Extending Horizons Books, 1970. 475p.

_____. Representative democracy in SDS. In: MYERS, R. David. *Toward a history of the New Left*: essays from within the movement. New York: Carlson, 1989. 201p.

RUDD, Mark. Columbia: notes on the spring rebellion. In: OGLESBY, Carl (Ed.). *The New Left reader*. New York: Grove Press, 1969. 312p.

SALE, Kirkpatrick. *SDS*. New York: Vintage Books, 1974. 758p.

SCHLESINGER JR., Arthur M. *A crise de confiança*: idéias, poder e violência nos Estados Unidos. Rio de Janeiro: Civilização Brasileira, 1970. 275p.

SELLERS, Charles; MAY, Henry; McMILLEN, Neil R. *Uma reavaliação da história dos Estados Unidos*: de colônia a potência imperial. Rio de Janeiro: Jorge Zahar, 1990. 471p.

SELLERS, Cleveland; TERRELL, Robert. *The river of no return*: the autobiography of a black militant and the life and death of SNCC. Jackson, London: University Press of Mississippi, 1990. 289p.

SNCC (The Student Nonviolent Coordinating Committee). Constitution. In: LYND, Staughton (Ed.). *Nonviolence in America*: a documentary history. Indianapolis: Bobs-Merrill, 1966. 542p. (The American Heritage Series).

SOIHET, Rachel; BICALHO, Maria Fernanda Baptista; GOUVÊA, Maria de Fátima Silva (Orgs.). *Culturas políticas*: ensaios de história cultural, história política e ensino de história. Rio de Janeiro: Mauad, 2005. 467p.

SPITZ, David. Pure tolerance: a critique of criticisms. In: HOWE, Irving (Ed.). *Beyond the New Left*: a confrontation and critique. New York: McCall, 1970. 250p.

STUDENTS FOR A DEMOCRATIC SOCIETY. The Port Huron statement. 1962. In: MILLER, James. *Democracy is in the streets*: from Port Huron to the siege of Chicago. Cambridge, Mass: Harvard University Press, 1987. 432p.

TEODORI, Massimo (Ed.). *The New Left*: a documentary history. Indianapolis, New York: Bobs-Merrill, 1969. 501p.

TYSON, Timothy B. *Radio Free Dixie*: Robert F. Williams and the roots of black power. Chapel Hill: University of North Carolina Press, 2001. 416p.

VARON, Jeremy. Between revolution 9 and thesis 11: Or, will we learn (again) to start worrying and change the world? In: McMILLIAN, John; BUHLE, Paul (Eds.). *The New Left revisited*. Philadelphia: Temple University Press, 2003.

_____. *Bringing the war home:* the weather underground, the Red Army Faction, and revolutionary violence in the sixties and seventies. Berkeley: University of California Press, 2004.

WALLERSTEIN, Immanuel; STARR, Paul. *The university crisis reader.* New York: Random House, 1971. 517p. v. II: Confrontation and counterattack.

WATSON, Peter. *The modern mind:* an intellectual history of the 20th century. New York: HarperCollins, 2001. 847p.

WEINSTEIN, James. *The long detour:* the history and future of the American left. Boulder, Colorado: Westview Press, 2003. 286p.

WILSON, Sloan. *The man in the gray flannel suit.* New York: Simon & Schuster, 1955. 275p.

WOLFE, Tom. *Radical chique & o terror dos RPs.* Rio de Janeiro: Rocco, 1997. 125p.

Discursos e textos

AD HOC COMISSION ON THE TRIPLE REVOLUTION. *The triple revolution:* cybernation, weaponry, human rights. 1964. Disponível em: <www.educationanddemocracy.org/FSCfiles/ C_CC2a_TripleRevolution.htm>. Acesso em: 18 nov. 2006.

DRAPER, Hal. *The mind of Clark Kerr.* [S.l.], 1964. Disponível em: <www.marxists.org/ archive/draper/1964/10/kerr.htm>. Acesso em: 3 jun. 2006.

KING, Martin Luther. *I have a dream.* 1963a. Disponível em: <http://americanrhetoric. com/speeches/ mlkihaveadream.htm>. Acesso em: 14 nov. 2006.

_____. *Letter from Birmingham Jail.* 1963b. Disponível em: <www.thekingcenter.org/ prog/non/Letter.pdf>. Acesso em: 14 nov. 2006.

MILLS, C. Wright. *Letter to the New Left.* 1960. Disponível em: <www.marx.org/subject/ humanism/mills-c-wright/letter-new-left.htm>. Acesso em: 8 jan. 2007.

POTTER, Paul. *Speech.* 1965. Disponível em: <www.sdsrebels.com/potter.htm>. Acesso em: 23 dez. 2006.

SAVIO, Mario. *Sit-in addrees on the steps of Sproul Hall.* 1964. Disponível em: <www. americanrhetoric.com/speeches/mariosaviosproulhallsitin.htm>. Acesso em: 20 nov. 2006.

UNITED STATES OF AMERICA. *Civil Rights Act*, July 2, 1964. Dispõe sobre o direito constitucional ao voto e outras questões relativas à discriminação racial. Disponível em: <http://usinfo.state.gov/usa/infousa/laws/majorlaw/civilr19.htm>. Acesso em: 25 nov. 2006.

Documentários

REBELS with a cause. Dir. Helen Garvy. Zeitgeist Video, SDS Oral History Project, 2000.

THE WEATHER Underground. Dir. Bill Siegel and Sam Green II. New Video Group, 2004.

Documentos da SDS e do SNCC

Kent State University Libraries and Media Services, Department of Special Collections and Archives

STUDENTS FOR A DEMOCRATIC SOCIETY (SDS), Records, 1965-74 May 4 Collection — Box 107: "Reports of planned activities, statements surrounding demonstrations, 1968-1969"; "Membership lists. 1969"; "Position statements, recruitment forms, 1968-1972"; "Reports of planned activities, statements surrounding demonstrations, 1968-1969". Disponíveis em: <http://speccoll.library.kent.edu/4may70/box107/107.html>. Acesso em: 31 jan. 2007.

Michigan State University Libraries

America and the New Era. New York: Students for a Democratic Society, 1963? Disponível em: <http://digital.lib.msu.edu/collections/index.cfm?CollectionID=19>. Acesso em: out. 2004.

Don't mourn, organize: SDS guide to community organizing. San Francisco, Chicago: Movement Press, 1968. Disponível em: <http://digital.lib.msu.edu/collections/index.cfm?CollectionID=19>. Acesso em: out. 2004.

Fire! Chicago: [Students for a Democratic Society], Nov. 7, 1969. Disponível em: <http://digital. lib.msu.edu/collections/index.cfm?CollectionID=19>. Acesso em: out. 2004.

Liberal analysis and federal power. New York: Students for a Democratic Society, [1964?]. Disponível em: <http://digital.lib.msu.edu/collections/index.cfm?CollectionID=19>. Acesso em: out. 2004.

National Vietnam examination. [Chicago, Ill.]: Students for a Democratic Society and Inter-University Committee for Debate on Foreign Policy, [1966]. Disponível em: <http://digital.lib.msu.edu/ collections/index.cfm?CollectionID=19>. Acesso em: out. 2004.

SDS Bulletin. New York: Students for a Democratic Society, [1963-]. Disponível em: <http://digital.lib.msu.edu/collections/index.cfm?CollectionID=19>. Acesso em: out. 2004.

Student social action. Chicago, Ill.: Students for a Democratic Society, 1966. Disponível em: <http://digital.lib.msu.edu/collections/index.cfm?CollectionID=19>. Acesso em: out. 2004.

Vietnam study guide and annotated bibliography. Chicago, Ill.: Students for a Democratic Society, [1965]. Disponível em: <http://digital.lib.msu.edu/collections/index.cfm?CollectionID=19>. Acesso em: out. 2004.

MEMORANDUM on the SNCC Mississippi Summer Project Transcript. Civil Rights in Mississippi Digital Archive. M320 Zeman (Zoya) Freedom Summer Collection. Box 1, Folder 14. Disponível em: <http://anna.lib.usm.edu/~spcol/crda/ellin/ellin062.html>. Acesso em: 25 nov. 2006.

Documentos eletrônicos

ATWOOD, Paul. Vietnam War. In: *Microsoft Encarta Online Encyclopedia 2006.* Disponível em: <http://encarta.msn.com/encyclopedia_761552642/Vietnam_War.html>. Acesso em: 20 dez. 2006.

CIA (Central Intelligence Agency). *The world factbook 2006.* Disponível em: <www.cia.gov/cia/publications/factbook/geos/us.html#People>. Acesso em: 22 jun. 2006.

THE COLUMBIA world of quotations. Disponível em: <www.bartleby.com/66>. Acesso em: 20 dez. 2006.

DIRKSEN CONGRESSIONAL CENTER. *Major features of the Civil Rights Act of 1964.* Disponível em: <www.dirksencenter.org>. Acesso em: 25 nov. 2006.

DRAPER, Hal. *The mind of Clark Kerr.* [S.l.], 1964. Disponível em: <www.marxists.org/archive/draper/1964/10/kerr.htm>. Acesso em: 3 jun. 2006.

HORN, Max. *The Intercollegiate Socialist Society, 1905-1921:* origins of the modern American student movement. Boulder, Colorado: Westview Press, 1979. 259p.

KNIGHT, Alexander. The rebirth of students for a democratic society. *Monthly Review.* Aug. 9, 2006. Disponível em: <http://mrzine.monthlyreview.org/knight080906.html>. Acesso em: 12 fev. 2007.

LUSTIG, Jeff. The mixed legacy of Clark Kerr: a personal view. *Academe,* July/Aug. 2004. Disponível em: <www.findarticles.com/p/articles/mi_qa3860/is_200407/ai_n9418591>. Acesso em: 3 jun. 2006.

MISSISSIPPI em chamas: Killen condenado a 60 anos. *UOL Últimas Notícias,* 23 jun. 2005. Disponível em: <http://noticias.uol.com.br/ultnot/afp/2005/06/23/ult34u128712.jhtm>. Acesso em: 25 nov. 2006.

REITMANN, Valery; LANDSBERG, Mitchell. Watts riots, 40 years later. *Los Angeles Times*, Aug. 11, 2005. Disponível em: <www.latimes.com/news/local/la-me-watts11aug11,0,7619426.story? coll=la-home-headlines>. Acesso em: 26 nov. 2006.

TAMIMENT LIBRARY/ROBERT F. WAGNER LABOR ARCHIVES. *Guide to the Intercollegiate Socialist Society records 1900-1921*. Disponível em: <http://dlib.nyu.edu:8083/tamwagead/servlet/SaxonServlet?source=/iss.xml&style=/saxon01t2002.xsl&part=body>. Acesso em: 6 jul. 2006.

TOM Hayden. Disponível em: <http://tomhayden.com>. Acesso em: 11 fev. 2007.

VIETNAM War. Disponível em: <www.vietnam-war.info/>. Acesso em: 20 jan. 2007.

Periódicos

ARMED negroes protest Gun Bill. *The New York Times*, May 3, 1967. Disponível em: <http://select. nytimes.com/gst/abstract.html?res=F50611F6355C14738DDDAA0894DD405B878AF1D3>. Acesso em: 27 dez. 2006.

BROOKS, Thomas R. Voice of the new campus underclass. *The New York Times*, Nov. 7, 1965. Disponível em: <http://select.nytimes.com/gst/abstract.html?res=FA091EF839581B7A93C5A9178AD 95F418685F9>. Acesso em: 22 dez. 2006.

EISEN, Jonathan. Heads you win, tails we lose. *The Activist*, Mar. 1966.

JONES, Theodore. 49 arrested at Chase building in protest on South Africa loans. *The New York Times*, Mar. 20, 1965. Disponível em: <http://select.nytimes.com/gst/abstract.html?res=F50910FA3E5812738 DDDA90A94DB405B858AF1D3>. Acesso em: 22 dez. 2006.

KOPKIND, Andrew. Sabotage. *The Temple Free Press*, Nov. 18, 1968.

POWLEDGE, Fred. The student left: spurring reform. *The New York Times*, Mar. 15, 1965. Disponível em: <http://select.nytimes.com/gst/abstract.html?res=F40D14FA3E5812738DDDAC0994DB405B858 AF1D3>. Acesso em: 22 dez. 2006.

REED, Roy. Alabama police uses gas and clubs to rout negroes. *The New York Times*, Mar. 8, 1965. Disponível em: <http://select.nytimes.com/gst/abstract.html?res=F60A1FFC3E5812738DDDA10894 DB405B858AF1D3>. Acesso em: 10 dez. 2006.

REITMANN, Valery; LANDSBERG, Mitchell. Watts riots, 40 years later. *Los Angeles Times*, Aug. 11, 2005. Disponível em: <www.latimes.com/news/local/la-me-watts11aug11,0,7619426.story? coll=la-home-headlines>. Acesso em: 26 nov. 2006.

ROTHSTEIN, Richard. Short story. *SDS Bulletin*, s.d.

RUDD, Mark. The death of SDS: concerning the future... *The Student Underground,* n. 50, Spring 2005. Disponível em: <www.thestudentunderground.org/article.php?id=22&issue=50>. Acesso em: 15 dez. 2006.

STUDENTS picket White House. *The New York Times,* Feb. 21, 1965. Disponível em: <http://select.nytimes.com/gst/abstract.html?res=FB0B13FC345B1B728DDDA80A94DA405B858AF1D3>. Acesso em: 22 dez. 2006.

Tese

BERUTTI, Eliane Borges. *Danças de Clio e Calíope em uma leitura interdisciplinar dos protestos dos jovens norte-americanos nos anos 60.* 1997. 157f. Tese (Doutorado em História) — Instituto de Ciências Humanas e Filosofia, Universidade Federal Fluminense, Niterói, 1997.

Impresso nas oficinas da
SERMOGRAF - ARTES GRÁFICAS E EDITORA LTDA.
Rua São Sebastião, 199 - Petrópolis - RJ
Tel.: (24)2237-3769